东南亚国家语言政策与规划研究

吴 坚 著

科 学 出 版 社

北 京

内 容 简 介

研究东南亚语言政策有助于增进对东南亚国家的理解,对于促进中国与东南亚国家的合作具有重要意义,有利于在"一带一路"倡议下推动中国与东南亚国家切实合作。本书通过对东南亚国家的语言政策及语言规划进行脉络梳理和国别比较,探究其发展演变、价值观念和价值取向,并在此基础上分析东南亚各国对中文和中文教育的认知及投入、东南亚各国的语言政策对国际中文教育的影响及国际中文教育在东南亚各国的发展前景。旨在从整体上把握东南亚国家语言政策与规划的样貌和走向,从而服务于中国与东南亚国家的语言政策沟通,推进中国与东南亚国家人文交流走深走实,助力建设更为紧密的中国-东盟命运共同体。

本书可作为教育部门决策者和管理者的参考用书,也可供高等教育机构教学、研究使用,亦可为对此领域感兴趣的相关人士提供参考。

图书在版编目(CIP)数据

东南亚国家语言政策与规划研究 / 吴坚著. —北京:科学出版社,
2024.3
ISBN 978-7-03-077021-9

Ⅰ.①东… Ⅱ.①吴… Ⅲ.①语言政策-研究-东南亚 Ⅳ.①H002

中国国家版本馆 CIP 数据核字(2023)第 222293 号

责任编辑:郭勇斌 彭婧煜 / 责任校对:张亚丹
责任印制:吴兆东 / 封面设计:义和文创

科学出版社 出版
北京东黄城根北街 16 号
邮政编码:100717
http://www.sciencep.com
北京天宇星印刷厂印刷
科学出版社发行 各地新华书店经销
*
2024 年 3 月第 一 版 开本:720×1000 1/16
2024 年 5 月第二次印刷 印张:17 1/2
字数:350 000
定价:159.00 元
(如有印装质量问题,我社负责调换)

序　面向世界　关注近邻

　　2023 年 12 月初，接到吴坚教授微信，告诉我他的著作《东南亚国家语言政策与规划研究》即将由科学出版社出版，接着发来书稿，邀我作序。我当时腰疾复发，正在为住院手术做准备，便回微信说："目前身体状况难以完成你的任务。见谅。"住院近 20 天，连做了三次腰部微创手术，回家静养，每天只能做点简单的学术工作，看看书，写点文字。其间吴坚教授多次微信问候，我很感动。前几天，他又来微信提起序言之事。我本想以病推托，但是当我打开书稿后，却被磁石般吸引住了，家人催促我离开电脑，在家里溜达溜达，我都不想站起身来。语言政策、东南亚国家语言状况，都是我的兴趣点，这部书稿读来很亲切，从材料到观点都很受益，也确有读后感，想谈谈。

　　东南亚是中国近邻，人民交往可以追溯到遥远的古代。特别是郑和下西洋以来，华人或踏浪南行，或由陆路进入中南半岛，使东南亚成为海外华人分布最多的地区。东南亚大多数国家都曾经有过被殖民的历史，荷兰、西班牙、英国、法国等都曾经是那里的占领者。二战之后，民族独立运动席卷东南亚，殖民者被驱逐，但是其影响至今犹在。1967 年，东南亚国家联盟成立，成为国际上的重要组织和重要经济体。之后中国、日本、韩国、印度等国以各种方式与东盟合作，形成了"10+X"的格局。2011 年，东盟提出"区域全面经济伙伴关系"倡议，旨在构建以东盟为核心的地区自贸安排。9 年后的 2020 年，中国、日本、韩国、澳大利亚、新西兰和东盟十国正式签署了《区域全面经济伙伴关系协定》（regional comprehensive economic partnership，RCEP），标志着当前世界上人口最多、经贸规模最大、最具发展潜力的自由贸易区正式启航。

　　中国的近邻、华人的密布、区域全面经济伙伴关系的建立，决定了东南亚对中国的重要性，决定了了解东南亚、研究东南亚的重要性。这种研究当然包括语言政策与规划、语言教育等领域的研究。语言是国家间关系发展的先导和基础，语言不仅是交流工具，也是知识的载体和文明的基础。研究东南亚国家语言政策与规划，有助于以语言文化加强人文交流和理解，从而促进地区安全与稳定，也有助于对世界和平与发展施加积极影响。

在语言研究方面，以往对东南亚的研究多侧重在华文和华文教育，多侧重在某个国家或某些国家的语言政策与规划。而吴坚教授的《东南亚国家语言政策与规划研究》，从语言政策与规划的传统和沿革、现状和特点、成效和问题、总结和启示等四个方面，对东南亚 11 国逐一展开论述，系统梳理了东南亚地区语言政策与规划的历史与现实，提供了较为全面的发展概览，为研究东南亚各国语言政策与规划、推进这一地区的国际中文教育等，提供了系统而又新鲜的材料和分析框架与理念。

吴坚教授的研究使我们看到了东南亚语言政策与规划的全貌及各国的具体情况。东南亚的语言政策与规划有很多成功的经验，比如印度尼西亚的国语推广、新加坡的多语智慧、马来西亚华文教育的坚守、柬埔寨外语教育的变革、泰国孔子学院的建设等。但是东南亚也面临着语言政策与规划的一些难题，比如：①多语国家的语言统一，或者说"一个国家、一个民族、一种语言"的理念在付诸实践中面临重重困难，难以维持。②外语政策需要调适，特别是如何处理殖民者的语言遗产，是完全抛弃还是有条件利用。对于英语遗产，东南亚各国主要采取了积极利用的政策，但是如何对待荷兰、西班牙、法国的语言遗产，就需要政治智慧。③如何对待本国华族的语言，如何面对中国的合作以及开展中文教育，本国的华文教育与国际中文教育的关系如何妥善处理。④东盟的工作语言选用了英语，而东盟各国主体民族语言、本土语言在东盟中却没有地位，语言话题也没有（或故意没有）被关注，这也是一个有趣的问题。

这些经验和问题都构成了语言规划学研究的重要话题，也构成了东盟自身发展的一些优势与忧患。《东南亚国家语言政策与规划研究》使我们看到了这些经验与问题，看到了东南亚地区语言政策与规划上的这些优势与忧患。放眼望去，这些优势与忧患在世界其他地区也不同程度地存在，有些问题是当今人类遇到的共同问题；同时，这些为我国语言政策与规划的制定提供了重要参考，对我国与东南亚各国的交往和参与区域全面经济伙伴关系等也都有参考价值。

吴坚教授是比较教育领域的知名专家，之后又倾心于国际中文教育，成为国际中文教育的领军人。这两大学术背景，使他在研究东南亚各国语言政策与规划时，能够与东南亚中文教育有机结合，且还呈现出一些值得关注的研究特色：

其一，丰富的学科视角。作者综合采用政治学、语言经济学、生态学、社会学等多学科视角，系统观照东南亚国家语言政策与规划的历史、现状和未来走向，以跨学科研究方式和较强的叙事能力对东南亚地区语言政策与规划的多样性、差异性和全球性进行了研究，为深入理解东南亚各国语言政策与规划提供了多角度、多视野的分析路径。

其二，国际比较的研究视野。作者采用娴熟的国际比较研究思路和方法，对各国语言政策背景下中文教育的发展轨迹与发展前景加以研究，并深入剖析对中文教育的影响因素，进而发现中文教育在东南亚国家发展中的新机遇及新挑战。

其三，客观视角与中国视域融会贯通。作者在客观研究东南亚之时，也基于"一带一路"的新时代背景，从东南亚各国语言政策与规划中探讨我国应如何继续推进同东南亚各国在中文教育领域的交流合作。

《东南亚国家语言政策与规划研究》也是区域国别研究的一个领域。中国区域国别研究起步较晚，但有自己不同于西方的区域国别研究的特点。中国区域国别研究不只是服务"大国"外交战略，而要对"世界怎么了"这一全人类共同面临的重大命题做出解答，以推动人类相互了解和理解、构建"人类命运共同体"为终极关怀。质言之，中华民族传承千年的"立己达人，兼济天下"的宏大抱负与情怀构成中国特色区域国别研究的价值取向与精神内核。在区域国别研究中，通常有三种身份，即他者、友者和我者。"他者"是一种客观的身份，即研究者的身份，是对目标区域进行客观冷静的观察。"友者"是要与目标区域的人民成为朋友，研究成果有助于目标区域的发展。"我者"是要与目标区域的人民结为一体，构成命运共同体。吴坚教授的研究，兼具这三种身份，以"他者"的身份客观观察，以"友者"的身份帮助目标区域发展，以"我者"的身份寻求共识。

在许多研究领域，中国的知识界似乎形成了一种"言必谈欧美，做必研欧美"的思维惯性。其原因，一方面是我们在许多知识领域都是后起者，没有传统可续，没有前车可鉴；另一方面是我们对欧美之外的地区的确关注不多，研究不多。当下中国知识界的使命自然仍需要理性关注发达国家，同时也需要把学术目光转向世界其他地区，其中也包括本土。《东南亚国家语言政策与规划研究》就是知识界移动学术目光的一个实例——关注我们的近邻东南亚。关注东南亚、了解东南亚，有助于我们与东南亚和平共处，进而在区域全面经济伙伴关系的基础上更好地实现协同发展。

关于东南亚研究乃至区域国别研究，关于语言政策与规划和《东南亚国家语言政策与规划研究》，我都还有些话想说，但是限于身体状况只能暂停笔墨。最后要强调的是：吴坚教授的《东南亚国家语言政策与规划研究》很值得读；世界各区域各国家及国际组织的语言政策与规划都很值得研究；缺少语言内容的区域国别研究是有缺憾的；不懂当地语言的区域国别研究是不可靠的。

李宇明

2024 年 1 月 26 日

于北京惧闲聊斋

前　言

　　《东南亚国家语言政策与规划研究》旨在探究东南亚国家的语言政策与规划及其对国际中文教育发展的影响。"一带一路"倡议是关乎人类命运共同体建设的关键构想，其成功实施关系重大，而语言是人类命运共同体建设中不可或缺的基础。通过研究"一带一路"沿线东南亚国家的语言政策与规划，及时把握东南亚语言政策情况及发展走向，不仅是全面了解东南亚国家语言发展的重要切入点和抓手，而且是推动"一带一路"可持续发展的重要工具。与此同时，作为教育事业的组成部分，国际中文教育的意义和地位在新的形势下得以彰显，在推进"一带一路"沿线东南亚国家开展语言教育交流活动的过程中，国际中文教育将为中国的教育扩大对外开放和中外交流合作搭建起语言沟通的桥梁，对于提升中国的国际影响力起着关键作用。研究东南亚国家的语言政策与规划，有助于社会各界更好地理解东南亚国家对于不同语言的态度及价值取向，尤其是对中文的态度与发展定位，从而更好地推进国际中文教育在东南亚不同国家的差异化、可持续和高质量发展，服务中国与东南亚国家的对外发展战略大局。

　　本书共分为三部分。

　　第一部分为绪论，包含东南亚语言政策与规划的研究背景、语言政策研究的演进脉络和经典模型等。首先，通过梳理"一带一路"背景下东南亚各国与中国合作情况及探析语言对促进民心相通的重要作用，提出本书主要试图探讨的问题：当前东南亚各国的语言政策与规划在"一带一路"倡议背景下具体呈现怎样的图景？背后的缘由是什么？未来的前景如何？这些图景又会对我国在东南亚地区的国际中文教育产生怎样的关联和影响？其次，界定语言政策、语言规划和国际中文教育等核心概念的内涵。最后，梳理语言政策研究的发展脉络，并从政治学、语言经济学、生态学及社会学的视角尝试建构语言政策与规划研究的理论分析框架，为探索"一带一路"沿线东南亚国家语言政策与规划的思想与实践提供基本思路和多元视角。

　　第二部分包含第二至十二章，为国别维度下的东南亚各国语言政策与规划研究。该部分选取了菲律宾、印度尼西亚、柬埔寨、越南、新加坡、文莱、缅甸、泰国、东帝汶、马来西亚和老挝十一个国家为研究对象，综合运用文献计量学分析、话语分析等方法,从语言政策与规划的传统和沿革、现状和特点、成效和问题以及总结和启示四个方面描绘了东南亚国家语言政策与规划的发展全貌。第一,通过对各国语言政策与规划的历史沿革的梳理,厘清各国语言政策与规划的变迁轨迹;第二,结合"一带一路"的时代背景,对各国语言政策与规划的现状及特点进行分析;第三,在对各国语言政策与规划实施情况进行分析的基础上对其成效与存在的问题进行梳理;第四,对各国语言政策与规划的发展概况进行总结。

第三部分即第十三章,为各国语言政策与规划对国际中文教育的影响及展望。这一部分在深入分析各国语言政策与规划的基础上,以国际比较研究的思路和方法,准确把握各国语言政策与规划背景下国际中文教育的发展脉络和走势,为国际中文教育在顶层设计、具体实施和后期保障等方面的规划和实施提供一手的资料和反馈,进而推动新时代国际中文教育的可持续发展。由于各国语言政策与规划的差异性及对国际中文教育的态度不一,在分析各国语言政策与规划对国际中文教育的影响时主要结合各国语言政策与规划发展的实际情况对国际中文教育的影响因素加以剖析,从而发现国际中文教育在东南亚国家发展过程中的新机遇以及面临的一些挑战。最后,基于第二部分的研究结果,从语言政策与规划的视角分析东南亚国家国际中文教育发展的未来走向。

在撰写过程中,笔者虽然参考和吸收了国内外大量学者的学术成果、前沿信息和研究报告等成果,但由于语言政策与规划在东南亚国家丰富多样,处于动态变化发展中,需要及时跟踪和把握整体样貌和差异特性,而限于时间与精力,难免存在不足之处,请各位同行不吝指正。

吴　坚

2023 年 12 月 9 日

目　录

第一章 绪 论

第一节 东南亚语言政策与规划研究背景

"一带一路"（The Belt and Road，B&R）是"丝绸之路经济带"和"21 世纪海上丝绸之路"的合称。2013 年 9 月 7 日，国家主席习近平在哈萨克斯坦纳扎尔巴耶夫大学作重要演讲，倡议合作共建"丝绸之路经济带"，充分发扬古丝绸之路的合作精神，共同开创一种新型的合作模式，使欧亚各国经济联系更加紧密、相互合作更加深入、发展空间更加广阔，使发展成果惠及沿途各国人民。2013 年 10 月初，习近平主席在访问印度尼西亚时，提出与东盟国家共建"21 世纪海上丝绸之路"的重大倡议，它赋予古代海上丝绸之路新的时代内涵，并作为一种全新的战略构想得到了国际社会的高度关注。2013 年 11 月，中共十八届三中全会通过《中共中央关于全面深化改革若干重大问题的决定》，明确推进丝绸之路经济带、海上丝绸之路建设，以形成全方位开放新格局。

东南亚地区是中国的近邻，包含 11 个国家，分别是缅甸、泰国、柬埔寨、老挝、越南、菲律宾、马来西亚、新加坡、文莱、印度尼西亚和东帝汶，总面积约 457 万千米^2。我国和东南亚国家长期以来保持较为密切的交往。历史上，大量华人沿着古代海上丝绸之路开展对外商贸活动，足迹遍布东南亚各国，许多华人在当地定居下来，并逐渐成为当地一支重要的社会力量，也为促进东南亚各国与我国的交流合作发挥了不可替代的作用。泰国、印度尼西亚、新加坡、菲律宾和马来西亚五国于 1967 年 8 月 8 日共同成立了东南亚国家联盟（简称东盟）（Association of Southeast Asian Nations，ASEAN），成为国际社会的重要组成部分，为推动南北对话、南南合作发挥了关键作用。改革开放以后，我国经济社会快速发展，综合国力迅速增强，与东盟的关系进入向好发展快车道，东盟-中国"10+1"机制、东盟与中日韩"10+3"机制、东盟与中日韩新澳"10+5"《区域全面经济伙伴关系协定》（RCEP）等进一步推动了中国与东南亚国家全方位的交流互动。2021 年 11 月 22 日，习近平主席正式宣布建立中国-东盟全面战略伙伴关系，东盟成为我国外交版图中极为重要的一环。

东南亚地区是"21 世纪海上丝绸之路"的重要节点。"一带一路"倡议受到了东南亚国家广泛的欢迎,它们认为该倡议为深化全球合作提供了一个重要的支撑点,是前景良好的国际合作平台,不仅能够有效推动东南亚各国间的经贸合作,增强各国人民的联通和交流,更是契合了东南亚国家的发展需求,能够极大程度地推动本国经济的增长。正是基于对"一带一路"倡议的积极共识,所有东南亚国家皆与中国政府签署合作文件,共同推进"一带一路"建设,如表 1-1 所示。

表 1-1 与中国签订共建"一带一路"合作文件的东南亚国家一览

国家	签订时间	签署的合作文件
老挝	2016 年 9 月	《中华人民共和国和老挝人民民主共和国关于编制共同推进"一带一路"建设合作规划纲要的谅解备忘录》
柬埔寨	2016 年 10 月	《中华人民共和国和柬埔寨王国关于编制共同推进"一带一路"建设合作规划纲要的谅解备忘录》
缅甸	2017 年 5 月	《中国商务部与缅甸商务部关于建设中缅边境经济合作区的谅解备忘录》
马来西亚	2018 年 8 月	《关于通过中方"丝绸之路经济带"和"21 世纪海上丝绸之路"倡议推动双方经济发展的谅解备忘录》
新加坡	2017 年 5 月	《中华人民共和国政府与新加坡共和国政府关于共同推进"一带一路"建设的谅解备忘录》
东帝汶	2017 年 5 月	《中华人民共和国政府与东帝汶民主共和国政府关于共同推进丝绸之路经济带和 21 世纪海上丝绸之路建设的谅解备忘录》
文莱	2017 年 9 月	《中华人民共和国政府与文莱达鲁萨兰国政府关于共同推进丝绸之路经济带和 21 世纪海上丝绸之路建设的谅解备忘录》
泰国	2017 年 9 月	《中华人民共和国政府和泰王国政府关于共同推进"一带一路"建设谅解备忘录》
越南	2017 年 11 月	《共建"一带一路"和"两廊一圈"合作备忘录》
印度尼西亚	2023 年 10 月	《关于建立共建"一带一路"和"全球海洋支点"合作工作协调机制的谅解备忘录》
菲律宾	2018 年 11 月	《中华人民共和国政府与菲律宾共和国政府关于共同推进"一带一路"建设的谅解备忘录》
	2023 年 1 月	续签《中华人民共和国政府与菲律宾共和国政府关于"一带一路"倡议合作的谅解备忘录》

国内知名语言学学者李宇明教授强调"'一带一路'需要语言铺路,实现'一带一路'所倡导的'民心相通'建设目标离不开语言互通这一前提条件"。他还提出,"一带一路"沿线国家的国语或通用语数量之众,皆是实现交流畅通的"表情""通心"之语,应当列入"一带一路"语言规划的项目清单中,与此同时,应充分

了解沿线各国的语言政策及语言使用习惯，以便当事者遵守这些政策、尊重这些习惯[1]。

东南亚国家有着各自不同的民族构成、发展历史、政治考量以及经济发展需求，因而各国间的语言政策及语言规划存在诸多差异性，但在历史发展轨迹上也呈现出一定的相同或相似性。因此，20 世纪 80 年代以来学界对东南亚地区语言政策进行历史分期时，普遍划分为古代时期、近代或殖民时期、第二次世界大战（简称二战）后独立建国到 20 世纪 90 年代、20 世纪 90 年代至今四个阶段。

古代东南亚各国处于"古代民族国家"阶段，国家疆域范围和对外政策的制定均以民族同一性为重要标准，以此形成了以泰族为主体的泰国、以京族为主体的越南、以老—泰语族为主体的老挝、以高棉族为主体的柬埔寨等国家。这些民族国家的形成离不开民族语言的建构和存续，英国学者霍尔经过研究认为，东南亚地区语言生态的形成是马来语系、南亚语系和汉藏语系所含语言相互作用、共生演化的结果。[2]

近代以来的东南亚各国（泰国除外）相继沦为英国、法国、荷兰、葡萄牙、西班牙等西方列强的殖民地。为了维护殖民统治，西方殖民者在大力推行独尊宗主国语言的同时对当地语言采取强力打压的政策，因此，一方面，英语、法语、荷兰语、葡萄牙语、西班牙语等外来语成为沦为殖民地的东南亚国家的官方语言，不仅在政府机构中广泛使用，还在教育系统中成为主要教学语言和重要课程，掌握这些语言也成为当地上流阶层身份的象征；另一方面，当地本土语言的传统地位严重弱化并面临严重的生存危机。

二战结束后，东南亚地区掀起民族解放运动，追求实现国家独立。独立后为了摆脱"殖民记忆"，东南亚国家普遍推行独尊国语的语言政策，一方面以增强国家认同和民族认同为目标恢复国语的官方语言地位，例如印度尼西亚提出"一个国家，一个民族，一种语言"的口号，取缔荷兰语的原法定语言地位，用印度尼西亚语取而代之，作为政府、教育和商业的基本语言；另一方面，对原宗主国的语言采取排斥的基本政策，但在政策实施过程中，由于前殖民语言在国家社会生活中依然具有的强大作用以及东南亚国家本族语的不成熟，东南亚国家政府还是较为务实地实行从部分替代前殖民语言到全面替代的政策。[3]

20 世纪 90 年代至今，全球化进程加速演进，东南亚国家原有较为激进的单一民族语言政策无法满足日益活跃的国际交往对各类外语人才的大量需求，各国语言政策开始向多元化转向，并呈现出多个显著特征，一是高度重视英语，在英

① 李宇明. "一带一路"需要语言铺路[N]. 人民日报，2015-09-22（007）.
② 霍尔. 东南亚史（古代部份）[M]. 赵嘉文，译注. 昆明：云南省历史研究所，1979.
③ 江健. 东南亚国家语言教育政策的发展特征及趋势[J]. 比较教育研究，2011，33（9）：73-76.

语成为东南亚地区的第一大外语的同时，马来西亚和文莱甚至把英语置于官方语言的地位；二是推行双语教育政策，以新加坡"英语+母语"为典型代表；三是其他亚洲国家的语言日益受到重视和推广，特别是汉语、日语和韩语等亚洲主要经济体的语言，这与中日韩三国在东南亚地区经济、科技、文化等方面的巨大的影响力密不可分。

当今世界已进入百年未有之大变局，东南亚各国面临的国际国内形势错综复杂，各项对外对内政策也进入新的深度调整期。语言政策和语言规划作为国家宏观战略体系的一部分，既具有一定的稳定性，也表现出动态变化性，更突显国别独特性。当前东南亚各国的语言政策和语言规划在"一带一路"倡议背景下具体呈现怎样的图景？背后的缘由是什么？未来的前景会怎样？这些图景又会对我国在东南亚地区的国际中文教育产生怎样的关联和影响？本书尝试对这些问题给予解答。

第二节　概　念　界　定

一、语言政策

（一）定义

关于语言政策，不同学者在各自的论述中都作出了不同界定，其中有学者专门对其内容和分类进行界定，也有学者对其制定主体以及实施对象进行解释。

澳大利亚语言学家卡普兰（Kaplan）和巴尔道夫（Baldauf）认为语言政策是"群体、社会或体系为了实现规划的语言变化而制定和实行的语言观念、法律、规定、规则和实践"[①]。斯库特纳布-坎加斯（Skutnabb-Kangas）则提出，语言政策是一种社会文化过程，包含官方颁布部分法案和文件，以及关于语言形式和运用是否合法的日常语言规范[②]。

斯奇夫曼（Schiffman）从分类角度区分了两种不同类型的语言政策，即显性的（overt）和隐性的（covert），二者最大的区别即国家是否制定了较为明显的语言政策[③]。美国语言学研究专家戴维·约翰逊在其著作《语言政策》（*Language Policy*）中进一步将语言政策划分为四种类型。他认为语言政策是一种影响语言结

---

① 巫雪漫. 马来西亚语言教育政策演变及其对华文教学的影响[D]. 北京：中央民族大学，2018.
② 侯燕妮. 独立后马来西亚语言政策与国家认同研究[D]. 广州：广东外语外贸大学，2018.
③ 同②。

构、功能、使用或习得的政策机制，主要包括：第一，官方的规章条例；第二，非官方的、隐形的、事实上的、隐含的机制，与语言信仰和语言实践相关的、具有调节社区、工作场所和内部语言使用交流的力量；第三，包括政策结果在内的整个政策过程；第四，各种语境和政策层面中的政策文本和话语①。

洛比安科（Lobianco）将语言政策定义为"一种有情境的活动，其特定历史和当地环境会影响被视为语言问题的内容，其政治动态决定了对哪些语言问题进行政策处理"。麦卡蒂（McCarty）将语言政策定义为"一个复杂的社会文化过程以及以权力关系为中介的人类互动、谈判和生产模式。这些过程中的'政策'存在于它们的语言调节能力中，也就是说，'政策'通过界定合法和非法语言形式及其使用规范的方式来控制语言的地位和使用"②。

伯纳德·斯波斯基（Bernard Spolsky）是以色列巴伊兰大学教授，是语言政策和规划研究领域的知名学者和代表性人物。他将语言政策划分为三个相互独立但又相互关联的组成部分。第一个部分是语言社区成员的实际语言实践：社区成员在应对不同社交情境时会选择哪种言语变体来发挥语言的交际功能；他们面对不同的会话对象时会使用哪种言语变体；他们在社交过程中认同哪种言语规则（比如说话和沉默、处理共同话题、表明或隐藏身份等）。社会语言学家将社区这种"真实存在的"言语规则描述为言语生态。第二个部分由语言社区成员赋予每种言语变体的价值以及他们对这些价值重要性的信念组成。有时，这些信念可能会被组织成意识形态，这是社区某些成员共同价值观更精细的组合。第三个部分过去常被称为"规划"（planning），而斯波斯基更倾向于称其为"管理"（management）。即语言社区中有一些成员拥有或相信他们拥有改变社区其他成员语言实践的权威，例如强迫或鼓励他们使用不同的言语变体甚至不同的语言。斯波斯基还指出，法律规定的国家语言或官方语言是语言管理的一个明显例子。

语言政策是指国家为了发挥语言功能来实现某种目的而颁布并执行的相关法令、法规及政策等指导性文件，是为了满足社会对于语言的需要而制定，也是国家发展的政治手段，与国家的教育、社会和经济的期望相连。③例如，马来西亚是一个多民族、多语言的国家，马来西亚语言政策正是基于多样化民族语言的特点制定和颁布的。为了进一步巩固国家安全，马来西亚政府十分重视语言政策的制定。早在1967年，马来西亚政府就制定了相关的语言政策。马来西亚《国语法案》将马来语规定为马来西亚唯一官方及国家语言，无疑是将马来族导向了主导国家的地位，也使得其他少数民族的母语边缘化。本书中的语言政策是指为了稳固国

① 谭悠然. 美国印第安人语言教育政策研究[D]. 武汉：中南民族大学，2019.
② McCarty T L. Ethnography and Language Policy[M]. London：Routledge，2011：8.
③ 孔颂华. 当代马来西亚语言教育政策发展研究[D]. 广州：华南师范大学，2007.

家根基、促进国家发展而制定的语言规划方案。

（二）组成部分

在语言政策组成部分方面，前文也谈到斯波斯基的划分标准，对其加以概括，即语言政策由三个部分组成：语言实践、语言信念或意识形态、语言管理。简单来说，语言实践是指在政策上选择要使用的语言；语言信念或意识形态是指选择此种语言的原因；语言管理是指如何制定和实施语言政策。对此，斯波斯基以菲律宾语言政策为例来进一步论证斯波斯基语言政策的三个组成部分。

语言实践、语言信念或意识形态：通过使用一种国语（菲律宾语）向菲律宾人灌输民族自豪感、身份认同和团结意识，并通过另一种语言（英语）促进学习和发展国际关系。目前，大多数商业交易以英语（主要为大企业）和菲律宾语（主要为当地企业）进行。报纸、电视节目、广播、文学等媒体传播通常也由菲律宾语和英语共同主导。

语言管理：1987 年生效的《菲律宾共和国宪法》（现行宪法）规定了菲律宾的国语和官方语言。宪法第 14 章第 6 款规定"菲律宾的国语是菲律宾语。……根据宪法规定和国会认为适当的情况下，政府应采取措施使用菲律宾语作为官方交流媒介和教育系统的教学语言"。第 14 章第 7 款规定"为了交流和教学的需要，菲律宾的官方语言为菲律宾语，否则为英语（除非法律另有规定）。地区性语言是地区内的辅助官方语言，并应作为地区内的辅助教学媒介"。规定学校同时使用菲律宾语和英语作为教学语言始于 1974 年菲律宾教育、文化和体育部（the Department of Education，Culture and Sports，DECS）颁布的第 25 号部门令《双语教育政策实施指南》，其中规定，英语、科学、数学和其他技术科目的教学使用英语，其余科目使用菲律宾语。地区性语言可被用作初级识字语言，特别是小学一年级和二年级，这是为了确保学童能够理解语言学习的概念。

二、语言规划

（一）语言规划的定义

简单概括，语言规划是指官方机构为影响特定语言社区中一种或多种语言的使用而采取的措施。

在社会语言学中，语言规划是指一种有意影响语言或言语变体的功能、结构或习得的努力。罗伯特·库珀（Robert Cooper）将语言规划定义为"为指导非同质语言社区中的作者和话者而准备规范的正字法、语法和词典的活动"①。根据斯波斯基的语言政策理论，语言管理是一个比语言规划更精确的术语。语言规划通常与政府规划相关联，但也被用于各种非政府组织、基层组织以及个人。语言规划的目标不尽相同，既可以通过同化形成单一主导语言便于增进交流，从而为少数民族带来经济利益，也能够加强政府的政治统治。语言规划需要建立语言管理机构，例如正式或非正式机构、委员会、社团或学院，通过设计或开发新的语言使用结构满足社会需求。

（二）语言规划的目标

东南亚国家由于不同的历史、语言文化传统及现实发展需求，语言规划带有各自的价值取向和发展目标。但从语言规划自身的内涵出发，可以揭示出一般的发展规律。比如，纳希尔（Nahir）提出语言规划至少具有 11 个目标②。

① 语言净化。分为两种类型，外部净化和内部净化。外部净化是指规定语言使用规范，以保持"语言纯洁性"，免受外来影响。例如分别成立于 1582 年和 1634 年的秕糠学会和法兰西学术院③，连续几个世纪致力于语言净化工作，维护意大利语和法语的"纯洁性"；内部净化涉及"保护"广泛接受的标准代码，因为它在给定时间存在，以防止在语言中以非规范、"不正确"使用的形式从内部发生偏差。通常这两种净化方式都由相同的语言规划机构实施。

② 语言复兴。有些语言的母语使用者所剩无几或已归零，语言复兴则试图将这些濒危语言复兴成为社区中正常的交流方式。始于 19 世纪中叶的民族认同和独立运动伴随着或导致了许多语言问题，其中就包括古老民族的语言消失问题，后来他们逐渐意识到其民族身份和文化遗产的重要性，于是组织语言复兴运动，旨在将他们古老的、很少使用的语言恢复到以前的状态（如爱尔兰语和威尔士语），甚至还希望完全复兴"已消逝的"历史语言或方言（如希伯来语和康沃尔语）。

③ 语言改革。对语言特定方面的有意改变，旨在促进其使用。由于所有的自然语言都不完美，因而有必要在各个层面对其进行改革，包括语法、正字法、拼写和词汇。语言改革的特定方向经常受到意识形态、政治、宗教或其他因素的影响。

④ 语言标准化。试图为某区域内的语言或方言赢得声望，将其发展为该区域的标准语言。这可能是当地的语言或方言，也有可能是区域性的通用语。标准化语言在世界各地或部分地区用于口头或书面交流。语际交流也可能涉及尝试修改一种或多种同源语言的某些语言特征，以促进其言语者之间的交流。

① Cooper R L. Language Planning and Social Change[M]. Cambridge：Cambridge University Press，1989：8.
② Nahir M. Language planning goals：A classification[J]. Language Problems and Language Planning，1984（3）：294-327.
③ 德利尔，伍兹沃斯. 历史上的译者[M]. 管兴忠，等译. 北京：中译出版社，2018：339.

⑤ 语言传播。语言传播大体包含国际语言传播和国内语言传播两大类。国际语言传播通常是为了增强国际软实力的需要,这已经成为当今世界主要大国的"通行做法"。而国内语言传播的动机要么出于现实需要,要么出于政治考量。在双语或多语种国家,政府采用该国使用的一种语言或方言作为官方语言和/或国家语言,因而是利用国家政治权力推动了语言传播,在一定程度上将促进政府和其他机构的运作或促进国家的政治统一。如果决定传播一种语言的理由是政治性的,那么语言传播必然需要同时或至少随后对语言进行标准化。

⑥ 词汇现代化。词汇现代化是词汇的创造或改编,以适应概念快速发展的需要。寻求这一目标的语言规划机构的主要活动是系统地收集新想法和概念,并为其创建(或采用)新术语。尤其是当前国际交流和人员流动的快速增加,由此产生的外来概念的借用急速上升,语言规划机构的数量和工作量也因此稳步上升。

⑦ 术语统一。通过明晰的定义建立统一的术语,以减少交流的歧义,特别是在技术和科学领域。例如,针对同一种医学现象有多个术语,导致文献交流和搜索不畅的问题,瑞典政府于 1977 年专门成立了"医学语言培育委员会"。实现术语统一目标的一个主要活动是给术语下定义,界定术语的语义边界和功能。术语统一的重要性日益凸显,例如,世界各地举办的专业会议、大学和语言规划机构提供的许多课程都要求术语统一,这是促进信息流通和交流的重要条件。

⑧ 文体简化。文体简化是指简化词汇、语法和文体方面的使用,以减少专业人士和普通公众之间的交流歧义。语言规划机构和专业文献都在关注由于使用模棱两可的、陈旧的文体和词汇以及过于复杂的语法而导致的缺陷,针对这些缺陷的可能补救措施及其不良影响。相关研究和实践在多个领域迅速兴起,例如法律、医学、教育、商务等。

⑨ 语际交流。语际交流是指通过使用"通用语"或"更广泛交流的语言"促进不同语言社区成员之间的语言交流,同时包含口头或书面交流。语际交流还可能涉及尝试修改一种或多种同源语言中的某些语言特征,以促进其说话者之间的交流。语际交流包括全球性的和地区性的两种。全球化的迅速推进使英语成为当今世界最大的通用语,是最重要的全球性语际交流手段。

⑩ 语言维持。尽管面临来自其他更强大语言的竞争,单个言语者、语言群体或语言社区仍会继续使用一种语言。影响语言维持的三个因素分别是地位(语言使用者的经济地位、语言使用者的社会地位、语言自身地位)、人口群体(语言群体的人口数量及其社会分布)、机构支持(少数民族的语言在一个国家或社区的各种机构中得到体现的程度。当政府、教会、文化组织等各种机构使用少数民族语言时,即视为支持语言维持)。

⑪ 辅助语码标准化。对语言的边缘性的、辅助性的方面进行标准化或修改,

例如聋人用标识、地名以及音译和转录规则，以减少歧义，从而改善交流，或者满足不断变化的社会、政治或其他需要。

（三）语言规划的类型

综合现有研究成果，语言规划可以划分为以下三种类型。

1. 语言地位规划（status planning）

语言地位规划是将一种语言或方言分配或重新分配给社会中的功能领域，从而影响一种语言的地位。

威廉·斯图尔特（William Stewart）概述了语言规划中的十个语言功能领域，一是官方语言，即在全国范围内适用于所有具有政治和文化代表性目的的法律适用语言；二是省级语言，适用于省一级区域；三是通用语，它是一个国家跨越语言边界的交流媒介，如印度的印地语、中国的普通话等；四是国际性语言，如英语、法语、中文等；五是首都语言，即一个国家首都及其邻近区域的重要语言，如比利时首都布鲁塞尔的荷兰语和法语；六是群体语言，在单一文化或民族成员中起着传统语言的作用，如犹太人中的希伯来语；七是教育语言，在全国或地区的中小学中起着教学媒介的作用；八是学科语言，在基础教育阶段或高等教育中作为一门科目进行教授，如英语语言学校中的拉丁语和古希腊语；九是文学语言，即用于文学或学术目的的语言，如古希腊语；十是宗教语言，即用于特定宗教仪式目的的语言，如罗马天主教堂使用的拉丁语。[①]

2. 语言本体规划（corpus planning）

语言本体规划是指为了改变语言的结构而作出的规划决策。与语言地位规划主要由行政管理者和政治家进行不同，语言本体规划通常是由语言专业人士进行。语言本体规划的路径公认有三种类型：图形化（graphization）、标准化（standardization）和现代化（modernization）。

图形化是指一种语言的文字和正字法惯例的发展、选择和修改。在语言社区中使用书面语言可以产生持久的社会文化影响，其中包括更容易通过代际传递文字材料、与更多人交流以及相较于口语变体而言更为标准。在建立一种语言的书写系统时，语言本体规划者可以选择使用现有的系统或设计新的系统。

语言的标准化过程通常涉及一种言语变体优先于其他言语变体。选择标准语言具有重要的社会意义，因为它有利于在口语和书面方面提高社会沟通效率。语言标准的选择通常由社会中最强大的社会群体决定，并通过多种方式强加给其他群体。

当一种语言需要通过资源扩展以满足功能需求时，就会发生现代化。或者当

---

① Stewart W A. A sociolinguistic typology for describing national multilingualism[M]//Fishman J A. Readings in the Sociology of Language. Hague：Mouton Publishers，1968.

一种语言的地位发生变化时，例如当一个国家摆脱殖民地国家地位、获得独立或当语言政策发生变化时，也会发生现代化。语言现代化的主要力量是词汇的扩展，这使得语言能够在现代语义域中讨论主题。语言规划者通常会编制新的词汇表将新的词汇纳入进去，而教科书和专业出版物中使用新词则有助于它们的扩展。新词的产生有多种方式，要么是全新创造，要么是使用构词法而成，要么从外来语中借用。例如，匈牙利语几乎完全在语言内部使用过程中创造新词，而日语则大量借用英语来衍生新词，作为其现代化的一部分。

3. 语言习得规划（acquisition planning）

语言习得规划通常是指国家或地方政府通过教育影响语言的各个方面，如语言地位、语言分布和人口识字率。语言习得规划通常被纳入一个更广泛的语言规划过程中，在这个过程中，语言地位被评估，语言本体被修改。这些变化最终通过从小学到大学的教育系统加以落实和体现，并可能导致学生教科书格式的改变、官方语言教学方法的改变或双语课程的开发等。例如，如果政府选择要提高某种语言的地位或提升其声望，就可能制定一项法律，要求教师只能用这种语言授课，或者教科书只能用这种语言的文字进行编写。通过这种方式，语言习得规划还常常被用来促进语言的复兴或推动语言纯粹主义。在政府修改语言本体的情况下，学校需要修改新的词典和教材，以保持有效的语言习得。

三、国际中文教育

"国际中文教育"这一概念在不同的历史发展时期呈现出不同的意义特征。1983 年，我国开始使用"对外汉语教学"这一概念，并将汉语作为第二语言进行教学，以有别于以汉语为母语的语文教学。[1]2005 年第一届世界汉语大会后，中国国家汉语国际推广领导小组办公室（简称国家汉办）提出了汉语国际教育的六大转变：①发展战略从对外汉语教学向全方位的汉语国际推广转变；②工作中心从将外国人"请进来"学汉语向汉语加快"走出去"转变；③推广理念从专业汉语教学向大众化、普及型和应用型转变；④推广机制从教育系统内推进向系统内外、政府民间和国内国外共同推进转变；⑤推广模式从政府行政主导向政府推动的市场运作转变；⑥教学方法从以纸质教材面授为主转向充分利用现代信息技术和多媒体网络教学。[2]2006 年底，中山大学决定试办相关的硕士专业学位。中山大学国际交流学院呈报给研究生院的学位名称是"汉语国际教学"。经专家论证，中山大学研究生院最终决定使用"汉语国际教育"的名称，并在网上公布。由于

---

① 高皇伟. 中美高校二语教师培养模式研究[M]. 北京：科学出版社，2020：7.
② 吴勇毅. 国际中文教育"十四五"展望[J]. 国际汉语教学研究，2020（4）：9-15.

中山大学没有教育学一级学科博士点，该学位点挂在"中国语言文学"一级学科之下，用"科学学位"的指标，办实质内容的"专业学位"，称为"类专业学位"。中山大学 2007 年初的硕士招生通知中首次出现"汉语国际教育"名称，比国务院学位委员会办公室设置汉语国际教育硕士专业学位早大约两个月。①2007 年，国务院学位委员会第二十三次会议审议通过了《汉语国际教育硕士专业学位设置方案》。该方案明确提出："为提高我国汉语国际推广能力，加快汉语走向世界，改革和完善对外汉语教学专门人才培养体系，培养适应汉语国际推广新形势需要的国内外从事汉语作为第二语言/外语教学和传播中华文化的专门人才，决定在我国设置汉语国际教育硕士专业学位。"不少研究者也对"汉语国际教育"内涵与外延进行了定义。高皇伟从我国职前国际汉语教师培养视角界定了汉语国际教育是以中外汉语教师为双施教主体（少数民族除外），并以中外学生为双施教对象，以中国本土培养汉语教师为主要活动方式，通过汉语国际教育的专业训练，以期培养能够胜任将中文作为第二语言或外语教学的应用型、复合型的高层次人才。②此外，还有研究者从教育国际化视角探讨了"汉语教育国际化"这一概念。如笔者认为教育国际化背景下，汉语国际化的内涵更加深入，国际发展渠道更加多元，汉语国际内容更加丰富，并从发展定位、人才培养、服务功能、法律保障等方面探索了汉语教育国际化的发展策略。③

历经对外汉语教学、汉语国际教育等概念之后，自 2019 年 12 月起，由教育部和湖南省政府共同主办的国际中文教育大会正式提出"国际中文教育"这一新概念。该会以"新时代国际中文教育的创新和发展"为主题，围绕中文教育政策、标准、师资、教材教法等议题展开。来自 160 多个国家的 1000 余名中外代表，包括孔子学院所在大学校长、各国大学中文院系主任、政府语言教学部门负责人以及中外企业代表参加该会。此次大会是在连续举办了 13 届的全球孔子学院大会基础上召开的，标志着国际中文教育进入全新发展阶段。把"全球孔子学院大会"改成"国际中文教育大会"，是为了吸引更多教育机构参加大会，也预示着未来某种动向和趋势，集成海内外中文教育力量，共同推进国际中文教育事业的高质量发展。

事实上，"中文教育/教学""国际中文教育/教学"等说法早已存在，它们与"对外汉语教学""国际汉语教学"等一样，都是指将中文作为第二语言的教学。从字面上看，"国际"指的是中文教育面向的空间范围，包括中国在内的世界各国。"中

① 周小兵. 从对外汉语教师资格到汉语国际教育专业学位[C]//马箭飞，刘利. 国际中文教育 70 周年纪念文集. 北京：北京语言大学出版社，2021：170.
② 高皇伟. 中美高校二语教师培养模式研究[M]. 北京：科学出版社，2020：9.
③ 吴坚. 汉语教育国际化发展的现状、问题及对策[J]. 华南师范大学学报（社会科学版），2015（6）：89-93，192.

文"是中国国家通用语言文字、汉语、普通话、华语、华文等概念的对外统称。在笔者看来，"国际中文教育"这一概念的提出，体现了国家对国内的对外汉语教学、海外的中文作为第二语言教学和海外华文教育进行资源共享、互补合作的理念，对于充分整合中文教育资源、发挥各种力量的长处，具有重要的意义。

这一概念的改变也预示着国际中文教育事业步入新的发展阶段，即已经不再是以往的单一传播或狭隘的定位，而是以一种全新的多方位的服务定位，致力于为世界各国中文教育发展提供精准有效的对接服务，为促进国际中文教育高质量可持续发展奠定基础。

不同于狭义的"对外汉语教学"或"汉语国际教育"，"国际中文教育"作为统摄概念，实际是一个包含不同学科、支持多路径发展的庞大事业。从宏观上看可以分为国际中文传播和海外华文传承两大方面，在此基础上，郭熙等将其定义为"中文在全球的传播与传承工作，包括国内的对外汉语教学、海外的国际中文教学和海外华文教育"[①]。海内外所有将中文作为第二语言教学的活动，共同构成了"国际中文教育"，这与"汉语国际教育"的所指并无二致。相较而言，"中文"或许更倾向指书面语，"汉语"似乎更倾向指口语，业界所谓"语文并进""语文分开"教学模式中，"语"即指口语，"文"即指文字和书面语。就像"华文"与"华语"两个词在多数语境下可以交换使用，但一定要做区分的话，那么就是："华文"一词主要指书写中华文化的文字，通常用于书面语，比如写作、出版、文学等领域；而"华语"一词更偏向于指代中华语言，即中文的口语表达方式，更常用于口头交流。据此来看，新时代国际中文教育的学科建设将着力于中文书面语教学和研究的发展。中文教育的新时代不仅在于技术手段的更新，教学领域的拓展和教学模式的多样化，更应该是教学观念的更新和教学内容取向的新发展。[②]

赵杨则从"国际""中文""教育"三个关键词中寻找定义，他认为国际中文教育就是做好三件事：目标"中文"，一是教好中文，二是对中文有深入研究，让中文教学与研究促进应用语言学学科发展；目标"国际"，加强不同国家、不同民族和文化间的交流，让中文教学为构建人类命运共同体服务；目标"教育"，让中文教学为学生的全面发展作贡献。[③]

因此，本书主要使用国际中文教育这一概念，只是在不同历史时期存在对外汉语教学、汉语国际教育等概念，在不同主体和客体中存在诸如华文教育等概念。不同的概念或说法，有其各自产生的历史原因、使用倾向、话语角度乃至外延所指，但并不改变中文作为第二语言教学的属性。

① 郭熙，林瑀欢. 明确"国际中文教育"的内涵和外延[N]. 中国社会科学报，2021-03-16（003）.
② 李泉. 2020：国际中文教育转型之元年[J]. 海外华文教育，2020（3）：3-10.
③ "新冠疫情对国际中文教育影响形势研判会"观点汇辑[J]. 世界汉语教学，2020，34（4）：435-450.

第三节 语言政策研究的演进脉络及经典模型

本章致力于分析语言政策研究的历史演进脉络和经典理论模型，通过梳理语言政策研究发展历史和经典理论，尝试从政治学、语言经济学、生态学和社会学等多种学科视角探索语言政策研究的基本原理。

一、语言政策研究的演进脉络

学术研究是对现实生活的反思和认识、改变现实世界的努力，语言政策研究反映了我们在认识语言的内涵、定位和实践等方面的阶段性看法。语言政策研究集中我们对语言政策与规划的理论性认识，研究工作在受到语言政策与规划影响的同时，也受到不同时段科学研究理论与方法发展范式的影响。梳理语言政策研究的历史，有助于使我们认识语言政策研究各发展阶段的特点，把握语言政策研究理论的发展脉络。

著名语言政策研究学者伯纳德·斯波斯基指出，语言政策的出现是在第二次世界大战后，怀揣一颗重振社会发展之心的社会学家们希望像战争期间的自然科学家一样，也为社会的发展作出重要贡献[①]。为了更好地将语言政策和国家发展联系在一起，同时基于语言规划对语言政策的促进作用，当时的语言政策便和规划紧密结合，形成了语言政策与规划（language policy and planning，LPP）这一此后常见的实践与研究领域。随着世界的发展经历几次重要的转型，相应的语言政策及语言政策研究也出现了变化。社会语言学研究专家托马斯·里森托（Thomas Ricento）总结了语言政策研究领域发展的三个经典时期：二战后至 20 世纪 60 年代、20 世纪 70 年代至 80 年代末期、20 世纪 80 年代末至 20 世纪末[②]。对这些阶段语言政策研究的历史分析，以及对 21 世纪以来相关研究进展的综述，有利于我们认识语言政策研究发展的历史轨迹。

（一）二战后至 20 世纪 60 年代：语言政策研究的起步阶段

第二次世界大战后的世界千疮百孔，百废待兴，该阶段语言政策研究的重点

---

① Spolsky B. What is Language Policy?[M]//Spolsky B. The Cambridge Handbook of Language Policy. Cambridge：Cambridge University Press，2012：3.

② Ricento T. Historical and theoretical perspectives in language policy and planning[M]//Ricento T. Ideology，Politics and Language Policies：Focus on English. Amsterdam：John Benjamins Publishing Company，2000：9-25.

是建立对语言政策的基本认识、发挥语言政策对国家社会发展的促进作用。正如托马斯·里森托在其研究中所说，这一阶段语言政策研究的三个关键词是非殖民化（decolonization）、结构主义（structuralism）、实用主义（pragmatism）①。这三个关键词对该阶段语言政策研究的总结极具代表性，直接呈现了该阶段语言政策研究的重点与核心。

伴随着世界大战结束和昔日诸多殖民者在东南亚、拉丁美洲等地区的离去，非殖民化成为当时全球发展的核心主题之一。曾经被殖民的国家通过经济社会等各方面的建设来推动国家的建立与发展，而语言的建设是其中最核心的内容之一。语言不但是人类沟通的工具、学校教育的载体，更是建立和增强国家与民族认同的工具。在非殖民化的过程中，曾经被殖民国家该如何发展，实际上受到"现代化理论"的严重束缚。该时期的现代化理论倡导的发展模式是西方中心主义的现代化，因而对于语言政策研究来说，对于通用语言的研究是一个热点问题。②不可否认，在脱离殖民统治后通过语言政策实施与系统规划语言发展的方式来推动国家发展，具有必要性和某种程度上的历史必然性。

结构主义是该阶段语言政策研究的另一个热点主题。在结构功能主义盛行的背景下，语言政策研究同样受到了深刻的影响。其中一个典型便是语言作为一种资源在国家公共政策规划中的价值。正如比约恩·H. 耶努德（Björn H. Jernudd）和乔蒂林德拉·达斯·古普塔（Jyotirindra Das Gupta）所指出的，语言规划的逻辑是将语言作为一种社会资源，这类资源的重要性归功于一个群体附属于一种或多种语言的沟通及识别价值③。两人将语言提升至国家发展的战略资源高度，以社会资源的定位去谋划其发展，识别发展的动力与问题等，是该时期相关研究推动的一个重要领域。还需注意的是，尽管该时期的研究强调在国家现代化的进程中突出通用语言的地位，但因为语言自身不可忽视的多样性，该时期对于语言政策的研究已经在有意识地反思语言发展的多样性。

与"资源"和"价值"等关键词一脉相承的是语言政策研究中的实用主义。客观来说，实用主义关注语言政策与规划对国家经济社会发展的核心作用，与非殖民化和现代化进程相契合，符合发展中国家建立完善的社会发展体系的现实需要。换言之，开展基于实用主义的语言政策研究，具有源自现实发展的合法性基础。但过多注重语言政策与规划的实用性，难免会物极必反，造成对某些方面的

---

① Ricento T. Historical and theoretical perspectives in language policy and planning[M]//Ricento T. Ideology，Politics and Language Policies：Focus on English. Amsterdam：John Benjamins Publishing Company，2000：10.

② Rubin J. A view towards the future[M]// Rubin J，Jernudd B H. Can Language be Planned?: Sociolinguistic Theory and Practice for Developing Nations. Honolulu：University of Hawai'i Press，1971：307-310.

③ Jernudd B H，Gupta J D. Toward a theory of language planning[M]//Rubin J，Jernudd B H. Can Language be Planned?: Sociolinguistic Theory and Practice for Developing Nations. Honolulu：University of Hawai'i Press，1971：187.

忽视，走向单一性和封闭发展的一端。

该阶段研究的出现与探索，对语言政策研究的整体发展具有不可替代的价值和贡献。从上述分析中，我们也可以看到，语言政策的研究与世界发展的形势、国家经济社会的现实需要和各国语言资源的结构等有着密不可分的关系。与不同领域的学术研究相似，语言政策的研究也在反思与争鸣中有了新发展。下一阶段的研究即具有突出的批判反思色彩。

（二）20世纪70年代至80年代末期：语言政策研究的批判反思阶段

在经历起步阶段的探索后，语言政策研究中积累的核心研究主题得以延续，对语言政策在国家经济社会发展中的作用进行探究，仍然是相关研究投放注意力的重要区域。在发展中国家多番尝试现代化理论后，以依附论研究者为代表的研究者开始高声疾呼，现代化理论的底色实际上是使发展中国家依附于发达国家。对语言政策研究而言，这一反思的结果就是，有研究者以"新殖民主义"（neo-colonialism）来形容发展中国家的社会经济与政治结构。①发达国家尽管已经离去，但是殖民影响却通过经济、文化和语言等领域得以继续。语言政策作为国家经济社会发展的重要领域，不仅关注需要发展的实用价值，更要反思其对于国家独立自主发展的成效和作用。这正是该阶段的研究者开始有意识地从事的研究工作。

这一阶段的多个经典研究展现出研究者对于现实发展与理论工作的反思和批判。在语言政策领域，内莎·沃尔夫森（Nessa Wolfson）和琼·马内斯（Joan Manes）指出，语言的使用反映并确实地影响着社会、经济或政治的不平等②。社会发展中的不平等现象，是学术批判与反思的火力集中点。这样明确的研究转变，十分值得关注。此外，有研究者关注到，在语言政策制定与规划语言发展的过程中，存在多种类型的利益相关者。比如胡安·科瓦鲁维亚斯（Juan Cobarrubias）指出，语言规划者、语言政策制定者、教育者和立法者等人，他们和语言的地位及语言多样性存在关联，但是他们在认识上并非是中立的③。乔舒亚·菲什曼（Joshua Fishman）更关注对研究的反思，他指出，一些研究者当时仍然将语言规划视为是不道德的、不专业的和不可能的④。

值得警惕的是，尽管这个阶段的研究者已经明显增强了对理论研究和实践发

① Ricento T. Historical and theoretical perspectives in language policy and planning[M]//Ricento T. Ideology，Politics，and Language Policies：Focus on English. Amsterdam: John Benjamins Publishing Company，2000：13-14.

② Wolfson N，Manes J. Language of Inequality[M]. Berlin：De Gruyter Mouton，1985：ix.

③ Cobarrubias J. Ethical issues in status planning[M]//Cobarrubias J，Fishman J A. Progress in Language Planning：International Perspectives. Berlin：De Gruyter Mouton，1982：41.

④ Fishman J A. Progress in language planning：A few concluding sentiments[M]//Cobarrubias J，Fishman J A. Progress in Language Planning：International Perspectives. Berlin：De Gruyter Mouton，1982：382.

展的批判，但是这一阶段学术研究场域的中心仍然是西方发达国家，理论与方法可说是以西方范式为主流的，缺乏真正非西方的多样的观点。这一时期的语言政策研究在总体上受到依附论等批判性较强的理论的滋养，但是伴随着现实发展需要的不断扩张，尤其是自 80 年代以后世界经济的蓬勃发展，语言政策研究的进展已经不能满足现实需要。

（三）20 世纪 80 年代末至 20 世纪末：语言政策研究的后现代阶段

后现代是一个有些神秘的词语，因为其中的内涵与定义似乎有些说不清道不明，但是后现代作为一种反应结果，充满着对确定性和单一性的挑战和质疑。正如著名的批判教育研究学者亨利·吉鲁（Henry Giroux）所说，后现代批判理论呼唤关注以下事物或行动不断变化的边界，包括电子大众媒体和信息技术不断增长的影响、后工业化社会阶层和社会构成不断变化的本质、生活与艺术之间的界限、高雅和通俗文化、图像与现实等[①]。进入 20 世纪 80 年代末期，英语学术圈对于语言政策研究的关注更加重视多样性，强调对现有发展中的各种问题或习以为常现象的批判性分析。诚如托马斯·里森托所说，这一阶段的研究进展可以用三个词来概括：新世界秩序（new world order）、后现代主义（post-modernism）、语言人权（linguistic human rights）[②]。

对于语言政策研究所处的世界环境而言，这一时期发生的历史性变化包括苏联解体及其代表的冷战结束，此后形成的一超多强的世界格局延续至今。此外，局部范围的事件对于世界发展秩序同样产生着深刻的影响，例如 1997 年的香港回归、亚洲金融危机。新世界秩序的形成和人类语言发展与之相适应的过程，成为语言政策研究发展的重要阶段性背景。该阶段研究中一个突出的转向，即是更加关注对传统强势语言地位发起挑战，尤其是反思以英语为代表的语言在全球的"霸权"。与英语等超国家语言的统治地位相比，有研究者关注到了弱势语言的地位与发展。例如，该阶段语言政策研究的一个重要领域是语言丧失（language loss）和语言多样性（language diversity）。肯·黑尔（Ken Hale）的研究指出，本土语言（local language）及其代表的文化的损失是人类生活中不可否认的悲剧之一，在此过程中损失的是人类精神产业的无价之宝，这种损失是无法用财富挽回的[③]。将语言的多样性及其损失提升至人类精神领域价值的高度，是语言政策研究中的一个重要转变，是结合了当时世界发展形势与人类生活方式深刻转变的思考结果。此

---

① Giroux H A. Postmodernism and the discourse of educational criticism[J]. Journal of Education，1988，170（3）：6.

② Ricento T. Historical and theoretical perspectives in language policy and planning[M]//Ricento T. Ideology, Politics，and Language Policies：Focus on English. Amsterdam：John Benjamins Publishing Company，2000：16.

③ Hale K. Language endangerment and the human value of linguistic diversity[J]. Language，1992，68（1）：36.

外，还有研究者关注了"小语言"（small language）的生存与发展。小语言指的是相较英语等语言而言，适用范围和影响力较小的语言。研究发现，1950 年使用的超过 75% 的语言如今在澳大利亚、加拿大和美国已经灭绝或濒临灭绝，世界上 19%的语言不再被儿童学习[①]。将对语言多样性的关注扩展至对语言系统中的弱势语言的关注，是语言政策研究中典型的后现代主义特征。这一种关注背后是对人类发展中的深层价值和不同个体的关怀。

如果要比较这一阶段中各项研究对于传统的批判和反思，那其中对于权利的关注可谓是最有力的证据。权利来自于谁、被赋予谁，又如何实现再生产，是语言政策后现代研究阶段重点关注的问题。其中，罗伯特·菲利普森（Robert Phillipson）的研究曾指出，反思"语言帝国主义"（linguistic imperialism）的意义在于诸多人权法案对于个体权利（也包括使用语言的权利）的保护缺乏详细描述，对个体使用弱势语言（例如土著语言）的关注还不够；我们应当挑战现有的传统认知，例如将英语视为现代性和进步的语言[②]。如果说这样的语言研究还显得有些宏观的话，一些深入到我们生活各个方面的研究也在陆续展开。其中较为典型的有国际著名的应用语言学家詹姆斯·托尔夫森（James Tollefson）的研究。托尔夫森深受哈贝马斯（Habermas）和福柯（Foucault）等人的影响，对不同国家中现代国家权力与语言政策间的联系进行了深入的比较研究；强调采用历史结构的方法（historical-structural approach），因为历史结构的过程形塑人类的行为，进而触及到权力、国家、意识形态、霸权和社会结构等议题[③]。从语言政策研究的发展来看，对于权利、权力和意识形态等方面的研究依然是重点和热点，可见后现代研究阶段的批判与反思对当前语言政策研究发展的影响。

（四）21 世纪以来：语言政策研究的转型时期

进入 21 世纪后，人类社会的发展出现了很多新变化，如全球化互联程度的不断加深，科技对于人类生活的影响越来越大，等等。语言作为人类生活的重要工具，其发展也出现了相应的变化。语言政策的研究也在不断地跟进，但语言政策研究是否正处于一个区分度明显的转型时期，我们暂时还需要画上一个问号。其中，不确定的是，语言政策研究的基本思想与理念同 20 世纪末的区别有多大。尽管我们可以确信，语言政策研究的体系化、科学化和技术化程度不断提高，专

---

① Mihas E，Perley B，Rei-Doval G，et al. Responses to Language Endangerment: In Honor of Mickey Noonan[M]. Amsterdam: John Benjamins，2013: 3-19.

② Phillipson R. Realities and myths of linguistic imperialism[J]. Journal of Multilingual and Multicultural Development，1997，18（3）：239.

③ Tollefson J. Planning language，planning inequality[J]. The Electronic Journal for English as a Second Language，1994，1（1）：1-12.

业队伍的扩大也为研究新问题提供了重要的研究力量保障，但是学术研究的内核——理论的创见——是不应该被忽视的。

自人类社会进入 21 世纪以来，语言政策研究的发展存在许多不可忽视的变化。通过对这些变化的分析，我们可以加深对语言政策研究新发展的认识，进而更好地把握语言政策研究发展对语言政策研究的影响。具体分为以下几个方面。

第一，对于新兴语言问题或语言发展需要的重视，例如语言政策中的语言安全问题。进入 21 世纪以来发生的第一件大事，可能要算"9·11"事件。该次事件以后，美国在其国家发展的重心中显著提升了反恐的重要性。语言安全的研究也出现了相应的增强。新冠疫情等全球性公共事件激起了我国研究者对国家语言安全的研究关注。例如，沈骑教授的研究指出，语言安全是中国语言文字工作在全球治理新时代的重要课题之一，语言安全指的是语言文字及其使用能够满足国家参与全球治理的需要，不出现影响国家安全的语言问题①。

第二，伴随着全球化的持续推进，对于多语言交流的语言服务研究在获得不断的增长动力。相比于国外语言服务领域快速发展的趋势而言，我国语言服务及其研究工作起步晚、速度慢。屈哨兵教授和赵世举教授等学者都对语言服务开展了较为系统的研究。其中，屈哨兵教授的研究指出，语言服务的概念系统应该由五个部分构成：语言服务资源系统、语言服务业态系统、语言服务领域系统、语言服务层次系统、语言服务效能系统②。关于语言服务在语言政策实践与研究中的角色与作用的研究，有助于推进我国语言政策研究的发展，提升本土研究的创新度与影响力。赵世举教授的研究指出，国家语言能力是指一个国家掌握利用语言资源、提供语言服务、处理语言问题、发展语言及相关事业等能力的总和；其关键要素包括语言资源拥有能力、语言使用及服务能力、语言资源开发利用能力、国民语言能力、语言人才储备能力等③。增强语言使用及服务能力、提高语言人才的储备能力等活动，即是语言政策研究的重中之重。

第三，科技与语言的结合。21 世纪科技高速发展，人工智能、大数据、5G等技术革新为语言的生存、应用和发展带来了诸多的创新和变化，这些同样是 21世纪语言教育研究的重点。值得注意的是，除了以科技改变语言存在和应用的方式以外，科技的革命性变化（例如人工智能的身份认同与权利赋予）首先改变了人类生活的方式，其次改变了我们与语言的关系。而这背后的互动关系变化，是21 世纪语言政策研究在中宏观层面加以关注的问题。

梳理语言政策研究的历史可以发现，语言政策的研究自第二次世界大战以来

① 沈骑. 全球治理视域下的中国语言安全规划[J]. 语言文字应用，2020（2）：20.
② 屈哨兵. 语言服务的概念系统[J]. 语言文字应用，2012（1）：44.
③ 赵世举. 全球竞争中的国家语言能力[J]. 中国社会科学，2015（3）：15.

有了诸多变化和转折，其间既有连续不断的主题，也有在批判与反批判中创新的领域。语言政策作为国家政策中的一个核心领域，在为国家社会传承文化、培养人才的同时，还通过语言教育来保持语言在代表、传递和扩展多样性上的作用，对我们反思国家社会的身份认同、人类生活的目的等，都起到了不可忽视的作用。但是碍于在历史分析的同时未能深入梳理语言政策研究发展中的典型模型，同时为了聚焦语言政策模型分析与构建的研究工作，下面的内容将聚焦语言政策研究的经典模型，并分析将模型应用于语言政策研究领域的可能性，为后续的研究设计奠定基础。

二、语言政策研究的经典模型

在语言政策研究的发展过程中，诞生了诸多经典的模型或分析框架，对我们认识语言政策起到了重要的作用。基于上述历史分析，本部分的研究将从不同的视角分析语言政策研究的模型，并依次探讨其对于语言政策研究的启示和意义。

（一）政治学视角下的语言政策研究模型

语言政策从来都不是在历史、社会或政治真空中制定和实施的，而是与特定的历史、身份、公民意识和语言意识形态密切相关。政治理论将语言政策置于一个更广泛的社会历史和社会政治背景中，这为考察语言政策提供了一个至关重要的视角。在语言政策的研究实践中，政治理论的跨学科参与程度越来越高，这种日益增长的跨学科参与在两个关键领域最为明显：一是涉及语言少数群体的语言权利问题；二是语言世界主义的理念，特别是全球化、英语作为当今世界重要语言、民族身份和社会流动几个问题之间的联系。

语言政策和政治理论之间的相互联系为研究国家角色、公民意识、语言意识形态和语言权利以及英语影响下的全球化世界等问题提供了基础。在这方面可以研究的关键问题包括以下几个。

① 国家法定语言或通用的正式语言与少数民族语言之间的关系。需要回答的问题如下：这种关系的历史是怎样的？它是如何随时间变化的？在过去和现在，哪些语言群体受到这种关系的影响？这些语言群体相互关系如何？

② 在政策讨论中如何将语言与国家公民身份的概念联系起来，以及公民身份和语言在单语言或多语言条件下的相关程度。在当前全球化时代，快速增加的人口迁徙导致全球多语种人口的大幅上升，这突出了通常是单语或双语公共政策与实际语言使用（多语种）之间日益扩大的差距。

③ 语言与全球化、世界公民身份和社会流动等问题之间的联系。这包括解

决英语作为当今世界语言的关键作用/影响，以及母语为非英语的人能够学习英语的途径。

政治学视角下的语言政策研究可以说在二战后便有了重要扩展，语言政策的研究从一开始便重视语言政策中的政治问题。必须说明的是，此处所谈的"政治"指的是广义的政治，是国家社会发展中对资源（包括有形资源和无形资源）进行分配和再分配的过程。通过比较政治学视角下的语言政策研究，可以发现，这一领域的研究模型围绕国家发展（national development）、认同（identity）、权利（right）和不平等（inequality）等关键词展开。

语言与民族的认同和国家发展紧密关联，是构建民族身份认同和推动国家发展的重要工具和结果。但是因为认同和国家发展差异等原因，语言在这一过程中的作用表现出巨大的差异。相关研究从不同维度反思了语言在推动国家发展和构建民族身份认同中的角色与作用。二战后初期，现代化理论和依附论等对国家发展产生的深刻影响使语言政策者对国家发展与认同相关主题投入更多关注。其中，休·赖特（Sue Wright）的研究具有代表性。

赖特是朴次茅斯大学（University of Portsmouth）语言与政治学荣休教授，因为在语言政策领域（主要聚焦欧洲）的研究而在学术界广为人知，曾参与阿马蒂亚·森（Amartya Sen）①的社会进步国际小组。赖特以她对欧洲语言政策的发展研究为基础，分析了从民族主义（nationalism）到全球化之间的语言政策与语言规划，重点分析了语言在构建群体身份认同等方面的作用。赖特提出，政治精英构建一致性的时候主要有两种模式②。第一，通过建立国家民族（state nation）③的方式，这种方式下政体（polity）占据首要位置。随着民族团体的发展，统治者开始对境内的民众进行教化，使得他们在一系列的连续体上具备一致性，其中包括语言连续体。第二，采取民族国家（nation state）的方式。在该种方式下，群体（或者至少群体的领导者）将自身看作文化和语言的实体，他们在试图获取属于自己的领土。

在上述两种模式的分类下，赖特依据对中世纪以来欧洲国家发展的分析，进一步丰富了不同模式下语言在国家社会发展中的作用。她首先提出，在中世纪之后的欧洲，政治权力（political power）是一个新的概念，其合法性来自民众。④通过语言教育，国家政府可以增强民众对于民族文化的认识并提升对于国家的认同

---

① 阿马蒂亚·森曾获诺贝尔经济学奖，其研究关注社会发展中人的自由的扩展。

② Wright S. Language Policy and Language Planning：From Nationalism to Globalisation[M]. London：Palgrave Macmillan，2004：19.

③ 为更好地体现两者的差异，本书依据常见的"民族国家"（nation state）译法，将"state nation"译为"国家民族"。

④ Wright S. Language Policy and Language Planning：From Nationalism to Globalisation[M]. London：Palgrave Macmillan，2004：26.

感。然而需要注意的是，往往一个国家由多个民族组成，拥有多种语言。有的国家不断尝试借助语言上的统一来增强民族的统一，但在被证实无法达到理想的效果后，也逐渐转变了对语言的认知——最明显的转向是从将语言视为问题到将语言视为国家社会发展的资源。赖特补充道，在国家民族的方式中，国家会通过增强边境控制、强化宗教统一等方式来维持其政治稳定，语言在其中发挥着将民众同质化的核心作用。国家机器的运转离不开语言发挥沟通、教育和知识传承等作用。而在民族国家的方式中，语言成为民族国家充满未知数的发展史中的一个确定性因素，语言为划定民族国家的边界作出了重要贡献。尽管赖特的研究主要是基于对欧洲发展的比较历史分析，但对于像东南亚地区和其中的典型国家而言，其研究的视角、方法和结论都具有参考价值。

除赖特所关注的国家发展和认同以外，政治学视角下的语言政策研究还十分关注权利（right）和不平等（inequality）问题。从研究层次上来说，对语言政策中权利和不平等问题的关注依旧像上述两个主题那样，贯穿国家、社会和个体等多个层面，但是对权利和不平等的关注却带有明显的批判特征，更加重视个体的赋能和发展，其中的典型研究是我们较为熟悉的詹姆斯·托尔夫森的成果。

托尔夫森是一名享誉国际的应用语言学家，他对语言政策的研究为我们深化对语言政策与规划中权利与不平等问题的认识提供了重要的依托。如上文所述，托尔夫森深受福柯等人的影响，其研究具有明显的批判特色。在对语言政策的研究中，他广泛探索了语言政策与存在于阶层、民族、地区和种族等层面的不平等间的关系。[1]在具体的研究中，托尔夫森聚焦如下四个领域开展对语言政策的研究，这四个领域分别是多语主义与民族国家、社会政治冲突、认同和语言意识形态。围绕上述主题展开研究，采用批判的理论或视角，借助广泛的比较分析，探索语言政策特别是语言政策中的议题，成为托尔夫森相关研究的一个突出特点。以他对教育中语言政策的研究为例，他关注影响教育中语言决策的主要力量，探究这些力量是如何限制政策及公众对政策备选方案的讨论。[2]伴随着国家经济社会的不断发展，相关研究也在不断响应实践发展的变化，从关注语言政策对国家稳定和发展的作用，转移至关注民众生活中的语言权利和不平等问题，是政治学视角下语言政策研究的核心特征。这一视角下的语言政策研究，为我们认识和探索语言政策及其对国际中文教育的影响，提供了如下参考。

第一，语言政策在国家政治生活中的核心角色是较为稳定的，在开展语言政

---

① Paulston C B，Heidemann K. Language policies and the education of linguistic minorities[M]//Ricento T. An Introduction to Language Policy：Theory and Method. Oxford：Blackwell Publishing，2006：306.

② Tollefson J W. Language Policies in Education：Critical Issues[M]. Mahwah：Lawrence Erlbaum Associates，Inc.，2002：1.

策及其影响研究的过程中应当注意这一特点。伴随着研究对象国经济社会发展水平的不断提升，语言在国家公共政策规划中的作用和地位可能会呈现一种稳定的状态，作为国家经济社会发展的重要但不急迫的任务来开展。这种稳定性为我们研究语言政策和加强我国与"一带一路"沿线国家的国际中文教育合作提供了重要启示，即我们应当充分认识语言、语言交流和跨国语言交流合作的必要性，但同时应当根据语言政策不同时期的发展侧重点推进相关工作。这也可以视为依据语言政策所处的情景展开分析。

第二，在语言政策及其对国际中文教育影响的研究中，应当把握权力与资本这两条主线。诚如皮埃尔·布尔迪厄（Pierre Bourdieu）在再生产理论中所指出的，社会发展中的诸多问题都可以从权力与资本的角度加以分析，不同场域中的相关力量围绕权力的再生产、利益的分配和资本的再造，进行了复杂多样的互动。我们在分析的过程中也应当发挥这两条主线及其中核心概念的作用，对语言政策及其对国际中文教育的影响展开研究。

第三，语言在国家社会发展中扮演多样的角色，探讨语言教育中的赋权与公平发展，是当下和未来一段时间内语言教育研究的重点。综合上述两点我们也可以发现，语言在国家社会发展中仍将扮演多样且重要的角色，而随着世界各国在经济、社会和技术等领域的进步，我们将有更多的资源和空间去研究语言教育对于不同群体的赋能，促进教育及社会的公平发展。尤其是对于处在弱势国家的弱势群体而言，借助语言教育及其影响力，增强学习者和不同群体在社会生活中的权利，提高他们的社会地位和社会发展水平，是语言政策研究的志业。

（二）语言经济学视角下的语言政策研究模型

语言经济学可用于研究与语言政策与规划相关的广泛问题，包括有效地和成本效益高地保护和促进少数民族语言、教育系统中的国语和/或通用语的教学，国际或超国家组织语言制度的选择，以及移民的融合。语言经济学视角下的语言政策研究致力于探索语言对国家发展的经济价值，用经济学的理论去分析语言政策与规划中存在的问题。相对于政治学及生态学视角下的研究，语言经济学视角下的研究成果相对较少，这在客观上是由语言对经济发展的直接促进价值难以衡量等事实所决定的。但不可否认，经济学理论为我们更加全面地认识语言政策研究填补了一个重要的空缺。现有研究中的代表性成果来自弗朗索瓦·格林（François Grin）。

格林较为系统地论述了将经济学理论运用于语言研究的必要性和方法论问题，是我们深化语言政策研究时的重要参考。

首先，他明确地界定，语言经济学（economics of language）是一个探索语言和经济变量相互关系的跨学科研究领域①。基于经济学在语言政策中的两种主要作用，格林提出应当在语言研究中加强经济学的运用。这两种作用分别是指经济学对于作出语言选择与设计的决策及展示决策过程。格林曾对此定义作出进一步的补充解释，语言经济学研究偶然与教育经济学发生联系，同时也关注一系列广泛的议题，例如语言使用、维持与传播的经济决定因素、语言多样性的价值、双语决策中语言决策的经济学模型②。在此基础上，我们对于经济学视角下的语言政策研究，如研究什么和如何研究，有了更加具体的理解。

其次，格林进一步论证了推动语言经济学和语言政策经济学研究的必要性在于如下方面③。第一，主观多样性的增长。20世纪90年代以来世界格局的变化，尤其是苏联解体和独联体国家的发展，全球范围内的人口流动规模不断上升，促进了主观多样性的增长。第二，语言多样性面临的冲突和威胁。语言多样性面临来自语言系统和国家内外部的冲击，存在发生冲突和受到威胁的风险。基于上述两个主要原因，格林提出应推动语言和语言政策领域经济学理论与知识的运用，发展语言经济学和语言政策经济学研究。

对语言政策研究而言，经济学理论所带来的不仅仅是对于成本和收益的分析，更重要的是为我们认识语言的优势和缺点提供了一个不同于其他研究的视角与方法。④换言之，在格林看来，经济学为语言学研究带来的不只是技术层面的贡献，更重要的是为我们认识语言的发展特别是认识语言在社会发展中的角色和作用提供了新思路。因此他也补充道，经济学家进入语言政策研究领域是社会发展的客观结果，因为社会发展需要作出和语言政策相关的决策，而经济学在概念和方法上都具有自身独特的优势⑤。这一观点可视为探索语言经济学和语言政策经济学研究中理论与方法的认识论基础。在国家社会的发展中，语言具有多样的价值，可以划分为私人的（private）和社会的（social）价值、市场的（market）和非市场的（non-market）价值。⑥两类价值交叉组合，形成了四种类型的搭配，是我们认识语言价值的经典分类框架。在语言价值分类框架下，格林所倡导的语言经济学和语言政策经济学研究的主要目的，是达到各类价值的最优化。

基于上述观点，格林将其运用经济学开展语言政策研究的分析总结为如下所示的模型，这为我们认识语言政策及其影响力提供了一个不同的解释框架

---

① Grin F. The economics of language：Match or mismatch?[J]. International Political Science Review，1994，15（1）：25-42.

② Grin F. The economics of foreign language competence：A research project of the Swiss National Science Foundation[J]. Journal of Multilingual and Multicultural Development，1995，16（3）：229.

③ Grin F. Language planning and economics[J]. Current Issues in Language Planning，2003，4（1）：1-66.

④ Grin F. Language planning and economics[J]. Current Issues in Language Planning，2003，4（1）：24.

⑤ 同④。

⑥ Grin F. Language planning and economics[J]. Current Issues in Language Planning，2003，4（1）：37.

（图 1-1）。如图 1-1 所示，语言教育经济学涉及资源配置的直接结果和资源分配的过程，而关于语言及社会资源分配的过程具有内部效率和外部效率，外部效率是经济学研究中通过私人和社会在市场与非市场价值二分法中关注的重点。

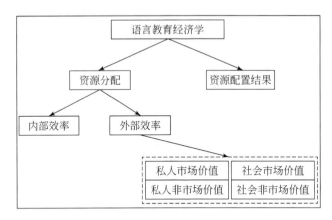

图 1-1　语言教育经济学的结构①

经济学视角下的语言政策研究为我们探索语言政策及其对国际中文教育的影响，带来了如下启示。

第一，借鉴经济学研究的特长，将语言政策及其对国际中文教育影响的研究具体化，探索创新点。语言政策研究需要新的理论血液，尽管语言经济学和语言政策经济学的研究历程不长，但却取得了诸多成就，这对于我们创新语言政策的研究和分析具体国家语言政策对国际中文教育的影响，具有关键的参考价值。

第二，正视经济学对语言政策研究的综合价值，避免将成本-收益分析和理性决策等理论简单套用到语言政策研究中。经济学的分析容易被外行人贴上"理性人""盈利"等典型但老套的标签。语言政策的研究需要吸取格林提出的观点，将多样性融入研究的设计与实施中，拒绝让经济学的理论劫持语言政策研究，致力于在学科交叉中推动研究的发展。

第三，提供结构化的分析框架。如果我们要从经济的角度解决语言问题，或者把语言过程与经济过程联系起来，那么无论我们研究什么问题，都需要以某种方式结构化，这也适用于语言政策和规划方面的经济工作。语言经济学分析主要涉及反事实（counterfactual）、边际主义（marginalism）和聚合（aggregation）等基本概念。第一个概念是反事实。反事实不是与事实相反的东西，而是一个参照

① Grin F. The economics of language education[M]//May S，Hornberger N H. Language Policy and Political Issues in Education. Berlin：Springer，2008：87.

点，一个替代方案，或者更具体地说是研究对象正在评估的参照点。例如，如果我们想估算在公共或私营部门组织中使用五种语言进行交流的成本，我们必须说明替代方案是什么：使用三种语言还是只使用一种语言，如果是使用一种语言，该选择哪种语言。而语言政策的事后评估始终是假设的，因为它指的是"如果政策没有被采纳和实施，将会发生什么情况"。第二个关键概念是边际主义。运用的"边际成本"和"边际效益"等边际主义原则本身可能被视为反事实逻辑的一种应用，因为它们指的是对现有情况的逐步改变。例如，我们应该如何评估一项旨在帮助以土耳其语为第一语言（L1）居住在德国的移民提高德语流利度（L2）的计划？标准的经济学答案是从评估与获得各级别能力相关的利益开始，可以在讲土耳其语移民的代表性样本中使用标准的六点量表进行测量。

第四，政策评估通常需要汇总数据。通过示例，基于语言的收入差异数据可用于评估针对讲土耳其语的移民的德语学习计划的总价值，由此产生的合计值代表该计划的价值。它仅捕获其财务影响，但如果还可以获得关于潜在象征性利益的信息，并且如果可以将其转换为货币估算，则后者可以添加到总现值中。这样得到的总费用可与项目成本进行比较。

第五，经济分析的目的是具有普遍的有效性，并适用于特殊情况以外的情况。因此，它需要"RAD"数据；即数据必须在统计意义上具有代表性（representative），数量充足（adequate）和细节充分（detailed）。

由上可知，从 20 世纪 60 年代至今，学术界对语言政策与规划的理论研究已取得丰硕成果，理论体系不断完善，已成为语言研究的重要领域。本书聚焦"一带一路"建设背景下东南亚各国语言政策与规划的发展特征和实践路径，单纯的线性描述自然是不足以实现完整侧写的，理应借用以上的分析框架和思考维度，从而为提高研究结论的可靠性和说服力提供有力支撑。

（三）生态学视角下的语言政策研究模型

生态学视角下的语言政策研究模型，将生态学的理论用于审视语言政策中存在的问题，具有重视系统结构、类型多样性和动力机制等特征。生态学研究专家尤金·奥德姆（Eugene Odum）和加里·巴雷特（Gary Barrett）指出，生态学研究的是不同层次的生命，关注生命体与生活环境间关系的总和或特征[①]。对语言政策及语言政策的研究而言，这意味着将政策本身及利益相关者同外部环境更紧密地联系起来。

南希·霍恩伯格（Nancy Hornberger）是较多运用生态学理论对语言政策展开

① Odum E P，Barrett G W. Fundamentals of Ecology[M]. 3rd ed. Philadelphia：W. B. Saunders Company，1971：1.

研究的学者。霍恩伯格现为美国宾夕法尼亚大学教育学院荣休教授，以擅长语言政策、民族志和双语教育等领域的研究著称。①她在相关研究中运用语言生态学的理论，基于多元主义资源观，提出了一个多元语言政策连续体框架（continua framework of multilingual language policies）。

理查德·瑞兹（Richard Ruiz）指出，语言学研究的基本导向影响着我们对于语言的认知和相应的语言规划，而语言政策与规划研究中存在的三种典型导向是：作为问题的语言（language-as-problem）、作为权利的语言（language-as-right）、作为资源的语言（language-as-resource）②。霍恩伯格分析，在"作为问题的语言"导向下，语言被视为将语言学少数群体（linguistic minorities）整合进主流群体时的阻力；在"作为权利的语言"的导向下，语言学少数群体使用和维持其母语的权利被视为一项基本的人权和公民权；在"作为资源的语言"导向下，一个国家保护和发展其所有语言资源的重要性受到认可和重视③。由此可知，在"作为资源的语言"导向下，各种语言的重要性与地位得到更大的尊重，国家社会在保护和发展语言时会采取类似于建设生态系统的方法。因为生态系统内各要素是彼此相连、环环紧扣的，缺少一个要素都将可能对生态系统带来灾难性的变化。

与上述语言观相比，还有一个需要阐述的重点是，霍恩伯格强调，全球化进程和民族分化对"一个国家，一种语言"（one state，one language）的意识形态提出了挑战④。实际上，在本书所关注的马来西亚及部分曾受殖民统治的东南亚国家，这样的意识形态曾经都存在过，并对这些国家语言政策的发展产生了重要的影响。但此后伴随全球化发展和国家内部不同民族在结构与比例上的变化，强调语言与民族构成单一性的民族国家观逐渐式微。

基于上述基本观点，霍恩伯格在她的研究中解释了多元语言政策连续体框架的三个核心主题：语言进化（language evolution）、语言环境（language environment）、语言濒危（language endangerment）⑤。根据对该框架的理解，本书将三个核心主题的关系绘制成如下关系图（图1-2）。霍恩伯格在其研究中说到，语言生态学的研究视角或模型，得益于埃纳尔·豪根（Einar Haugen）所做的开创性工作。豪根

① Hornberger N H. University of Pennsylvania，Graduate School of Education[EB/OL]. [2021-08-29]. https://www.gse.upenn.edu/academics/faculty-directory/hornberger.

② Ruiz R. Orientations in language planning[J]. NABE Journal，1984，8（2）：15.

③ Hornberger N H. Bilingual education and English-only：A language-planning framework[J]. The Annals of the American Academy of Political and Social Science，1990，508（1）：24.

④ Hornberger N H. Multilingual language policies and the continua of biliteracy：An ecological approach[M]// Hornberger N H. Continua of Biliteracy：An Ecological Framework for Educational Policy，Research，and Practice in Multilingual Settings. Clevedon：Multilingual Matters，2003：319.

⑤ Hornberger N H. Multilingual language policies and the continua of biliteracy：An ecological approach[M]// Hornberger N H. Continua of Biliteracy：An Ecological Framework for Educational Policy，Research，and Practice in Multilingual Settings. Clevedon：Multilingual Matters，2003：320-321.

将语言生态学定义为对任何语言及其所处环境的研究，而环境包括了心理的环境和社会的环境①。经过进一步的研究和探索后，霍恩伯格提出，语言生态学研究中的语言进化指的是在一个生态系统中，一种语言会和别的语言共同生存和进化。语言环境指的是语言所存在的社会政治、经济和文化环境；语言濒危指的是一种语言在与生态系统中的其他语言相比时，如果缺乏环境的支持，那它将可能进入濒危状态。本书希望通过图 1-2 表现出语言进化、语言濒危和语言环境对语言政策研究来说，是语言生态系统中一体三面的主要组成部分，彼此之间相互影响。

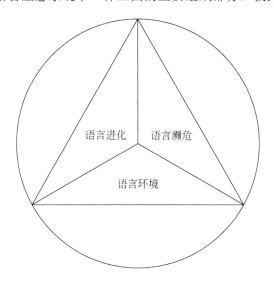

图 1-2　生态学视角下的多元语言政策连续体框架

根据南希·霍恩伯格的框架制作而成，原文参见 Hornberger N H. Multilingual language policies and the continua of biliteracy：An ecological approach［M］//Hornberger N H. Continua of Biliteracy：An Ecological Framework for Educational Policy，Research，and Practice in Multilingual Settings. Clevedon：Multilingual Matters，2003：320-321.

需要再补充说明的是，霍恩伯格所提出的理论框架还与以下几位研究者的工作密切相关。彼特·缪尔豪斯勒（Peter Mühlhäusler）在其《语言生态学》（*Linguistic Ecology*）一书中提出了类似于霍恩伯格的分析主题框架，并提出从个体语言向整体语言结构生态转变的观点②。对于语言政策研究而言，研究对象究竟是单个的语言还是整体的语言生态，决定了我们研究的出发点和分析的核心内容，是本书在具体操作和后续分析的过程中希望清醒对待的问题。罗伯特·卡普兰（Robert Kaplan）和小理查德·巴贝道夫（Richard Baldauf，Jr.）的研究则指出，语言政策

---

① Haugen E. The Ecology of Language[M]. Redwood City：Stanford University Press，1972：325.

② Mühlhäusler P. Linguistic Ecology：Language Change and Linguistic Imperialism in the Pacific Region[M]. London: Routledge，1996：8-9.

的研究应当关注多种语言乃至所有语言，不应将某种语言孤立开来，需要关注语言变化的元素（language change elements）等内容①。

生态学视角下的语言政策研究具有明显的跨学科特征，将生态学中的隐喻与理论用于分析语言政策与规划，具有创新性和适应性。与政治学和社会学等视角下的语言政策研究模型相比，生态学视角下的研究工作重视语言政策研究中语言资源的类型与多样性，致力于通过分析语言与环境的关系以更好地发挥出语言对于国家经济社会发展和个体发展的促进作用。对语言政策及其对国际中文教育的影响而言，生态学视角下的工作框架和视角至少提供了以下几点启示。

第一，语言政策研究要真正注入多样性理念，在研究设计的各个环节注入多样性理念。生态学视角下相关研究成果以语言的多样性为研究发展的逻辑基点之一，以"作为资源的语言"为基本导向设计并开展相关研究工作。语言教育政策研究作为语言政策研究的子类，有其特殊性——主要表现在研究对象和场景等方面的教育特征，因此在设计的过程中需要批判地理解和分析"多样性"的意义。在具体实践中，语言政策的研究不但要重视不同语言的角色、意义和作用，更要充分把握一个国家或局部社会在教育结构和制度上的多样性。教育结构上的多样性包括了人、学校（不同阶段的学校）、政府等利益相关方的构成。制度多样性则解释了一个国家教育发展中所包含的基础教育、中等教育和高等教育等阶段的多种教育类型及其关系。在东南亚国家中，语言教育因多民族多语言环境而塑造出语言教育的多样性。

第二，在语言政策研究中探讨语言（教育）政策对国际中文教育的影响，同样需要注重多样性。本书所界定的国际中文教育包含了中国和东南亚国家发生的以中文为教学媒介语的多种类型的教育活动，具有内在的程度较高的多样性。因而在贯彻多样性理念的过程中，应当将语言资源观融入研究的后半段，为分析语言政策对国际中文教育的影响做铺垫。

第三，语言政策的研究不能脱离所处的环境，并且应当积极探索语言与所处环境的互动关系。生态学视角下的研究启发我们要对生态系统内各要素间的关系、要素与系统的关系予于关注。在语言政策的研究中，语言的进化和发展不但有宏观的国家经济社会环境，更有直接的学校教育环境和学生生活环境。而这些都是研究分析中容易忽视的因素。此外，具体的研究还涉及跨国环境，对国际中文教育的影响更需要重视对环境因素及生态系统中互动关系的分析。语言政策研究具有丰富的内涵，凝结了公共政策研究领域的诸多优秀成果，探索生态系统内的结构与互动关系是一个具有研究价值、适应实践需要的可行的研究思路。同时，将

---

① Kaplan R B，Baldauf R B. Language Planning from Practice to Theory[M]. Clevedon：Multilingual Matters，1997：296.

研究者对元素结构与元素对环境的互动关系作为分析的抓手，有利于深入认识和分析研究材料，深化对语言政策对国际中文教育影响的评价和判断。

第四，在具体研究中需要警惕的是，对生态学理论的理解不能过于简单化，武断地认为生态学的研究仅仅是分析生态系统中语言政策的构成与实施过程中语言政策与环境的互动关系，那样将会背离生态学研究理论的初衷。换言之，生态学理论的应用需要研究者对语言政策制定和实施过程具有深入全面的了解，而不只是进行简单的结构分析，致使研究脱离了语言发生的社会和历史情景。东南亚国家具有复杂多元的社会结构，其社会发展历史也潜藏着诸多与语言及国际中文教育发展相关的核心因素，这些是现有研究往往容易忽视的细节。

（四）社会学视角下的语言政策研究模型

从社会学视角出发，语言政策研究的模型更加注重对人与社会的互动、对语言政策制定与实施中有关的社会问题保持更为明显的关怀。安东尼·吉登斯（Anthony Giddens）曾说，社会学是对人类社会生活、群体和社会的科学研究[①]。在语言政策研究中，提出了具有社会学特征的研究模型的研究者在模型中融入了对语言政策与人类社会生活、群体和社会的关注，展现出赖特·米尔斯（Wright Mills）所说的"社会学的想象力"（sociological imagination）[②]。在现有的研究中，具备明显社会学特征的语言政策研究模型较多，此处仅以其中两个代表性研究成果为例进行说明和探讨。

乔舒亚·菲什曼是一名著述颇丰的语言学家，在语言社会学和双语教育等领域产生了重要影响。菲什曼作为哥伦比亚大学毕业的社会心理学博士，其语言学研究具有突出的社会学和心理学特征。他不仅在语言政策研究领域提出了影响后续研究发展与实践工作的模型，更在语言社会学研究中强调社会发展的多样性。菲什曼在1991年提出了语言分级代际中断量表（Graded Intergenerational Disruption Scale，GIDS），用于分析地区或少数民族语言在与占据更加主流位置的语言竞争生存资源时所具有的相对优势。GIDS 设计的初衷，源自菲什曼对语言网络和群体的代际传递的关注，是对一个国家语言系统中弱势语言及整体语言多样性的重视。该量表将语言活力（language vitality）及其发展状态的测量分成了 8 个阶段（表1-2）。判断一个国家的社会中语言发展的状态，并依据状态判断下一步的发展规划，是语言政策研究的重要动力之一。菲什曼的量表将语言发展状态分成了 8 个阶段，语言发展的活力依次升高。需要说明的是，菲什曼的量表是其语言政策研究中的一个代表性模型，但在审视其模型创生与发展的过程中，不应忽视他对语

① Giddens A. Sociology[M]. 5th ed. Cambridge：Polity Press，2006：4.
② Mills C W. The Sociological Imagination[M]. Oxford：Oxford University Press，2000：5.

言政策的整体认识。

表 1-2 语言分级代际中断量表[①]

阶段	判断特征
8	某种语言大部分残留的使用者是处于社会分隔状态的群体，需要从他们的口述和记忆中重新汇集语言，并将语言传授给处在人口疏散区域的群体
7	某种语言大部分的使用者是处于社会整合和民族语言活跃的群体，但他们已经超过了生育年龄
6	语言发展处在代际非正式口语的实现及其人口集中度和制度强化的状态
5	某种语言的读写能力（literacy）培养自家庭、学校和群体（community）内，但是在群体外没有加强这种语言的扫盲工作
4	某种语言的发展处在义务教育法规定的低级教育阶段
3	某种语言的使用发生在群体外的低级工作场所，涉及和其他语言群体的互动
2	某种语言的使用处在政府服务和大众媒体的低级阶段，但是并没有进入这两个领域的高级阶段
1	某种语言的使用已经部分进入了教育、职业、政府和大众媒体领域的高级阶段，但是缺乏政治独立所带来的额外安全保障

在菲什曼的语言政策研究中，他尤为重视研究对社会多样性的关注和研究自身的多样性。例如，他曾说过，"成功的"语言规划应当具有多样的标准，并且应该达到更高的水平；反机械论的恐惧认为语言规划会导致语言发展的僵化与死板，但如果用社会语言学的概念来分析，那这仅仅是导致了对一个情景化曲目可取性（desirability of a contextualized repertoire）的保护[②]。在研究设计与实施中贯彻多样性的理念，是社会学视角下语言政策研究的一个重要特征，对本书具有关键的借鉴价值。此外，菲什曼还说，对语言政策与规划研究想要有所收获，不仅要关注到更高级的语言场景，更要和不同领域的规划相比较[③]。菲什曼在语言转用（language shift）方面的研究，恰到好处地将理论性的社会学概念运用于语言转用现象和语言规划中，通过案例研究和实地观察探索了语言保存和维持问题，尽管研究没有给出详细的操作步骤，但是却在适宜的社会功能领域运用了语言规划的概念。[④]

另一个在社会语言学领域产生重要影响的学者是罗伯特·库珀，他曾在菲什曼的指导下开展语言学研究，并经菲什曼引荐随同查尔斯·弗格森（Charles

---

① Fishman J A. Reversing Language Shift：Theoretical and Empirical Foundations of Assistance to Threatened Languages[M]. Clevedon：Multilingual Matters，1991：87-107.

② Fishman J A. Language planning and language planning research：The state of the art[M]// Fishman J A. Advances in Language Planning. Hague：Mouton Publishers，1974：26.

③ Fishman J A. Language modernization and planning in comparison with other types of national modernization and planning[J]. Language in Society，1973，2（1）：23-43.

④ Fishman J A. Reversing Language Shift：Theoretical and Empirical Foundations of Assistance to Threatened Languages[M]. Clevedon：Multilingual Matters，1991: xiii，413.

Ferguson）到埃塞俄比亚开展语言调查。①在库珀关于语言规划和社会变迁的研究中，他提出对语言规划的理解，要求深刻认识推动语言规划发展的社会环境。②而这也成为库珀语言政策研究的一个基本认识。库珀在对不同语言规划的案例进行比较研究后，在海因茨·克洛斯（Heinz Kloss）提出的语言政策与规划分类基础上，形成了语言政策与分类的分析框架。克洛斯在其研究中提出了语言地位规划（status planning）和语言本体规划（corpus planning）的分类方法，为库珀的研究提供了重要基础。③ 在运用语言社会学理论和相关调查的基础上，库珀新增加了语言习得规划（acquisition planning），丰富了语言政策研究中关于类型划分的框架。④具体来说，库珀借鉴了社会变革中的四个典型过程，将语言规划视为创新的管理（management of innovation）、推广（marketing）、权力的追求和维持（pursuit and maintenance of power）、决策（decision making），并在此基础上提出了一个研究语言政策与规划的解释性图式（accounting scheme）⑤。如图 1-3 所示，该解释性图式重视对语言政策与规划过程中主体（who）、内容（what）、地点（where）、时间（when）、方式（how）等核心元素的分析，关注到语言政策与规划过程中所处的社会环境及其发生的决策过程。

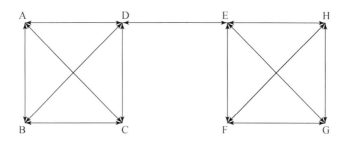

图 1-3　研究语言政策与规划的一种解释性图式⑥

　　库珀对图 1-3 中图式的构成进行了细致的解释（表 1-3）。从以下解释中，我们不但可以更好地理解图 1-3 中语言政策与规划的解释性图式的内涵，更可以看到库珀的语言政策研究理论体系对于社会学理论特别是语言社会学理论的运用。

① Cooper R L. Language Planning and Social Change[M]. Cambridge：Cambridge University Press，1989：vii.
② Cooper R L. Language Planning and Social Change[M]. Cambridge：Cambridge University Press，1989：1.
③ Kloss H. Research possibilities on group bilingualism: A report[R]. Quebec：International Center for Research on Bilingualism，1969.
④ Cooper R L. Language Planning and Social Change[M]. Cambridge：Cambridge University Press，1989：157.
⑤ Cooper R L. Language Planning and Social Change[M]. Cambridge：Cambridge University Press，1989：97.
⑥ 同⑤。

表 1-3　语言政策与规划的构成

构成要素	主要内容
什么行动者	正式的精英、反精英者、非精英的政策实施者
尝试影响什么行为	① 已规划行为的结构（语言学）特征
	② 选用已计划行为的目的和功能
	③ 采纳（意识、评价、熟练、使用）的预期等级
面向什么人	① 目标群体的类型（如，个体还是组织，首要的还是中介的）
	② 目标群体知晓已计划行为的机会
	③ 目标群体学习和使用已计划行为的激励措施
	④ 目标群体拒绝已计划行为的激励措施
为了什么目的	① 公开的（与语言相关的行为）
	② 潜在的（与语言无关的行为，满足兴趣）
在什么情况下	① 情境性的（事件、短暂的情景）
	② 结构的（包括政治的、经济的、社会/人口/生态的）
	③ 文化的（包括政权规范、文化规范、权威的社会化）
	④ 环境的（来自外部系统的挑战）
	⑤ 信息的（一个好决策所需的数据）
通过什么方法	如权威、武力、推广和说服
通过什么决策过程（决策规则）	① 问题或目标的公式
	② 方法的公式

　　社会学视角下的研究成果，为我们认识语言政策的发展提供了如何认识社会和人的认识论工具，进而为确立方法论和研究框架奠定了基础。社会学对于社会现象和问题、人在社会发展中的角色与作用的关注，是语言政策研究中需要重视的重要内容。对语言政策及其对国际中文教育的影响研究而言，社会学理论视角下的研究模型具有如下启示意义。

　　第一，理清研究分析的对象、问题和层次，在研究过程中保持清晰的逻辑，遵循逻辑主线开展一致性的分析。语言政策研究涉及国家、社会、学校和个体等多个层面的因素，研究问题的清晰化程度与研究结果的可靠性、有效性等特征具有直接的关系。在分析语言政策的过程中，应当时刻谨记研究的对象、问题和层次，特别是避免将研究分析的堆叠和层次混淆，致使研究的结论出现立场不一、论证逻辑不畅的问题。

　　第二，关注社会层面出现的新现象和新问题。语言政策研究与社会发展的社会性和历史性因素等有着紧密的联系，因而在分析的过程中要注意观察和比较不同时段出现的新现象和新问题。包括国家政治理念、社会经济发展水平、人口规模与结构等在内的社会性因素，对于我们开展语言政策分析都是十分重要的影响因素。同时国际中文教育更牵涉到不同国家的跨境因素，流入国和流出国的签证政策等外交工作上的变化，都对国际中文教育的发展产生影响。

第三，保持对社会发展的关怀并开展研究工作，致力于得出适应社会发展需要的中层理论。社会学家罗伯特·默顿（Robert Merton）致力于寻求对社会现象和社会问题的新解释，提出了"中层理论"（middle-range theory）的创新性见解，推动了社会学理论的发展。①在语言政策研究关注语言教育微观发展的情况下，本书主张同时也需要加强对中观层面发展的关注，对语言政策及其对国际中文教育影响中的中观层面因素进行分析，发挥社会学研究的特长，致力于挖掘符合社会发展的研究成果，推动语言政策研究在更大层面发挥影响力。

第四，强调运用历史-结构研究发现导致维持不平等制度的政策和规划的历史和结构因素。从 20 世纪 90 年代开始，语言政策研究开始关注权力、权利、不平等以及强制性政策对语言学习和语言使用的影响。历史因素在不同背景下可能会有很大差异，但共同关注的是不同群体的语言使用和语言学习模式的不平等成本和收益的历史来源，语言规划过程的可能历史解释，规划机构的组成及其代表的利益，以及规划过程中产生的特定政策的影响。例如，殖民主义影响是许多殖民地国家（如马来西亚等）的一个中心因素，研究这些国家的语言状况可以参照殖民语言政策的历史，同样，殖民主义也是殖民国家的一个中心因素，与殖民主义有关的历史因素导致特定的语言问题十分突出。历史因素在语言政策形成中扮演重要角色的其他例子包括全球化（与英语的传播和全球性语言消失有关）、在国家层面拥有政治权力的本土活动家和政治家的崛起（例如推动玻利维亚的语言复兴）以及国际人权运动（这是在欧洲和许多其他环境中扩大少数民族语言使用的基础）等。在结构因素分析中，重点是社会经济阶层分析，语言政策则被视为维持阶层权力和不平等的一种机制。结构因素包含了种族、民族和性别、制度形式和实践、国际分工、决策的政治组织以及语言在社会政策中的作用。这些分析因素共同点在于关注权力关系以及结构性因素如何影响维持社会、经济和政治不平等的语言政策和实践。

第五，社会学视角下的解释性政策分析（interpretive policy analysis，IPA）的运用。在社会学研究中，面临的挑战之一是了解构成正式政策背后意图的社会政治因素，如何解释和实施这些政策，以及它们对目标人群的最终影响。解释性政

---

① Merton R K. Social Theory and Social Structure[M]. New York：The Free Press，1968：39.

策分析为在更大的政策问题及其参与者中有直接经验的研究人员提供了有益的方向，因为"它假设分析人员不可能置身于所研究的政策问题之外，不受政策问题的价值观和含义以及分析师自身的价值观、信念和感受的影响"[1]。解释性政策分析更多的是一种解释性的取向，而非方法论。作为一种取向，它与多种方法兼容，包括案例研究、观察、访谈、档案数据收集和分析、民族志信息方法，收集数据以研究各种场景、受试者/参与者的其他方法，以及与语言政策和教育政策相关的情境。语言政策分析的四个主要元素是：①人工制品；②意义；③解释性社区；④话语。人工制品包括三大类人类行为：语言、物件和行为。当这些人工制品被识别后，"我们努力理解这些人工制品被赋予的意义以及它们的道德信仰、认知价值和情感基础"[2]。因而从本质上讲，人工制品和意义基本上是相互关联的且可能是相互衍生的。解释性社区是指政策实施的对象。各种话语则来自确定的解释性团体。下面列出了语言政策分析的四个早期步骤，这些步骤不一定是连续的，而是可能重叠和无序发生。

步骤1：识别作为给定政策问题以意义的重要载体的人工制品（语言、物件、行为），这些政策问题能够为政策相关参与者和解释性社区所感知。

步骤2：确定与所分析的政策问题相关的意义/解释/言语/实践社区。

步骤3：识别"话语"：通过特定人工制品及其蕴含物（在思想、言语和行为中）传达的特定含义。

步骤4：确定冲突点及其概念来源（情感、认知和/或道德）。

---

① Yanow D. Conducting Interpretive Policy Analysis[M]. London：Sage，2000：6.
② Yanow D. Conducting Interpretive Policy Analysis[M]. London：Sage，2000：15.

第二章 菲律宾语言政策与规划研究

菲律宾作为东盟主要成员国之一，北隔巴士海峡与中国台湾地区遥遥相对，南和西南隔苏拉威西海、巴拉巴克海峡与印度尼西亚、马来西亚相望，东临太平洋，西濒南海，是亚洲、澳大利亚与太平洋之间的交通要道。三大群岛 7000 多个岛屿的独特地理分布造成菲律宾语言纷繁复杂，现存 170 多种交流用语①。历经西班牙、美国和日本长达 380 多年的殖民统治，其目前的官方语言是英语，国语是以他加禄语为基础的菲律宾语。随着中菲贸易关系的逐步推进，2016 年中国成为菲律宾第一大贸易伙伴，菲律宾人民学习中文的需求也不断增加，为了更好地促进中菲政策沟通、民心相通，研究菲律宾语言政策的变化趋势以及这些变化对国际中文教育的影响将对中菲关系具有重要意义。

第一节 菲律宾语言政策与规划的传统和沿革

一、古代至西班牙统治前期：阿拉伯语广泛流行

菲律宾作为一个岛国，拥有数量众多、语言不同的部落。由于各岛屿之间交通不便，古代的菲律宾缺乏全国通用语，各岛屿之间沟通困难。1380 年阿拉伯语随着伊斯兰教一道传入了棉兰老岛、苏禄岛等菲律宾南部群岛，成为菲律宾南部群岛间最早的通用语言和菲律宾最早的流行外语。阿拉伯语不仅被用来阅读《古兰经》，也被作为伊斯兰教学校的教学用语。在西班牙统治菲律宾的 300 多年间，现今的穆斯林聚居区始终未列入其统治区域，这使得阿拉伯语在此区域得以较好地保留和发展。

二、西班牙殖民时期：实行语言分化政策

从 1565 年开始，西班牙对菲律宾进行长达 300 多年的殖民统治，在传播天主

---

① 周子伦，等. 菲律宾语言政策和英语研究[M]. 成都：四川大学出版社，2015: 3.

教的同时对菲律宾实行社会分化和语言分化殖民政策。西班牙政教合一的统治方式和民族歧视政策使菲律宾人只能在其殖民管理体系中担任最下级的官员,西班牙殖民者与普通菲律宾人之间很少交流,因此除了官方交际以外并不需要使用西班牙语。为了预防菲律宾民众反抗,西班牙权贵精英极力限制和禁止菲律宾人使用西班牙语,在长达 300 多年的西班牙统治时期,西班牙语在菲律宾只不过是贵族和官方用语。到西班牙结束对菲律宾的殖民统治的 19 世纪末,仅有 3%的菲律宾人能说能写西班牙语。[①]在这一时期,西班牙政府没有过多干涉菲律宾民族语言,使之得到稳步发展。[②]

虽然只作为贵族语言,没有被广为流传,但是西班牙语仍对菲律宾有不小的影响。1946 年菲律宾摆脱美国的殖民统治,宣布独立后,西班牙语仍然继续作为官方语言被使用,在 1974 年双语教育政策颁布之前,西班牙语仍是菲律宾中学五、六年级和大学必修课程。直到 1987 年宪法颁布后,西班牙语才彻底丧失了官方语言的地位。[③]

三、美国殖民时期:实行语言同化政策

与西班牙截然不同,1898～1935 年,美国在菲律宾实行同化的殖民语言政策,使菲律宾至今仍是亚洲国家讲英语人口占比最大的。

美国殖民政府认为要贯彻殖民统治,就必须在菲律宾灌输美国的语言文化、宗教信仰、意识形态和价值观以培养认同美国文化的菲律宾人。为此,美国一方面在菲律宾兴办大批公立学校,并于 1901 年 1 月 21 日颁布 74 号教育法令,建立起免费的公立初级英语教育体系,从美国招聘英语教师到菲律宾从事教学。另一方面,在菲律宾建立起公费留学美国制度。美国同化教育培养出来的亲美人士在菲律宾形成了以政客、法官、律师、地主和自由职业者等构成的精英上层集团,使美式英语成为菲律宾当时唯一的官方语言和殖民政府的行政、商业、社交用语,英语的绝对优势地位日益在殖民地菲律宾显示出来。美国殖民时期,英语在菲律宾的渗透全面而深入,不但影响了菲律宾民众的日常生活,还影响着人们的精神世界。美国同化教育政策一定程度上结束了菲律宾多语言、多方言却没有全国通用语的历史局面,使菲律宾凭借英语这一国际通用语快速融入国际主流社会,但是客观上也阻碍了菲律宾各民族语言的发展,影响了本土语言和文化的传承。

---

① 唐继新. 菲律宾语言生活的新发展[J]. 语文建设, 1989(6):60-61.
② 郭卫东, 刘敏. 菲律宾不同时期语言政策及其造成的影响[J]. 新疆社会科学, 2016(6):83-87.
③ 章石芳, 范启华. 菲律宾语言教育政策的回顾与反思:兼论华文教育的新机遇[J]. 海外华文教育, 2013(4):356-361.

四、菲律宾自治时期：大力推广国语

1935 年，在美国的统治下，菲律宾自治政府成立。随后全国兴起了以发展国语来取代英语的爱国运动，菲律宾人民想通过自治的语言政策获得国家的完全独立。

1936 年自治政府颁布国语法，将较有影响的菲律宾北部方言——他加禄语定为国语，又称菲律宾语。1940 年自治政府通过教育法令和第 58 号法令，对公立小学教育体制进行了修订，要求学校由原来的美国殖民统治规定的英语为教学语言转变为以他加禄语为教学语言。同年，他加禄语开始在菲律宾所有的学校中教授。第 44 号总统令规定：为了促进菲律宾民族主义和民族语言的发展，高等教育机构必须有国语课程且必须为必修课之一。但是，教育部也指出：英语仍可以作为学校教学的媒介语。1939 年教育部提出双语教育理念，在保留英语地位的同时允许以本国语言辅助教学。1944～1945 学年，国家开始大规模进行他加禄语培训，加强民族语言的发展。

五、日本殖民时期：实行语言同化政策

菲律宾由于在西太平洋地区具有重要的战略地位，成为二战时日本南进的必争之地。1942 年，日本占领菲律宾。为了进一步笼络菲律宾地主资产阶级的上层人物，以巩固统治，日本于 1943 年承认菲律宾"独立"，但是在政治、经济、军事上要求与其进行密切合作，甚至严格控制。如在教育文化方面进行严格控制，一方面宣扬泛亚主义和"大东亚共荣圈"新秩序，另一方面普及日语，逐渐禁止菲律宾人民使用英语。在教学内容方面，凡是宣传英语与反日的相关内容一律删除。

六、菲律宾独立后：从英菲并重的双语教育到多语教育

1946 年 7 月 4 日菲律宾脱离美国统治正式独立，当时西班牙语、英语和国语均被视为官方语言。但由于菲律宾的教育制度基本沿袭了美菲政府时期的美国式教育体系，因此，英语依然是最重要的教学媒介语，几乎处于独尊的地位。随着国内民族主义运动的持续升温，政府开始注重对民众进行国家、民族意识的培养，并着力加强菲律宾语的推广和普及力度，为此，自 1957 年起，先后负责教育的各政府部门，陆续颁发了系列的语言政策。这些语言政策有 1957 年的推广国语教育政策、1974 年与 1987 年实施的英菲并重的双语教育政策、2003年的"确立加强英语作为教学媒介语"的教育政策以及 2009 年的"基于母语的

多语教育"政策。①

第二节　菲律宾语言政策与规划的现状和特点

一、菲律宾语言政策与规划的现状

21 世纪菲律宾的语言政策经历了从着重关注英语到重点发展国语，再到依据地方母语学习多种语言的变化，这种变化不仅保护了方言，同时也维护了菲律宾国内不同民族人民的利益，更为新一代的菲律宾年轻人跻身国际舞台提供了便利条件。

2008 年颁布的"外语特别项目"和 2009 年颁布的"基于母语的多语教育"两项语言政策，是菲律宾政府响应国民诉求以及适应国际社会作出的最新重大举措。这两项政策对于华文教育发展具有积极意义。

（一）外语特别项目

外语特别项目（Special Program in Foreign Language，SPFL）是菲律宾教育部 K12 基础教育特别项目的一部分，这些特别项目包括科技、艺术、运动、新闻、外语和职业技术教育。SPFL 是由菲律宾教育部与世界不同语言机构合作开展的项目，旨在在菲律宾中学发展和推广外语。七至十二年级的学生通过国家水平测试 (national achievement test)证明英语水平到达一定要求，就可以参加 SPPL。SPFL 于 2009 年开始运行并推广法语、日语、西班牙语，一年后菲律宾教育部增加了德语，2011～2012 学年起开始推广中文，2017 年加入韩语。SPFL 能够有效帮助学生发展听、说、读、写等第二外语交际能力，提高学生在多元语言文化的全球背景下无障碍沟通交流的能力，并引导学生理解和尊重他国文化。这不但会提高学生的就业竞争力，而且会加强菲律宾和其他国家之间的跨文化交流。因此，该项目提出后吸引了教育界和商业界的较多关注，国内外人士都采取支持态度。

在课程时间设置方面，公立学校每周安排 4 小时外语课程。如果提供了科学技术和生存技术（technological living and livelihood）教育的课程，学校提供的外语课程也将安排为每周 4 小时或是每周 2 节、每节 120 分钟。外语课成绩将会体现在总成绩单上，这或许会给学生们带来更多的压力，但同时也会激发他们学习外语的主观能动性。

---

① 章石芳，范启华. 菲律宾语言教育政策的回顾与反思：兼论华文教育的新机遇[J]. 海外华文教育，2013（4）：356-361.

截至 2018 年，菲律宾共有 211 所中学开展了 SPFL 项目。其中，79 所公立学校提供中文教学，11 所公立学校提供德语教学，13 所公立学校提供法语教学，26 所学校提供日语教学，72 所学校提供西班牙语教学，10 所初级中学提供韩语教学。[①]根据 2018 年菲律宾教育部提供的数据，在公立学校教授外语的当地教师数量在增加。

为了确保教师的外语授课技能，菲律宾教育部已与多所国际机构合作开展教师培训活动，这些机构包括：菲律宾歌德学院（Goethe-Institut）（德语）、西班牙驻菲律宾大使馆、西班牙塞万提斯学院（Instituto Cervantes）国际合作发展中心（西班牙语）、日本基金会（日语）、红溪礼示大学孔子学院（中文）以及法国驻马尼拉大使馆（法语）。

为了促进 SPFL 外语教学法革新，调动教师参加相关职业培训活动的积极性，2015 年菲律宾教育部颁布第 5 号政令，指出教师参与 SPFL 培训项目可以申请差旅补贴。在 2017 年菲律宾教育部预算中，菲律宾教育部已向 SPFL 项目拨款超过 3500 万比索，其中 2200 万比索的款项，用于 SPFL 教师培训、教学研讨会等活动。值得一提的是，为了再次重申菲律宾语的重要地位，2018 年 11 月 18 日教育部发表声明：强调韩语等其他外语课程是选修课，不会也不可能替代菲律宾语课程在基础教育中的地位。[②]

（二）基于母语的多语教育政策

菲律宾是一个文化和语言都很丰富的国家，在菲律宾能够列出的方言数量约为 175 种，但是有些已经消失，有些正濒临消失。基于菲律宾部分侨民反对"一个国家，一种语言"的理念，以及保护民族语言与文化的需求等原因，菲律宾教育部于 2009 年颁布了第 74 号令"基于母语的多语教育"（Mother Tongue-Based Multilingual Education，MTB-MLE）政策。此政策作为政府 K12 基础教育项目的重要组成部分，被写入 2013 年加强基础教育法案（Enhanced Basic Education Act of 2013），规定方言（地区母语）作为单独的课程在一年级开设，英语和菲律宾语课程不得早于小学二年级开设，中学开始开设外语选修课；幼儿园到小学三年级用方言（地区母语）来教授数学、科学、人文地理，菲律宾语和英语作为教学媒介语使用不得早于小学三年级，且菲律宾语仅用来教授人文地理和菲律宾语课程，英语则用来教授菲律宾语不教授的课程；地区母语在需要的时候可以用来作为辅助教学媒介语。

研究表明，优先使用母语可促进学生理解其他语言和课程、提高学习成绩，

---

① 菲律宾教育部. DepEd: Korean and other foreign language classes elective, not replacement to Filipino[EB/OL]. (2018-11-18)[2022-06-20]. http://www.deped.gov.ph/2018/11/18/deped-korean-and-other-foreign-language-classes-elective-not-replacement-to-filipino/.
② 同①。

增强学生自信心和课堂参与度，提高课堂质量，降低辍学率和留级率，从而促进全民教育；具有扎实母语基础的学生能更好地发展其语言能力，语言能力作为一个桥梁，可以帮助学生更好地理解其他知识和技能，使学生不仅在学校教育中取得优异成绩，而且终身受益。也有学者认为母语优先教学可以增强女性学生对男性教师的信任度，提高女生的入学率和通过率。另外，母语教学可提高母语及其文化在学生心中的地位，传承了民族文化，深受家长的欢迎。家长由于减少了和老师之间的语言障碍，也更愿意参与到学校建设事务中来。①

基于母语的多语教育政策强调了方言的重要性和必要性，菲律宾第一次将地区母语作为课程加进课程体系，并对外语的学习进行了规范，强调了用母语来开发学生的认知和推理能力，然后将这种能力运用于第二语言的学习中。这项政策寄托了执政者希望通过巩固地区母语来增强族群认同，并推动国家认同的良好愿望，也是菲律宾政府倾听当今世界不同种族、不同肤色、不同国家人民彼此尊重、相互交融、共同进步的时代呼声，顺应了全人类社会和谐发展的必然趋势，以求真务实的科学精神改革发展教育的重要举措，显示了菲律宾语言政策的成熟与稳定。②

这项政策自 2009 年提出，直到 2012 年 6 月才开始施行，并且没有涵盖高等教育。自颁布以来，该政策遭遇诸多问题和挑战。从语言学者角度来看主要有两项争议，其一，部分学者认为地区母语一般用于日常交流，不具备表达现代概念（特别是科学技术）的词汇和功能，并持反对态度，部分学者则认为任何人类的语言都能够准确地表达人类的思维并且根据需要发展新的词汇和结构；其二，有的语言学者认为学习第二语言必须要置身其中，将自己与第一语言的环境剥离开来，反对者则认为语言能力是可以迁移的，第一语言掌握得越好，越有可能比较好地学习第二语言。学界的长时间争论影响了政策的实施时间。从现实角度来看也存在诸多问题：很多学校缺乏基本的物质设施、具备相关语言能力的教师，以及系统完善的教材，这严重影响了语言政策的实施效果。③有学者在课程实施当年对相关学校进行调查发现，教师和家长尽管认为此政策能够增加学生的理解能力，但是从长远来看，还存在很多问题，这种自上而下的政策并没有考虑到各地的实际情况。④

为了更好地贯彻落实 MTB-MLE 政策，菲律宾各政府部门做了一系列准备工

① Benson C. The importance of mother tongue-based schooling for educational quality[D]. Stockholm: Centre for Research on Bilingualism Stockholm University，2004.

② 章石芳，范启华. 菲律宾语言教育政策的回顾与反思：兼论华文教育的新机遇[J]. 海外华文教育，2013（4）：356-361.

③ Benson C. The importance of mother tongue-based schooling for educational quality[D]. Stockholm：Centre for Research on Bilingualism Stockholm University，2004.

④ Burton L A. Mother tongue-based multilingual education in the Philippines：Studying a top-down policy from the bottom up[D]. Minneapolis，St. Paul: University of Minnesota，2013.

作。2010 年菲律宾教育部针对师生在校交流所使用的通用语进行数据调查（菲律宾教育部第 426 号备忘录）。同年，菲律宾教育部针对 MTB-MLE 开展了多项其他活动：如培训教育者；选择重点学校开展此项目的实验教学；对参与者着重宣传尊重文化遗产和保护母语、国语的思想；追踪参与者活动后的表现，对其进行监控和评价（菲律宾教育部第 357 号备忘录）；等等。2011 年教育部召开 MTB-MLE 国家研讨会，主要讨论支撑母语作为教学用语的理论知识，分析相关文化和法律方面的问题，对比其他国家教育系统中母语作为媒介语的案例，以提高教师解决母语教学课堂问题的能力（菲律宾教育部第 241 号公告）。2011 年 2 月 21 日，菲律宾教育部加入国际母语日庆祝活动，继续推动 MTB-MLE。

2012 年教育部的第 16 号令在"指导实现以母语为基础的多语教育"中规定了 Tagalog、Kapampangan、Pangasinense、Iloko、Bikol、Cebuano、Hiligaynon、Waray、Tausug、Maguindanaoan、Maranao、Chabacano 等主要方言和地区通用语作为一个学习区的教学用语或教学媒介语。2013 年教育部第 28 号令在第 16 号令的基础上又增加了 Ybanag、Ivatan、Sambal、Akianon、Kinaray-a、Yakan、Surigaonon 作为教学引导语。[①]

2013 年，菲律宾教育部第 31 号令关于"一、二年级和 K12 基础教育项目的语言学习领域和时间分配的政策方针说明"中指出：在教授一、二年级数学、人文地理、音乐、艺术、体育和健康时，母语可以作为媒介语使用；母语在一、二年级时作为单独的学科来学习；菲律宾语作为学科要在一年级第二学期开始学习；英语要在一年级的第三阶段开设学科。为了推进 MTB-MLE 政策的施行，2013 年菲律宾教育部还针对学校三年级老师进行了系列培训活动，提升教师在不同语言间的转换技能，增强其基础理论和教学法，丰富使用母语的技巧，令其有能力运用恰当的方法，使用母语教授不同水平的学生（菲律宾教育部第 113 号备忘录）。[②]

但是，MTB-MLE 政策在实施过程中也遇到很多挑战和问题：比如很多菲律宾少数民族语言没有书面语言体系，缺乏从幼儿园到小学三年级的课程体系，缺乏精通此语言的师资，因此这项政策的实施还在摸索当中。

二、菲律宾语言政策与规划的实施特点

（一）包容与开放性

独立后，菲律宾语言政策由"独尊英语"到"英菲并重"再到"基于母语的

---

① 刘敏. 菲律宾语言政策演变及对华校学生语言使用影响[D]. 乌鲁木齐：新疆师范大学，2016.
② 同①。

多语教育"的变迁轨迹，反映了菲律宾独立后急于摆脱殖民统治阴影、增强国家主权意识的决心和能力，折射出菲律宾政府在促进经济社会发展和保护民族语言文化冲突中的无奈，也展现了菲律宾包容、开放的多元文化心态。

2009 年政府颁发第 74 号令，表示在鼓励学习菲律宾语、英语的同时，并不限制其他外语的学习，同年推行"外语特别项目"，在公立中学七至十二年级设置外语选修课。这充分反映了菲律宾语言政策的开放性。

从华文教育来看，菲律宾的语言政策也体现了一定的包容性。在近代历史上，菲律宾从未在法令文件中明确表示禁止华文教育。1973 年马科斯总统实行菲化政策，政府规定华文学校（华校）需向菲律宾教育部注册才可以继续办学，华文授课一天最多不能超过 2 小时，教学媒介语从华文改为英文，其他课程设置和公立学校保持一致。虽然对华校甚为苛刻，但是政府并没有明令禁止国民学习华文。因此，从语言政策角度来看，菲律宾的华文教育从未中断，在转型中存活了下来。

（二）持续性

持续性主要体现在菲律宾对民族语言的保护和传承方面。菲律宾自治政府成立后颁布国语法，将他加禄语定为国语，并将教学媒介语由英语改为他加禄语。独立后政府便大力推广和普及菲律宾语，增强民族凝聚力。最新颁布的"基于母语的多语教育"政策也反映了菲律宾开始尊重语言人权，保护少数民族语言资源。

（三）平衡性

菲律宾的语言政策发展路径是在平衡各方利益中不断发展变化的，由注重语言的"工具职能"到具有"语言资源""语言平等""语言人权"的意识。

因此，菲律宾语言政策的变化是一个不断平衡各方利益、不断调整重点的过程。最初在民族独立时期，国家将推广国语、增强民族凝聚力作为首要任务，面对华校规模和华人势力不断扩张的形势，马科斯总统颁布菲化政策，以防华文教育势力过大；当看到英语在国际社会中的优势地位时，菲律宾颁布了"确立加强英语作为教学媒介语"的政策，试图为菲律宾走向国际化做好准备；据实地调查发现，目前菲律宾的语言发展中，英语依然是一门强势语言，呈现出英语独大的形态。当国家政权稳定后，政府意识到少数民族语言资源和语言人权的重要性，便出台保护母语教育的政策，同时，采取更加国际化和开放的态度，在中学开设外语选修课。2018 年，政府由于韩语等外语热现象的出现，又发布声明重申国语的重要性和不可替代性。

第三节　菲律宾语言政策与规划的成效和问题

一、菲律宾语言政策与规划的成效

（一）双语教育政策改变英语的主导地位

在后殖民时代，"美国遗产"式英语塑造了菲律宾对国家语言和双语教育政策进行辩证实施的图景。无论在任何特定时刻，关于语言的形式和内容的争论，总是以英语与地方语言之间的紧张关系为特征。英语代表了殖民压迫和意识形态的优越性，以及民主和现代性。地方语言代表原始、部落主义和反美主义，以及自由和社会正义。[①]从非殖民化进程的角度来看，双语教育无疑破坏了英语在菲律宾教育中的主导地位。虽然菲律宾语并没有真正取代英语作为权力和威望的象征，但通过使用当地语言作为学习媒介语，开启了对菲律宾新殖民主义教育的抵制。[②]换句话说，双语教育是构成所谓的"解放教育学"的一部分。[③]

从社会语言学方面来看，菲律宾语在双语教育的推广中得以在群岛中广泛传播，并通过媒体和流行文化在许多菲律宾人的生活中扎根。在分散于世界各地的菲律宾人中，使用相同的国家语言作为通用语言也已是常态。虽然仍然存在少部分的民族语言学抵制倾向，但研究表明，多数菲律宾人已经接受菲律宾语作为该国的国家语言。[④]

（二）基于母语的多语教育政策促进多元文化发展

基于母语的多语教育（MTB-MLE）政策主要依托于小学生入学后通过母语的介入能够更好地掌握知识这一论点，不仅得到国际研究机构（如教科文组织）和国内方言教育机构的支持，当地研究也表明，菲律宾儿童通过母语确有助于学

---

① Sercombe P，Tupas R. Language，Education and Nation-building：Assimilation and Shift in Southeast Asia[M]. London：Palgrave Macmillan，2014.

② Enriquez V G. Indigenous Psychology and National Consciousness[M]. Tokyo：Institute for the Study of Languages and Cultures of Asia and Africa，1989.

③ Alexander N. Mother tongue based bilingual education in Africa：A cultural and intellectual imperative[M]// Gogolin I，Neumann U. Streitfall Zweisprachigkeit：The Bilingualism Controversy. Wiesbaden：VS Verlag für Sozialwissenschaften，2009：199-214.

④ Nical I，Smolicz J J，Secombe M J. Rural students and the Philippine bilingual education program on the island of Leyte[M]// Tollefson J W，Tsui A B M. Medium of Instruction Policies：Which Agenda? Whose Agenda?. Mahwah：Lawrence Erlbaum，2004：153-176.

习其他学科。[①]

MTB-MLE 政策支持的学习框架已经在全国的几个社区中实施,但这些主要是针对菲律宾少数族裔群体的非正规教育或基于扫盲的举措,据称这些举措是政府改善由于中央和地方政府的疏忽而被边缘化的土著社区生活的一部分。2010 年 9 月 14 日,政府通过第 101 号令为土著民族颁布教育替代学习系统课程,该课程据称可以开发满足目标社区特定需求的内容。作为独特的 MTB-MLE 课程,它与双语教学的正式主流课程不同,其学习材料是由当地教师或专家用学生的母语编写而成,独特的文化内容更能激发学生对课程的兴趣。土著居民的课程内容包括当地的信仰、卫生、健康和食品方面的知识,它还关注土著居民对祖传文化及其发展、特殊的谋生方式的权利等。[②]MTB-MLE 政策不仅有助于学生更好地掌握知识,而且也有助于维护菲律宾的多元文化。

二、菲律宾语言政策与规划的问题

(一)双语教育政策导致学术边缘化

菲律宾儿童开始接受正规学校教育时,就将菲律宾语作为学校的一门课程和双语教育的教学媒介语开始学习,这意味着他们还没有掌握自己的母语,便需要学习课业所需的新概念知识。因此,在双语教育中,母语不是他加禄语或菲律宾语的学生有双重劣势:他们需要掌握英语和菲律宾语,以便在学业上表现良好;而母语是他加禄语的同学只需要学习英语并掌握学校提供的概念知识即可。[③]可以说,在主流的双语教育政策下,母语不是他加禄语或菲律宾语的学生被边缘化了。教师通常不会说当地语言,也无法向大多数习惯用自己语言思考概念的学生解释课程。因此,语言障碍阻碍学生在学校中自信地交流和表现。[④]而这种边缘化也直接地体现在以他加禄语作为母语的学生和讲其他母语的学生的学术成就差异中。[⑤]

---

① Dekker D, Young C. Bridging the gap: The development of appropriate educational strategies for minority language communities in the Philippines[J]. Current Issues in Language Planning, 2005, 6 (2): 182-199.

② 引自菲律宾全国工会中心网站: https://ntucphl.org/2010/09/deped-develops-curriculum-for-indigenous- peoples/。

③ Smolicz J J, Nical I. Exporting the European idea of a national language: Some educational implications of the use of English and indigenous languages in the Philippines[J]. International Review of Education, 1997, 43 (5/6): 507-526.

④ Tupas T R F. Back to class: The ideological structure of the medium of instruction debate in the Philippines[J]. Language Nation and Development in Southeast Asia, 2007: 61-84.

⑤ Gonzalez A. Evaluating bilingual education in the Philippines: Towards a multidimensional model of evaluation in language planning[J]. Learning, Keeping and Using Language, 1990, 2: 153-162.

（二）基于母语的多语教育政策困难重重

菲律宾的 MTB-MLE 政策自 2009 年制定以来，已经实施了十几个年头，这是一个非常复杂艰巨的任务。政策在实施的过程中遇到了诸如课程、教师、教材、教法、语言标准化、语言意识形态、资金、政策、技术等各种问题。近些年来，随着菲律宾教育部领导层的更换，MTB-MLE 似乎已停滞不前。实地调研中许多受访者说在实际语言教育教学中，她们甚至没有实施这一基于母语的多语教育政策。

由于研发母语教材需要大量的资源，在目前缺乏母语教材的情况下，教师在课堂上难以吸引学生的注意力，激发学生的学习兴趣；教材在设计上也缺少案例、问题和练习环节，学生只是了解课程而不能发展思维和推理能力。除此之外，教辅材料，如提高学生听说能力的视听说材料、最新版本的字典等，也非常缺乏，母语中也缺乏有关数学、科学、艺术与人文的术语和概念。

最为严重的是，双语教育和多语教育在该国同时进行，由于大众对政策的误解，认为多语教育仅针对会说非主流语言的学生，有能力的父母都将孩子送到以英语为媒介的学校读书，使得双语教育服务于"主流"正规教育，多语言指导服务于非正规教育，由此可能会导致菲律宾少数文化群体（包括失学青年和MTB-MLE 的扫盲计划中的文盲成人）在国家集体想象中被边缘化。

第四节　总结和启示

菲律宾的语言政策由殖民时期的独尊英语到独立之初的发展国语，从英菲双语教育到基于母语的多语教育，再到逐渐开放外语，这些变迁轨迹反映了菲律宾独立后急于摆脱殖民统治阴影、增强国家主权意识的决心和能力，折射出菲律宾政府由注重语言"工具职能"到具有"语言资源""语言平等""语言人权"意识的转变，力求在促进国际化和保护民族语言文化间寻求平衡，也展现了菲律宾包容、开放的多元文化心态。

影响菲律宾语言政策变化的因素十分复杂，主要以殖民统治、经济合作、文化传播为主。在政治方面，殖民制度一直影响着菲律宾的语言政策走向，西班牙的殖民统治使西班牙语流行于菲律宾上层社会；美国的殖民统治使英语成为菲律宾官方语言，并广泛流通于菲律宾人民日常生活当中。在经济方面，英语作为世界通用语，其经济价值显而易见，菲律宾的语言政策中多次强调英语的地位，英语也一直是主要的教学用语。随着中菲经贸合作在"一带一路"倡议下逐渐深入，越来越多的菲律宾人开始学习中文。政府也将中文纳入国民教育体系，作为中学选修课供学生学习。在文化方面，宗教、艺术、哲学与文学的传播都影响着语言政策的方向。如天主教在菲律宾的传播带动了西班牙语的传播；美国民主制度的深入影响，使英语得到了广泛传播；韩国影视节目的流行使越来越多的人对韩语感兴趣；等等。

对于华文教育，菲律宾政府虽然在菲化政策后对其进行严格控制，但是从未禁止,基于母语的多语教育政策以及外语特别项目政策给华文教育带来了新机遇。但其目前仍面临着缺乏政府支持，经费、师资不足，缺乏语言环境，缺失文化认同感等诸多问题。

第三章 印度尼西亚语言政策与规划研究

第一节 印度尼西亚语言政策与规划的传统和沿革

印度尼西亚是一个多民族国家，民族语言众多，据联合国教科文组织（United Nations Educational Scientific and Cultural Organization，UNESCO）发布的"全球濒危语言地图"，印度尼西亚有 640 多种区域语言。印度尼西亚官方语言为印度尼西亚语（Bahasa Indonesia），属于奥斯特罗马尼亚语系马来语族，以马来语为基础。公元 1602～1942 年，印度尼西亚受荷兰殖民统治，荷兰语一度被殖民者确立为官方语言。1928 年印度尼西亚《青年宣言》中，民族主义者首次提出"一个国家（印度尼西亚），一个民族（印度尼西亚民族），一种语言（印度尼西亚语）"的口号，要求以马来语（印度尼西亚语）代替荷兰语，作为全国的法定语言。1945 年 8 月 17 日印度尼西亚宣布独立后，印度尼西亚语便以法令的形式被确定为官方语言，也成为从小学到大学的唯一教学媒介语。本章将对印度尼西亚语言政策与规划的发展历史及现状进行探讨研究。

语言政策往往与教育、社会发展、经济以及国家利益等相联系，随着政治权力的更替以及政治意识形态的变化，语言政策在不同的社会历史阶段往往呈现出不同的特点。根据印度尼西亚社会发展的情况，本章将其语言政策与规划分为四个阶段进行考察：一是荷兰殖民时期，二是日本占领时期，三是印度尼西亚联邦共和国时期，四是印度尼西亚共和国时期。

一、荷兰殖民时期的语言政策与规划

1602～1942 年的印度尼西亚处于荷兰的殖民统治之下，其官方语言为荷兰语。殖民期间，出于贸易和传教的需求，马来语作为重要的辅助语言也开始在荷属东印度（荷印）殖民地传播开来。同时，荷兰为了与其他国家竞争，保护自身种植园经济的发展，也开始在印度尼西亚推行马来语。可以说，这一时期印度尼西亚的语言政策是马来语和荷兰语并重。荷兰殖民者主要通过荷兰语报纸进行思想传播，也曾出资创办爪哇语杂志。与此同时，本土民族语言报纸也得以相继发行，在一定程度上保存及促进了印度尼西亚的少数民族语言的书面化发展。[①]

19世纪中叶前期，荷印殖民地只有基础教育，且仅提供给荷兰人，主要是基督教徒和军人的孩子，学校主要采用荷兰语进行教学。19世纪中叶之后，为了加强在殖民地的统治，荷兰殖民者开始在爪哇地区为当地人提供基础教育，随后在马鲁古、米哈萨等地区也开始修建基础教育学校。这些学校主要采用当地土著语言和马来语进行教学，由于马来语简单易学的特点以及在贸易中的广泛使用，当地土著语言在学校教育中的使用范围远不及马来语广泛。虽然马来语在民间深受欢迎，但荷印政府更加重视当地精英及土著上层人士是否掌握荷兰语，政府开设供贵族及富家子弟接受教育的学校，用荷兰语传授知识，以此培养亲荷兰且为殖民政权服务的知识群体。除此之外，为了迎合"分而治之"的统治需求，殖民政府同时也鼓励印度尼西亚各地方保存自身的民族语言，并建立不同的语言学校，强化地方主义，阻止印度尼西亚共同体的建立，以此巩固荷兰在印度尼西亚的殖民政权。[②]

20世纪前30年，因为殖民贸易的需要，印度尼西亚人对荷兰语的学习需求上升，但是学校提供的荷兰语学习机会有限，荷属东印度群岛人民委员会因此开放三所面向印度尼西亚人招生的荷兰本地学校（小学）（Dutch Native School）以提供印度尼西亚人学习荷兰语的机会，同时教授欧洲文化和文明的相关内容。随后荷兰本地学校（初中）和荷兰本地学校（高中）也开始面向印度尼西亚人开放，并且印度尼西亚人有机会由此升入荷兰或者印度尼西亚的大学。但是这个政策无法彻底解决印度尼西亚人与荷兰人之间的语言隔阂，一部分印度尼西亚精英意识到，如果印度尼西亚语不被认可，仅通过增加荷兰语的学习和使用来创造联系是不可行的。因此，1928年印度尼西亚民族主义者发表《青年宣言》，表明"一个国家，一个民族，一种语言"的立场，要求以马来语（印度尼西亚语）代替荷兰语，成为官方语言。1938年印度尼西亚第一个语言会议顺利召开，这也标志着印度尼西亚语开始从殖民时期的被动发展走向主动发展。

二、日本占领时期的语言政策与规划

日本占领时期，荷兰语被视为"敌方语言"，在印度尼西亚被禁止使用。日军强力推行日语，并规定持有日语文凭的人可获得更好的工资待遇。但是懂日语者有限，为了快速有效实施思想和文化控制，日军只能通过海报、报纸、电台等方

---

① 刘新鑫，李婧，梁孙逸. 印度尼西亚大众传媒研究[M]. 北京：中国传媒大学出版社，2015：36-40.
② 唐慧. 试论印尼语国语地位的确立与巩固[J]. 世界民族，2010（5）：37-43.

式，在公共场所使用印度尼西亚语进行宣传和教化。这种宣传方式有效地扭转了此前荷兰殖民者对印度尼西亚人进行信息限制的局面，大大推动了印度尼西亚语的传播。印度尼西亚语不仅成为政府部门之间的官方语言，也开始成为学校教育系统所使用的教学语言。[①]在日本侵占之前，高中和大学编纂的课本都是使用荷兰语，侵占之后，这些荷兰语课本很快就在日本殖民统治下被翻译成印度尼西亚语，并发展了新的术语。在这个时期，印度尼西亚国家语言出版办公室创造了 7000 个印度尼西亚语词语。[②]这些语言发展的政策不仅提高了民族意识，促进了印度尼西亚人民的团结统一，同时也在一定程度推动了印度尼西亚语的标准化和词汇化的发展。

杨绪明和宁家静比较详细地阐述了日本占领时期印度尼西亚的语言政策，他们认为日本的本意并不在推广印度尼西亚语，而是希望巩固政权之后，再用日语代替印度尼西亚语；而且当时印度尼西亚语刚从方言变成官方语言，书面词语有限，无法全面适用于科技、经济和政治等领域，在法律、官方文件、公告、书籍、媒体等方面的使用也极其受限，有些词语只能从梵语、荷兰语、英语、阿拉伯语以及地方民族语言等吸收，出现了词语运用混乱的现象。1942 年日本侵略者还在印度尼西亚建立了印度尼西亚语言委员会（Komisi Bahasa Indonesia），推动建立标准化的印度尼西亚语言体系，并在学校和政府等机关开始推广使用。最初委员会条例的制定须日本人参与并由日本政府颁发相关政策，但由于后期日本殖民者逐渐丧失兴趣而不再监管，印度尼西亚便开始拥有自主制定和发展语言政策的权利。

1945 年日本战败后，8 月 17 日，苏加诺宣布印度尼西亚独立，成立共和国。同年颁布的共和国宪法（《"四五"宪法》）第 15 章第 36 条规定"国家语言是印度尼西亚语"，印度尼西亚语成为印度尼西亚共和国唯一的官方语言。

三、印度尼西亚联邦共和国时期的语言政策与规划

印度尼西亚独立宣言发表后不久，荷兰政府企图再次在印度尼西亚进行殖民统治，并通过建立亲荷组织来鼓励地方民族语言的使用。但此时印度尼西亚的语言格局已有较大改变，荷兰殖民者宣布印度尼西亚语作为荷兰语之后的第二语言。

荷兰殖民者的行为激起印度尼西亚人极大的不满，印度尼西亚人将印度尼西亚语视为革命反抗的象征。共和国领导人发现印度尼西亚不同群岛之间存在语言差异，便开始加强印度尼西亚语的标准化改革，以共同的语言统一各族人民。1949 年 12 月，在巨大的国际压力下，荷兰移交仍在其统治下的部分地区（联邦区）政权，并开始与印度尼西亚的学校教育进行合作，此时所有的政府部门和教育机构均使用印

---

① 杨绪明，宁家静. 印度尼西亚的语言教育和政策[J]. 北部湾大学学报，2019，34（8）：37-42，64.
② 莫海文，冯春波，郑志军. 东盟国家语言教育政策研究[M]. 长沙：中南大学出版社，2019：14-15.

度尼西亚语。

四、印度尼西亚共和国时期的语言政策与规划

印度尼西亚共和国时期，语言规划的主要任务是语言的标准化和现代化以及语言的传播，具体的措施包括：一是多次组织修订拼音规则的活动或会议，并最终于 1972 年正式颁布了印度尼西亚语拼写法；二是将印度尼西亚语确定为从小学到大学的教学媒介语，地方语言作为选修课程；在不能掌握印度尼西亚语的少数民族地区，允许小学三年级以内的学生将民族语言作为过渡性语言；三是在主要的官方媒体上，采用印度尼西亚语进行传播；四是除了外语教材外，其余教材尽可能用印度尼西亚语编写；五是 1975 年政府将 1969 年建立的"国家语言所"改为"语言建设与发展中心"，专门负责印度尼西亚语和民族语言的研究以及词典的编撰工作；六是定期召开语言大会，为印度尼西亚语作为官方语言的长足发展作出了很大的贡献。[①]

第二节　印度尼西亚语言政策与规划的现状和特点

独立之后印度尼西亚政府将印度尼西亚语定为官方语言，且在推广官方语言的同时注重保护民族语言以及推行外语。因此印度尼西亚使用的语言大致可分为以下三类：印度尼西亚语、本土民族语言和外语。下文将对以上三种语言类型的相关语言政策的实施状况及特点加以分析阐释。

一、印度尼西亚语的政策规划与发展状况

根据《"四五"宪法》第 15 章第 36 条，印度尼西亚语为国家语言，而且是印度尼西亚唯一的官方语言。法律规定以下内容必须使用印度尼西亚语：国家官方文件；总统、副总统和其他国家官员在国内外发表的官方讲话；国民教育；公共行政服务；谅解备忘录或协议；印度尼西亚的官方国家论坛或国际官方论坛；政府和私人工作环境中的官方交流；每个机构或个人向政府机构的报告；在印度尼西亚撰写并发表科学论文；印度尼西亚的地理名称；建筑物名称；道路名称；公寓或居民点名称；办公室名称；贸易大楼名称；商标；服务标志；

① 杨绪明，宁家静. 印度尼西亚的语言教育和政策[J]. 北部湾大学学报，2019，34（8）：37-42，64.

商业机构名称；教育机构名称；印度尼西亚公民或印度尼西亚法人建立或拥有的组织的名称；有关在印度尼西亚生产或分销的国内产品或服务的信息；公共标志；指南；公共设施标语和其他公共服务信息工具；通过大众媒体传播的信息；等等。

1928 年《青年宣言》提倡"一个国家，一个民族，一种语言"时，使用印度尼西亚语的人口仅有约 50 万人，主要分布在苏门答腊东部和中部沿海地区。到了1980 年的人口普查，1.46 亿人中，即便是不以印度尼西亚语为母语的人当中，也有超过 7200 万人能讲印度尼西亚语，可以估算当时讲印度尼西亚语的人已达 9000多万，也就是说印度尼西亚人口中有 62% 的人能够讲印度尼西亚语，其传播与普及速度之快可见一斑。

印度尼西亚语的广泛传播离不开媒体的支持。20 世纪中叶开始便有三大极具影响力的印度尼西亚语日报全国发行，分别为《罗盘报》《瓜哇邮报》《革新之声》。其影响力甚至持续至今，特别是《罗盘报》，它还设立了网站，供读者在线阅读电子版报纸。[①]除此之外，印度尼西亚还拥有最大的穆斯林读者群体的印度尼西亚语报纸《共和国报》。

二、本土民族语言的政策规划与发展状况

印度尼西亚岛屿繁多、民族丰富、文化多样，因此民族语言也极其多元化，岛内大部分的民族都拥有自己的语言及文字。多数民族语言依据民族命名，比如：爪哇语、马都拉方言、巴厘方言、马来方言、米南保方言、亚齐方言、望加锡方言、布吉方言、八达方言等。如何保护本土民族语言成为当前印度尼西亚语言政策发展的重要任务之一。在印度尼西亚，只有较多人使用的语言才能享受政府的保护与支持。根据联合国教科文组织（UNESCO）的"全球濒危语言地图"所述，印度尼西亚有 640 多种区域语言，其中大约有 154 种语言需要关注保护，15 种语言已灭绝，而且大约 139 种语言将濒临灭绝。当地语言活力的丧失通常是由于农村人口迁移到城市以寻求更好的生活条件以及族裔间的通婚。

本土民族语言的保护基于《"四五"宪法》，其中规定国家尊重并维护本土民族语言作为国家文化财产。通过该规定，印度尼西亚政府为人民提供了保留和发展其语言的机会和自由，并将各民族的语言作为民族文化的一部分。印度尼西亚自 1950 年就开始实施全民教育原则，即使用本土民族语言作为教育的入门，旨在吸引那些无法使用印度尼西亚语接受教育的学生。印度尼西亚政府也实施了多语

---

① 刘新鑫，李婧，梁孙逸. 印度尼西亚大众传媒研究[M]. 北京：中国传媒大学出版社，2015：42-47.

教育计划，即使用母语作为初始教学语言，在随后的教育中（通常在Ⅲ或Ⅳ级中）再转换为国语。

当前在印度尼西亚，本土民族语言的保护已经逐步得到不同地区政府的重视，并采取了一系列措施来保护地方语言。例如日惹特区政府颁布了一系列地方条款来保护当地的语言和文化。一些地区的学校以及宗教学校强制要求学习爪哇语。

三、印度尼西亚的外语政策规划与发展状况

印度尼西亚语言政策中也有针对外语的相关政策，其主要目的是提升印度尼西亚在国际社会的竞争力。例如，在 2009 年的第 24 号法律第 43 条第（1）款中明确规定，政府可以为希望拥有外语能力的印度尼西亚公民提供便利，以提高国家竞争力。此外，在 2014 年的第 57 号政府条例第 2 条中再次提到，政府条例涵盖的范围之一是为印度尼西亚公民提供改善外语能力的设施。在第 7 条中又进一步指出，印度尼西亚的外语所承担的职能主要包含三大范围：支持国际交流的手段；掌握科学、技术和艺术的支撑；印度尼西亚语发展的来源。首先，语言作为沟通交流的基本工具，是全球化合作的必不可少的桥梁，掌握外语是进行国际交流的前提。其次，当前世界主要先进科学、技术和艺术仍然集中于发达国家，同时这些先进的研究成果也主要是通过英语等西方语言媒介进行发布。因此，掌握外语是了解和学习国际先进的科学、技术和艺术的必备钥匙。最后，提升国家的国际影响力，该国的语言在国际上的使用范围是重要的因素之一，通过学习外语，反思当前印度尼西亚语的发展并借鉴相关经验，有助于提高印度尼西亚语在国际社会的影响力。

1999 年印度尼西亚语言政策研讨会总结报告表明，外语是印度尼西亚语、民族语以及南岛语系以外的语言，印度尼西亚有些族群的语言也是外语，例如阿拉伯语、荷兰语以及华语等。[①]独立后的印度尼西亚人对荷兰殖民者的反感情绪较重，荷兰语因此备受冷落，这无疑给英语在印度尼西亚的传播提供了契机，部分印度尼西亚人将英语作为第二外语，英语普及率较高。在小学阶段英语并非主要课程，更多关注学生对英语基础语言能力的掌握，而在初中阶段和高中阶段则明确将其作为一项基础课程来学习。英语学习一般从小学到高中，大概持续 8～9 年的时间。其他外语，如法语、阿拉伯语、日语、德语和中文等，则作为可选项供学生选择学习。华文教育已成为印度尼西亚国民教育很重要的一部分，很多幼儿园、中小学以及大学根据学校性质的不同将中文作为主要课程或是选修课

---

① 卓宥佑，吴应辉. 印尼华语的法律地位对华语教学的影响[J]. 南洋问题研究，2018（4）：72-83.

程开设。目前，一些年龄较大的印度尼西亚华人早将中文作为其第二外语，掌握较好；一些中年印度尼西亚华人则因成长于印度尼西亚严格限制华文教育的时代而不会讲中文；年轻一代的印度尼西亚华人又开始学习中文，讲的是印度尼西亚语与中文混合的语言。"一带一路"倡议提出以来，中国与印度尼西亚深化合作，两国经贸频繁往来，印度尼西亚对中文人才的需求也逐渐增加。印度尼西亚政府、中国政府、企业、学校、家长作为外部的利益相关者共同影响着印度尼西亚中文教育系统的运行。印度尼西亚政府是政策制定者，但目前尚缺乏实质的明确政策、法律保障；而中国政府作为印度尼西亚中文教育发展的协助者，从外部提供师资、教材、资金、项目等支持。印度尼西亚的各级各类学校尤其是国民公立高中是开展中文教育的主阵地。随着"一带一路"建设的持续推进，驻印度尼西亚的中资企业不断增多，提高了会讲中文的印度尼西亚学生的就业率。中文的经济价值在此过程中日益凸显。此外，民间组织在中文教育传播中也具有多元角色，不仅是协调者，还是投资者、传承者等，甚至在中文教育发展方面逐渐替代印度尼西亚政府的职能。但是，目前这种由民间组织串联各利益相关者、垄断中文教育发展系统的现状不利于印度尼西亚中文教育高效而长久地发展，反而阻碍了中文教育的传播效率。

第三节　印度尼西亚语言政策与规划的成效和问题

一、印度尼西亚语言政策与规划的成效

语言政策与规划并不是一个孤立的系统，而是涉及社会的诸多方面，与政治、经济、文化息息相关。因此，语言是一种资源和软实力，甚至是一种国家战略，关乎一个国家的安全。一个国家选取哪种语言作为国语，选择哪些语言进入课程，这都与国家未来发展紧密联系。

印度尼西亚是一个多民族、多语言国家，还曾被多个国家殖民，印度尼西亚语的普及充满挑战却卓有成效。在印度尼西亚取得独立初期，新生政权面临着选择哪门语言作为官方语言的难题。当时爪哇语作为印度尼西亚主体民族使用的语言，按理说最有可能成为官方语言，但是如果将其定为官方语言则会招致其他民族的不满，甚至使新生政权陷入分化局面。不具有任何族群优势且保持民族中立的以马来语为基础的印度尼西亚语因此被确定为印度尼西亚的官方语言，较好地避免了因语言冲突而引发的政治冲突。成为官方语言的印度尼西

亚语不再仅仅局限于商业交际方面的使用，而是逐渐进入政治、文学、媒体、教育、艺术等领域。很多广播节目、报纸杂志等都开始使用印度尼西亚语，另外很多政客也有意识地使用印度尼西亚语发表自己的政治主张，从而带动更多国民学习并使用印度尼西亚语。本尼迪克特·安德森在《想象的共同体：民族主义的起源与散布》中说："关于语言，最重要之处在于它能够产生想象的共同体，能够建造事实上的特殊的连带。"①诚然，印度尼西亚语已成为国家统一的工具且是各族人民联系的纽带，是印度尼西亚国家认同的重要工具，促进了印度尼西亚的社会交流以及经济发展。

在印度尼西亚 2004 年第 5 号法令第 5 条中指出："印度尼西亚语象征着民族认同和民族自豪感。"民族认同的部分主要体现在印度尼西亚语在印度尼西亚国内的推广，即《青年宣言》中所提到的"一个国家，一个民族，一种语言"。语言的民族自豪感则体现于印度尼西亚语在国际范围上的影响力。近几年，印度尼西亚政府为此采取一系列举措，例如在 2009 年颁布的《印度尼西亚共和国法律》关于国旗、语言和国家象征法中提到："印度尼西亚语应用于印度尼西亚国内和国际论坛。"2014 年第 57 号政府条例涉及语言和文学的发展、指导和保护，以及印度尼西亚语言功能改进，提升改进印度尼西亚语的国际语言功能旨在显示民族特性和提高国家竞争力，而达到此目标主要通过：①在国际论坛上使用印度尼西亚语；②为外国人制定印度尼西亚语教学方案；③改善与外国人当事方的语言和文学合作；④在国外发展印度尼西亚语学习中心。

推动印度尼西亚语国际化发展的另一重要举措就是推动印度尼西亚语在海外的教学。近几年印度尼西亚致力于印度尼西亚语的海外推广，尤其是与相邻国家之间的语言合作。借助地理和文化相近的特点，印度尼西亚通过邻国推广印度尼西亚语的举措取得了一定的成效。早在 2006 年，印度尼西亚语已经成为多数学生选择学习的四大亚洲语言之一。截至 2017 年，全球已经有 45 个国家开设了印度尼西亚语学习的相关课程，其中相邻的澳大利亚已经有 500 所学校开设印度尼西亚语学习课程。总的来说，提升印度尼西亚语的国际影响力不仅增强了印度尼西亚各民族对印度尼西亚语的自豪感，同时也在一定程度上向世界展示了印度尼西亚的民族特性，从而提升了印度尼西亚在全球的国际竞争力。

目前，印度尼西亚最普及的外语依然是英语。在印度尼西亚各地的公司、银行以及商场都会使用英语招牌或是用英语打广告；甚至一些电器的说明书只使用英语；印度尼西亚的政府工作报告中也掺杂较多的英语词句。另外，现在无论是印度尼西亚的政府政要、社会名流抑或是家庭主妇以及学生都习惯在印度尼西亚

---

① 安德森. 想象的共同体：民族主义的起源与散布[M]. 吴叡人，译. 上海：上海人民出版社，2016：125.

语中混杂英语，英语已经融入印度尼西亚人的日常生活中了。[①]

在"一带一路"的背景下，中文在印度尼西亚外语政策及规划中也占有很大分量。中文虽然还无法撼动英语在印度尼西亚的位置，但在政府的相关语言政策的支持下，取得了较大的发展。印度尼西亚政府积极与中国高校合作共建孔子学院，培养更多的本土中文教师以及中文人才，为"一带一路"输送人才。印度尼西亚人参加汉语水平考试人数不断增加，2001 年仅有 1200 人参考，而 2016 年有1.39 万人参考，2017 年则突破 1.6 万人，印度尼西亚的考点也多次被原国家汉办评选为"海外优秀考点"。为了满足印度尼西亚考生的需求，印度尼西亚总共设立了 20 个汉语水平考试分考点，每年至少举办 3 次汉语水平考试。印度尼西亚开设中文课程的学校也越来越多，印度尼西亚政府将中文教学纳入到国民教育体系，中文已成为印度尼西亚的第二外语。[②]

二、印度尼西亚语言政策与规划的问题

语言具有经济价值、文化价值以及情感价值。语言政策制定者是以语言经济价值为基础，遵循"成本-效益"原则，同时兼顾情感价值与文化价值，从而引导部分人的个体选择以及部分团体的集体选择。[③]语言政策会受到制定者的语言态度以及语言价值选择的影响，所以语言政策与规划也具有一定的局限性。本小节将根据印度尼西亚语、本土民族语言、外语三类语言的实施情况来分析印度尼西亚语言政策与规划存在的问题。

（一）印度尼西亚语政策与规划存在的问题

从印度尼西亚语言政策发展的历史可知，印度尼西亚语被选为官方语言是多方利益博弈的结果，尤其考虑的是印度尼西亚当局的统治。当时新生政权并没有选择使用人数更多的爪哇语，而是选择了发展得不温不火的印度尼西亚语，这就使得印度尼西亚语像是半路出家，在各方面都还不成熟的时候就被推上了政治舞台。最显著的问题就是词汇有限，特别表现于学术语言的缺乏。虽然在日本占领时期日本殖民者有意识地去解决这个问题，但是语言的生成需要时间，印度尼西亚语至今仍然面临这个问题，这也是导致印度尼西亚语在高等教育中的使用并不是很广泛的原因之一，目前只有部分的大学教材被翻译成为印度尼西亚语，大部

---

① 王晓丰. 印尼英语教育研究初探[D]. 桂林：广西师范大学，2012.
② 韦红，宋秀琚. 中国与印度尼西亚人文交流发展报告（2019）：以教育为主题[M]. 北京：社会科学文献出版社，2019：113.
③ 张治国. 语言价值、语言选择和语言政策[J]. 云南师范大学学报（哲学社会科学版），2019，51（5）：48-56.

分教材仍然是用英语或是荷兰语编写的。另外，用印度尼西亚语出版的、反映现代文化价值观和现代科学、经济和技术类的书籍较少，在一定程度上也间接影响着印度尼西亚的经济和科技的发展。[①]

（二）本土民族语言政策与规划存在的问题

印度尼西亚的语言政策与规划对于民族语言的保护度不高。印度尼西亚的民族语言非常之多，是印度尼西亚文化多样性的体现，是世界语言的瑰宝，但它们属于弱势语言，有些语言甚至是濒危语言，急需语言政策制定者给予关注。保护民族语言对于多民族的印度尼西亚来说极其重要，尊重各个民族使用的语言就相当于尊重他们的文化，保护这个国家文化的多样性，平衡语言生态，从而达到社会治理的目的。实际上，只有人口多的民族使用的语言才会受到政府的支持，才有教材的编写以及学校课程的选修。有些方言因为使用地区较为偏远以及使用人数少，甚至并未记录在案，更未有相应的保护措施。在推行印度尼西亚语以及其他的辅助外语的过程下，本土民族语言使用窄化、活力退化，传承出现断层，很多民族语言面临从这个世界消失的危机，这对于文化多样性是不利的，因此印度尼西亚在语言政策与规划方面要对本土民族语言给予进一步的政策倾斜。

（三）外语政策与规划存在的问题

虽然外语是印度尼西亚语言教育中一个极其重要的组成部分，但从总体上看，印度尼西亚的外语水平并不高。换句话说，外语在印度尼西亚没有承担起功能性的角色，特别是最为普及的英语，很多印度尼西亚人依然无法使用英语学习学术资料或使用口语表达学术观点。拉季法（Latifa）在其文章 *The Attitude of Indonesian Learners in Tertiary Level toward Spoken English and its Learning* 中写道，印度尼西亚的学生由于不够自信开口说英语且在学英语单词时易受到本族语言的影响，因此就算学了六年以上的英语，其英语口语也不好，在英语发音上存在学习困难[②]。

外语教师紧缺以及师资素质不高也是印度尼西亚外语教育遇到的挑战之一。印度尼西亚目前仍是发展中国家，相比美国或是其他发达国家，印度尼西亚在外语本族语教师人才吸引力方面处于劣势。例如，很多中文教师是靠中外语言交流合作中心通过征募国际中文教师志愿者的形式，输送到印度尼西亚从事对外中文教学，印度尼西亚本土的中文教师较少，无法满足社会学习中文的需求。在英语方面，出于保护本国国民的就业考虑，印度尼西亚不大乐意聘请外籍英语教师，

---

① 莫海文，冯春波，郑志军. 东盟国家语言教育政策研究[M]. 长沙：中南大学出版社，2019：16-17.
② Latifa A. The attitude of Indonesian learners in tertiary level toward spoken English and its learning[J]. Journal of World Englishes and Educational Practices，2021，3（2）：1-9.

大多是印度尼西亚本土的教师，师资素质普遍不高。虽然在印度尼西亚的部分省份，为了迎合市场需求建立了私立英语学校，但是此类学校的英语本族语师资依然较少，只能提供普通类的英语教学，无法满足应用型英语的市场需求。虽然印度尼西亚最近也开始兴办国际学校并采用全英授课，但是此类学校的英语教学水平以及教学资源都有待提高。

外语生态不平衡，国家安全语言储备较少。语言是一种资源，是一种软实力，也是国家安全战略之一。独立后的印度尼西亚，为了尽快与世界接轨而选择了"唯英语"路径，抛弃了在印度尼西亚存在了几百年的荷兰语，中文也是近几年由于中国与印度尼西亚经贸往来频繁和"一带一路"倡议提出才逐渐有所回热。而东盟其他国家的语言并没有被纳入印度尼西亚学校的课程体系中，至于西班牙语、法语等也是没有相关的语言政策支撑。这无论是对印度尼西亚的国家安全，还是对印度尼西亚的经济来说，都是极其不利的。

第四节　总结和启示

印度尼西亚作为一个多民族国家，民族语言众多，其语言政策往往与政治、社会、经济、外交、文化等相联系，并与国家利益息息相关。因此，印度尼西亚的语言政策会随着政治权力的更替以及政治意识形态的变化而发生变化。从荷兰殖民时期马来语和荷兰语并重，到独立后印度尼西亚政府将印度尼西亚语视为革命反抗和国家统一的象征。在不同的社会历史阶段，印度尼西亚语言政策由于不同的政治或社会需要，呈现出不同的特点。

独立之后，印度尼西亚语得以迅速传播主要在于语言政策所提供的制度性保障。与此同时，语言政策与规划也关注本土民族语言的多样性，以及外语的功能性。印度尼西亚是一个多民族国家，文化差异较大，民族语言众多，如何有效保护民族语言，维护文化多样性，始终是印度尼西亚政府面对的一大难题。而在语言如此多样的国家推行外语教育又是另一难题，语言政策受民族因素影响较大。加之政治生态不稳定，相关的语言政策也常有变，这些问题的持续存在将会导致印度尼西亚语言生态的失衡，造成本土少数民族语言的消亡，也影响外语的教学效果。比如，印度尼西亚政府虽然目前对外语特别是中文的打压力度减弱，但支持度却也没有明显提升，当前中文师资的培养和培训以及中文教材的缺乏也对印度尼西亚中文教育的发展产生了很大影响。

第四章 柬埔寨语言政策与规划研究

语言作为识别文化归属、文化行为和文化认同的珍贵标志，是凝聚民族团结的强大向心力。语言政策、语言规划的制定受到本国政治、经济、文化、历史等众多因素的影响和制约。[①]从古至今，柬埔寨的语言政策在各种因素的影响之下不断变迁，目前形成了以语言规则为基准、语言价值为前提、语言规划为指引、运行结构为空间的制定原则，以及以高棉语（柬埔寨语）为国语，以英语、法语和中文为主要外语，同时尊重境内少数民族语言传承的结构体系。

第一节 柬埔寨语言政策与规划的传统和沿革

柬埔寨是一个多民族国家，本土语言丰富多样，外来语言在本土语言和国民教育的发展中起到了不可忽视的作用，因此柬埔寨的语言政策与规划主要围绕本土语言和外来语言两大方向展开，具体经历了古代王国时期、法属时期、独立之初、专制和联合政府时期、君主立宪制时期共五个时期，其变迁主要受其国内自身政治发展和外来文化的影响。

一、古代王国时期：外来宗教影响本土语言流变

柬埔寨最早的统一王国在公元 1 世纪建立，之后历经扶南、真腊、吴哥等王朝，直至 1863 年沦为法国的保护国，这段时间是柬埔寨的古代王国时期。

在柬埔寨古代历史中，古印度宗教对高棉语发展产生过重大影响。公元 1 世纪，柬埔寨境内建立扶南国（公元 1～7 世纪上半叶），奉印度教为国教，印度文化的影响在国内与日俱增。大乘佛教也最早于扶南王朝时期由印度传入柬埔寨，柬埔寨本土高棉语与印度梵语在接触过程中，吸收了对方大量词汇。真腊王朝时期（公元 7 世纪上半叶～8 世纪），高棉语和梵语并存。吴哥王朝时期（802～1432 年），

---

① 刘书琳. 柬埔寨语言政策、语言规划探微[J]. 宿州教育学院学报，2015，18（1）：145-146，148.

梵语成为官方语言，学生都在寺院接受教育，课程包括婆罗门教和佛教文化、巴利语和梵语。从 13 世纪开始，随着小乘佛教的传播，巴利语取代了梵语。到了因陀罗跋摩三世时期（1296～1308 年），小乘佛教正式被官方接受，为扶持和鼓励其传播，官方语言由梵语改为小乘佛教经典用的巴利语。在法国殖民统治以前，柬埔寨的社会教育职能主要通过寺院履行，寺院学校一直在大多数村庄运营。寺院是男性进行文化教育的主要场所，男性少年时期要入寺修行为父母积累功德，并在寺庙完成主要学习阶段。课程包括阅读、写作、基本算术、木工、砖石、打铁和篮球，最后一年包括佛教原则、男性道德规范、宗教文学和诗歌。虽然高棉语在寺院学校普遍被用作教学媒介语，但佛经研习也大大带动了梵语和巴利语的教育。受古印度宗教语言的影响，柬埔寨语中大量使用了巴利语和梵语，尤其在政治经济类词汇中，涉及文献管理、王室、宗教、教育等特定领域的词语大多来自巴利语和梵语。尽管高棉语从外来语言中借来的词汇大大丰富了自身，但它并没有失去自己的特点，仍保留了自己的基本词库和语法特征。

二、法属时期：殖民主义统治下的语言等级分化

1863～1953 年，是柬埔寨国家的法属时期。1863 年，柬埔寨沦为法国的保护国。1887 年，法国又将柬埔寨划入法属印度支那。法国殖民者为加强精神管控，实行奴化政策，将法语定为官方语言，限制本土民族文化发展，引进西方的教育模式，推行法语。从法语传入柬埔寨到 20 世纪 50 年代，柬埔寨主要使用三种语言：法语、高棉语、巴利语。

1867 年，柬埔寨创办了全国第一所小学，1911 年又创办了第一所中学。中小学一般聘用法国教师，学法语为主，开设法国历史课，不开设柬埔寨历史地理课。1953 年 11 月 9 日，柬埔寨王国宣布独立。法属时期的柬埔寨近代教育发展缓慢，直到 1953 年柬埔寨宣布独立时也仅建了几十所小学和四所中学及一所高校，学生人数也不多，因此法语通过学校教育的覆盖面有限。19 世纪末期，柬埔寨才有了法国殖民者带来的现代印刷术，因此柬埔寨早期的出版物多为法文。1911 年，法国殖民当局在柬埔寨发行了法文简报，成为当地第一种现代出版物。此后出版物发行不多且绝大多数为法文，并受到殖民当局的严格管理。由于法语为官方语言，很多上层人物通过西式学校获得法语教育，并在官场、社交、出版物中广泛运用，于是法语被塑造成一种当时社会精英必须掌握的语言，本土语言的地位反而退居其次。

高棉语言和文字大致经历了古高棉语文阶段（公元 7～12 世纪）、中世纪高棉

语文阶段（公元 12～17 世纪）、现代高棉语文阶段（公元 17 世纪以后）。[①]从公元 6 世纪以来，高棉语不断受到梵语、英语、法语、泰语、越南语等外来语的影响，历经十余次文字改革，逐渐发展演变成以金边方言为标准语的现代高棉语。[②]法属时期，为缓和与土著居民的矛盾，殖民政府后来也容许现代高棉语的教学。1911 年，柬埔寨国王下令要求在整个王国教授高棉语。1921 年，在法国总督和佛教教区的全力支持下，梅内特里尔（Menetrier）在贡布省进行了第二次高棉语现代化教学尝试，这次他以工作坊的形式进行，以高棉语为教学媒介语言，在向僧侣们传授传统知识的同时为他们开设教学方法研习中心。工作坊结束后，僧侣们回到各自的寺院经营革新后的寺院学校，延续他们在工作坊学到的教学方式。继贡布省之后，柬埔寨其他省份也实施了类似的制度。[③]这种制度被当地人民和佛教僧侣所接受，在维护高棉语和更新柬埔寨传统教育方面取得了巨大成功。1932 年，柬埔寨教育部门组织成立了高棉语课本编写委员会，组织人员用高棉语编写教材。高棉语的推广也带动了相应印刷品的出版，1926 年在法国人支持的佛教协会赞助下，柬埔寨出版了第一本高棉语期刊《柬埔寨太阳》。1936 年，柬埔寨青年山玉成、辛万和帕斌创办了柬埔寨最早的高棉语报纸《吴哥寺》。1939 年，《柬语字典》第一卷出版，1943 年又出版了第二卷，字典的出版标志着高棉语走向正式规范化。[④]

中世纪高棉语文阶段，佛教僧侣开办的寺院学校开始运作，虽然高棉语一般被用作教学媒介，但巴利语也是必修课程。1863 年柬埔寨沦为法国"保护国"后，西方的学校系统也慢慢地被引进。1909 年，柬埔寨诞生了第一所巴利语学校，1914 年更名为巴利语高级学校，主要为年轻的僧侣们提供四年教育和科学知识。此后的几十年间，又陆续成立了柬埔寨佛教院、初级巴利语学校等佛教学校。

三、独立之初：民族主义觉醒下的语言限制政策

1953～1970 年，是柬埔寨国家的独立初期。1953 年 11 月 9 日，柬埔寨人民终于摆脱法国的殖民统治，赢得了国家独立。民族意识的觉醒带动语言政策的制定以恢复柬埔寨文化与文字、凝聚民族精神与光荣为宗旨。[⑤]独立之初，高棉语作为国语以巩固柬埔寨民族国家身份的政策被写进了 1956 年出台的宪法之中，这项

---

① 李晨阳，翟健文，卢光盛，等. 柬埔寨[M]. 北京：社会科学文献出版社，2010：41.

② 陈兵. 影响柬埔寨语言国情的外来语研究[J]. 西安外国语大学学报，2013（1）：14-17.

③ Jacob J M . Notes on the numerals and numeral coefficients in old, middle and modern Khmer[J]. Lingua, 1965, 15：143-162.

④ 刘书琳. 柬埔寨语言政策、语言规划探微[J]. 宿州教育学院学报，2015，18（1）：145-146，148.

⑤ 郑义萱. 柬埔寨初等教育的发展、现况与挑战："量"与"质"之间的拔河[C]//教育资料集刊第四十五辑：2010 各国初等教育（含幼儿教育），2010：154-155.

政策自那时一直延续下来，奠定了柬埔寨单语制的语言制度。虽然在教育体系上依旧模仿法国学制，但在整体课程标准改革与教材编译上，尽力清除法国殖民文化，积极地消除法语在学校建筑、教科书与课堂教学中残存的影响力。为了进一步增强高棉语的地位，柬埔寨于 1956 年和 1957 年先后颁布了《柬埔寨私立学校开办条例》和《外侨私立学校应遵守的规则》，旨在对境内侨民后裔开办私立学校进行限制，根据法令的内容，在柬埔寨本土开办的私立学校的基础教育阶段所教科目必须与公立学校保持一致，不一样的科目需要由教育主管部门批准，而且需要保证每周至少有 10 小时的高棉语课程，其升学考试也必须包括高棉语测试。在振兴民族语言政策的影响下，高棉语出版物占据主流，同时，法语报刊也有出版。

　　1953 年柬埔寨独立后，为避免高棉语被法语取代，也为解决高棉语中缺乏现代词汇的问题，尊纳僧王和柬埔寨佛教院大量借用巴利语词汇，创造出现代高棉语词汇，编成了《高棉语大辞典》。如今，柬埔寨佛教教育体系的课程设置中也包括梵语、巴利语、高棉语等语言类课程。

四、专制和联合政府时期：霸权斗争影响下的语言压制政策

　　1970～1979 年，朗诺和柬埔寨共产党（红色高棉）先后掌权，对国内统治采取高压政策和霸权专制。正如费尔克拉夫（Fairclough）所述，霸权是"在一个社会的经济、政治、文化和意识形态领域的领导和支配""霸权斗争在很大程度上嵌入到机构和组织的话语实践中"。[①]

　　1970 年 3 月 18 日，朗诺通过政变上台，在其统治的短暂的 5 年"高棉共和国"期间，由于政局的动荡，总体没有颁布新的语言政策，然而朗诺政权背后有美国政府的影子，同时朗诺政府也对前阶段华人对越南共产党与学潮的支持有所反感，因此在语言政策上持反对柬埔寨境内华文教育发展的态度，明令禁止任何形式的华文教育，迫使当时 231 家华校全部封闭。随后，政府又下令禁止商店挂华文招牌，1974 年更全面禁止华侨在公开场合讲华文。此后，由于柬埔寨国内接连发生政治动乱和战乱，华人受到的打击接二连三，有些甚至被杀害，使当时蓬勃发展的华文教育直接夭折。

　　1975～1979 年，柬埔寨共产党获得柬埔寨执政权。在柬埔寨共产党统治时期，受到极左路线的指引，政府严禁西方文化传播，视出版社、报社、杂志社和现代学校为西方流毒，全部关闭。同时，政府继续全面禁止华文教育，包括华校、侨校和外语学校在内的所有私立学校也都被取缔，保留下来的公立学校也不容许教

---

　　① Fairclough N. Critical Discourse Analysis: The Critical Study of Language[M]. 2nd ed. London: Routhledge, 2010.

授除高棉语以外的语言。之后，政府又实施"彻底消灭资产阶级"的四次大清洗政策，被视为"资产阶级知识分子"的教师及其他知识分子被赶到农村改造，许多人被迫害致死，正规学校一律关闭。直到 1979 年，越南占领柬埔寨首都金边后，扶植傀儡政权建立"柬埔寨人民共和国"，政府才在全国范围内重办学校。1982 年 7 月，西哈努克、宋双、乔森潘三方组成民主柬埔寨联合政府。此后，柬埔寨境内的华文教育并没有得到喘息机会，原因在于：一方面，当时新政府对中国与柬埔寨共产党的交往心存芥蒂；另一方面，金边政权由越南和苏联支持，当时中苏关系已经破裂。因此，华文教育在 1979～1991 年被停止，并且在签订《柬埔寨冲突全面政治解决协定》（也称《巴黎和平协定》）期间仍然处于被压制的状态。总体看来，1970～1991 年柬埔寨的语言政策对待外语和少数民族语言的态度都属于压制型政策。

五、君主立宪制时期：和平发展影响下的语言包容政策

1991 年《巴黎和平协定》签订以来，柬埔寨进入和平发展的时期，在联合国柬埔寨临时权力机构的帮助下通过三次大选使现代西式民主观念深入人心，建立了议会制君主立宪制下的多党联合政府。从 20 世纪 90 年代初开始，柬埔寨逐渐开始有了较之前更加明晰的语言政策和语言规划。

（一）关于高棉语的政策与规划

1993 年 9 月 21 日在金边经制宪议会审议通过的《柬埔寨王国宪法》的第 1 章第 5 款中，明确规定柬埔寨王国的官方语言为高棉语，官方文字为高棉文，在全国范围内通用。这些规定为在新时期确立高棉语的国语地位，凝聚民族认同感，再次奠定了法律基础。2004 年颁布的《柬埔寨教育信息通信技术政策和战略》中提出要促进高棉语在信息时代的数字化转换，这是柬埔寨在信息化时代为自身语言推广和融入信息化潮流而作出的努力之一。2004 年的《2005—2009 课程开发政策》是柬埔寨针对基础学校课程开发颁布的重要政策文件，其中也对语言教育提出了一些具体要求，如明确将培养学生的高棉语阅读能力和写作技巧，以及外语学习能力作为课程目标之一。该政策虽然不是直接针对语言教育而颁布，但提出的目标和愿景对柬埔寨语言教育的发展起到了积极的促进作用。2007 年，柬埔寨教育、青年和体育部（Ministry of Education，Youth and Sports，MoEYS）颁布了新版本的《柬埔寨教育法》，在第 24 款中针对语言教育在柬埔寨的发展提出了具体要求：高棉语是国家的官方语言，同时也是普通教育公共学校基础课程的一门必修课；私立学校在其教育项目中也必须涵盖高棉语训练项目。这是继《柬埔寨

王国宪法》之后，在教育教学领域内确定高棉语地位的又一法律保障。

（二）关于少数民族语言的政策与规划

柬埔寨有 20 多个民族，其中高棉族约占总人口的 80%，为主体民族，另外还有占族、普农族、老族、泰族、斯丁族等少数民族。在柬埔寨除高棉语外，坦坡语、科伦语、布劳语、扶农语等少数民族语言也广泛使用。柬埔寨在少数民族地区实行双语教育。为改变少数民族地区的落后局面，柬埔寨教育、青年和体育部于 2010 年 8 月正式颁布《高原地区少数民族儿童教育指南》，与美国援外合作署（Cooperative for American Relief Everywhere，CARE）、联合国儿童基金会合作，在蒙多基里省、桔井省、腊塔纳基里省、上丁省和柏威夏省等省的高地少数民族地区建立社区学校，在少数民族地区三类小学开展双语教育。2015 年颁布的《多语言教育国家行动计划》是柬埔寨在新时代发展少数民族语言的重要政策规划之一，也是柬埔寨官方批准的为数不多的专门语言政策文件之一。其中介绍了柬埔寨少数民族语言的现状，提出要在国内发展多语言教育以促进真正的教育普及。文件根据柬埔寨的国情制定了一张行动计划表，描绘了儿童从学前班到十二年级的语言过渡阶段和国语学习要求，在一定程度上推动了柬埔寨多语言教育的发展，照顾了少数民族语言发展，但其最终目的仍然是维护高棉语作为国语的地位。且值得注意的是，这份计划实际上是由联合国儿童基金会和 CARE 组织起草，由柬埔寨教育、青年和体育部批准，直接反映了柬埔寨与国际组织之间的亲密合作关系。

1993 年，柬埔寨成立了新政府，中国和柬埔寨的关系也进入了新的历史发展阶段。在这一大背景下，柬埔寨华人境况开始好转。政府在重组过程中也放松了对私立教育的限制。1990 年颁布的《第 248 号法令》决定批准成立柬埔寨柬华理事总会，允许一定范围内华文教育和华校的复办，也允许在柬华人恢复传统节日的庆祝活动和宗祠庙宇的重建。[①]这是对华文教育松绑的标志之一。这时柬埔寨内战也已停止，政府推行经济开放、文化多元政策，华文教育又重新焕发生机。此后在柬埔寨柬华理事总会以及广州、潮州、海南、客家、福建五大会馆的领导下，柬埔寨华文教育得到复兴。

（三）关于外语的政策与规划

受法国长期殖民统治的影响，纯柬埔寨语词汇相对贫乏，且词汇派生性差，随着现代科技日新月异的发展，不能满足社会需要，因此不得不将大量法语词汇

---

① 杨锡铭. 越南老挝柬埔寨华人华侨史话[M]. 广州：广东教育出版社，2019：217-218.

直接搬用和掺杂使用。在 1993 年的《柬埔寨王国宪法》规定高棉语作为官方语言后，法语仍旧是柬埔寨的第一外语，但随着民族意识的加强和英语地位的提升，法语教育逐渐衰落，如今在柬埔寨仅有少数人通晓法语及视其为母语。

1993 年的宪法延续柬埔寨单语制的语言制度，没有为外语留出官方语言的地位。2004 年颁布的《2005—2009 课程开发政策》提出将外语学习作为不同年级的课程目标之一。2007 年的《柬埔寨教育法》，在第 24 款中还提出基础学校尤其应根据需要安排相关外语学习科目。这些政策成为在教育教学领域内确定外语学习需求的法律保障。

2004 年 7 月，洪森首相提出"四角战略"作为柬埔寨第三届王国政府的施政纲领的重要组成部分。"四角战略"共有四个阶段，在第一和第二阶段中，发展领域的优先顺序是公路资源、水资源、电力资源和人力资源，而在第三和第四阶段，人力资源成为最重要的战略发展点，排在了其他三种资源的前面。第四阶段重点强调改善教育、科学、技术研发的环境以及发展职业教育[①]。2007 年签署的《东盟宪章》规定英语为东盟唯一的工作语言，柬埔寨是东盟国家之一，由于英语在国际舞台所扮演的重要角色，柬埔寨同东南亚大多数国家一样，在外语教育方面十分注重英语的学习。为了回应"四角战略"中培训人才和发展人力资源的战略，柬埔寨于 2010 年颁布《柬埔寨教育战略计划（2009—2013）》来"增强教育质量"，其中在语言教育方面进行了战略布局：强调要在各个学习阶段锻炼学生的语言能力，提高语言素养；鼓励学生学习外语，多多参与国际性的交流等。2014 年颁布的《高等教育视界 2030 政策》强调要训练普通大学生的学术语言能力，职业教育学生的工作语言能力，并继续强调外语教学以便大学生可以适应全球化时代对劳动力掌握英语等国际语言的要求。2019 年，柬埔寨教育、青年和体育部在总结 2014～2018 年教育成果与不足的基础上，颁布《柬埔寨教育战略计划（2019—2023）》，与前两次的战略计划相比，最新的计划在整体发展规划上并没有很大的区别，仍然关注着"四角战略"中的国家发展框架，教育阶段规划，教育、青年与体育战略改革，财政计划及管理，指导与评估 5 个方面内容。在语言教育方面，仍然强调高棉语作为国语的学习，也再次呼吁学校加强外语的教学以使学生更好地参与国际竞争，培养高端技术和学术型人才。这些都是进入 21 世纪以来柬埔寨发展外语教育的具体政策。

2022 年李克强总理访问柬埔寨期间，与洪森首相共同见证了中国驻柬埔寨大使王文天代表中华人民共和国教育部与柬埔寨教育、青年和体育部部长韩春那洛（Hang Chuon Naron）博士在柬埔寨总理府共同签署《中华人民共和国教育部与柬

---

① The Rectangular Strategy for Growth，Employment，Equity and Efficiency：Building the Foundation Toward Realizing the Cambodia Vision 2050 Phase 4[R]. Phnom Penh：Royal Government of Cambodia，2018：9-10.

埔寨教育、青年和体育部关于合作开展柬埔寨中学中文教育合作项目的谅解备忘录》，标志着中文正式纳入柬埔寨国民教育体系。

根据谅解备忘录，中柬两国教育部门将合作开展柬埔寨中学中文教育项目，中方指定中外语言交流合作中心落实该备忘录。中外语言交流合作中心将根据柬方需要，选派中文顾问与柬方联合研制柬埔寨中学中文课程、教学大纲、考试大纲等，协助培训本土中文教师，研发中文教材，共同开展中学中文项目教学质量的评估与监测，共同举办学术研讨活动，等等。备忘录的签署也标志着中文在政策层面取得了与法语、英语相同的地位，成为柬埔寨国民教育体系的主要外语之一。

第二节　柬埔寨语言政策与规划的现状和特点

一、柬埔寨语言政策与规划的现状

（一）保障高棉语的主体地位

以主体民族语言高棉语为国语来凝聚民族向心力和提升民族自豪感，并作为国家统一的象征，这点在东南亚大多数国家都是相似的，且几乎是一贯而终的；例如，2014 年柬埔寨政府颁布的《柬埔寨教育战略计划（2014—2018）》延续了《柬埔寨教育战略计划（2009—2013）》对语言教育的相关要求并作出了些许修改，平衡了政府对语言政策的继承性与发展性。柬埔寨现行的教育模式可分为普通教育、非正式教育、佛教教育三类。普通教育体制包括小学（一至六年级）、初中（七至九年级）、高中（十至十二年级）、大学及其他高等教育机构，其中小学和初中是九年义务教育阶段。高棉语是柬埔寨的官方语和通用语。根据柬埔寨教育、青年和体育部的政策，中小学应着重培养学生如下素质："热爱学习，具备终身学习的能力；有一定的高棉语（柬埔寨语）语言文学基础以及数学知识……"[①]，因此无论是义务教育还是高中学段，都将高棉语列为必修课。2013年柬埔寨颁布的《教师政策》中，对教师的教学语言素养提出要求。这进一步规范了柬埔寨教师的教学语言，对提高语言类科目教师的专业技能也有所帮助。

（二）随国际、国内形势调整外语政策

由于政局动荡，外语政策出现了反复，从以法语、俄语、英语为主，到甚至

---

① 朱神海. 柬埔寨中小学课程设置简述[J]. 科教文汇（中旬刊），2011（29）：34-35.

禁止学习一切外语的极端时期，柬埔寨外语政策的制定与面临的政治局势、经济形势和国际关系息息相关。1988 年之前，政治运动导致在柬埔寨教授英语是非法的。[①]1989 年，柬埔寨教育部门决定在中学开设英语课程。20 世纪 90 年代初以来，英语的使用在柬埔寨越来越广泛。英语现已取代法语成为柬埔寨最重要的外语。柬埔寨独立后，设立了公共教育部，将学校教育重新划分为初等教育、中等教育、高等教育三个阶段，根据柬埔寨国家课程规定，小学五至六年级可根据学校条件适当开设外语课程（主要以英语为主）；初中（七至九年级）和高中（十年级）每周开设外语 4 课时，每课时 50 分钟；高中（十一至十二年级）每周开设外语 4 课时，在英语和法语中二选一。[②]柬埔寨佛教教育的高级阶段也会开设法语课程。此外，柬埔寨的一些大学还设立了外语学院或外语系。另外，柬埔寨国际学校众多，为满足外籍学生或有计划留学欧美的柬埔寨学生的需求，学校也会开设英语课程。而随着 2022 年中文正式纳入柬埔寨国民教育体系，柬埔寨的中文及中文教育政策也将产生重大调整，中文学校和相关专业有望迎来新一轮发展机遇。

（三）保护传承少数民族语言

最初，在柬埔寨语言政策的制定阶段，政府的关注点只有国语和外语教育政策，少数民族语言发展空间实际上被有意无意地忽略了，少数族裔社区的声音没有在政策制定阶段得到充分表达。因此，语言政策在偏远地区的少数民族语言学校的执行就遇到了困难，学生无法接受高棉语授课。因此，联合国儿童基金会等国际机构以及少数民族语言社区本身对政策作出了反馈，使柬埔寨政府对待少数民族语言教育的政策发生了转变。目前柬埔寨使用少数民族语言教学的项目进展顺利，项目资助下的学生正在使用母语和高棉语双语阅读，并借助项目资源进一步学习。[③]

政府对待少数民族语言的态度，从忽视到重视，体现出了柬埔寨语言教育体系的自我更新和进化。在保护语言生态的前提下，民族的多样化决定了语言结构的多样化。2015 年，柬埔寨颁布了《多语言教育国家行动计划》，承诺将尽最大的努力在少数民族地区推行双语教育，以更好地保障所有少数民族地区儿童能够接受公平的基础教育。[④]该项政策已取得了良好的效果。随着双语的推行、少数族裔在母语基础上对高棉语理解的加强，未来将真正实现单一国语的全面普及，从而巩固民族和国家身份的认同。

---

① Moore S H，Bounchan S. English in Cambodia：Changes and challenges[J]. World Englishes，2010，29（1）：114-126.

② 陈显泗. 柬埔寨两千年史[M]. 郑州：中州古籍出版社，1990：159.

③ 刘泽海. 东南亚国家语言教育政策发展研究[M]. 北京：社会科学文献出版社，2018：228.

④ 莫海文. 柬埔寨少数民族双语教育的发展、问题及启示[J]. 民族教育研究，2019，30（2）：99-106.

二、柬埔寨语言政策与规划的特点

（一）内外多方参与的政策制定模式

博弈论研究多个个体或团队之间在特定条件下对局中提出和实施利于己方的策略，每一项涉及社会重大公共利益的政策出台背后往往充斥着各方力量的较量制衡。这一点在任何国家都适用。然而在最初的政府制定政策阶段，该政策所涉及的利益相关者不一定都能参与到政策提议中。柬埔寨的殖民历史和经济振兴对国外援助的依赖，导致其语言政策在最初的形成过程中除了本国的相关人员，还总是出现来自柬埔寨以外国家和组织等"亚政府"角色的身影。①

第一，柬埔寨的国家级智库在对语言政策的提议上有着重要的地位。柬埔寨最著名的两大智库是"教育研究委员会"（Education Research Council，ERC）和"柬埔寨发展资源研究院"（Cambodia Development Resource Institute，CDRI）。自韩春那洛担任柬埔寨教育、青年和体育部的部长后，智库的地位在他发起的系统性教育改革中得到了显著增强。系统性教育改革共提出了八大改革目标，其中之一是建立教育研究委员会（一个专事于教育政策制定的智库）。教育研究委员会于2015年3月正式启动，到2017年7月正式体制化，内部设立了三个小组：成员组、秘书组、研究组。教育研究委员会主要职责有：讨论和分析教育改革中的重大事件并为政策制定提供参照；为教育、青年和体育部提供学术意见和技术分析；进行研究，并与教育、青年和体育部发展伙伴和利益相关者分享成果；为教育、青年和体育部的年度议会报告、教育战略计划和中期及末期评价提供支持；探寻教育领域内的创新思想和优秀实践。②柬埔寨发展资源研究院是柬埔寨另外一个重要的国家级智库，它于1991年成立，自成立伊始便承担了宏观经济管理、发展规划设计、国际援助管理三大历史使命。2000年柬埔寨发展资源研究院转型为私立的非营利机构后，仍然与柬埔寨政府保持着密切的合作关系，目前下设农业、经济、教育、环境、治理和健康等六个分中心，将政策参考和政策研究定位为首要任务，在其关注的教育、农业、经济、环境与政府管理的五个领域中都建立政策讨论的平台，在与政府进行政策沟通的同时，也定期对外发布政策简报和评论。③总之，智库在柬埔寨政府制定政策的过程中起到了技术性支持和学术性建议的作用。

第二，柬埔寨在语言政策制定上也受国际因素影响，包括主权国家和国际组

---

① 陈学飞. 教育政策研究基础[M]. 北京：人民教育出版社，2011：12.
② 引自柬埔寨政府门户网站。
③ 引自柬埔寨发展资源研究院网站。

织两大类，它们不仅投入资源在现代柬埔寨政府的建立中，同时也为自己日后在柬埔寨境内的活动留有余地。当然，国际组织在语言政策这类重大国家政策的制定中，考虑到政治避嫌的需要，一般是提出建议而不是直接进行。例如，《多语言教育国家行动计划》就是先由联合国儿童基金会和 CARE 组织向教育、青年和体育部提出并得到批准的。再如，UNESCO 也曾建议柬埔寨将国内普遍实行的半日制学校改为全日制。一些主权国家由于殖民历史或国际影响的优势，对柬埔寨的政策制定也有一定的参照作用。例如，柬埔寨的教育体系中有很多方面是参照法国教育体系而建立的，且法语仍然作为主要外语在柬埔寨教育体系中发挥作用。美国和日本等自二战以来与柬埔寨官方交往密切，在柬深耕多年的经验也影响了柬埔寨语言政策的偏向。再如，CDRI 等柬埔寨国家级智库背后也有深厚的国际背景，CDRI 最初由加拿大等国资助成立，后来中国教育部资助其成立了中国学术研究中心，中国国内高校也与其交往密切。

（二）突出单语主体地位，兼顾外语及少数民族语言

柬埔寨经过长期的语言教育规划发展，目前形成了以高棉语作为国语和主要教学语言，以英语和法语为主要选择性外语，同时尊重境内少数民族语言的语言教育体系。首先，在国语教育政策方面，无论是公立学校、国际学校还是寺院学校，高棉语都是第一教学语言。在《柬埔寨王国宪法》《柬埔寨教育法》和之后的诸多语言政策中也反复强化了高棉语的单一国语地位。其次，在外语教育方面，自 1991 年《巴黎和平协定》签订以来，英语在柬埔寨公共教育体系中得到了迅速发展，从基础教育到高等教育阶段，逐渐成为第一选择性外语，《柬埔寨教育战略计划（2019—2023）》《高等教育视界 2030 政策》等政策也体现了重视学生和教师的英语能力培养的思想。同时，尽管法语在柬埔寨的影响力已经式微，屈居英语之后，但法语仍然是柬埔寨国民教育体系中可选修的外语。最后，在少数民族语言政策方面，柬埔寨一直秉持宽容发展的态度。2013 年颁布的《教师政策》要求柬埔寨教师掌握充分的语言能力，其中不仅包括高棉语能力、外语能力，还包括掌握本地少数民族语言的能力。毕竟少数民族语言可以帮助边远地区的少数族裔学生克服语言障碍，实现教学语言的最终过渡。2015 年颁布的《多语言教育国家行动计划》更是进一步维护了少数民族语言在柬埔寨的发展权利。

目前，柬埔寨的语言教育体系大致符合其语言政策的目标。在柬埔寨争取独立的道路上从没停止过将高棉语打造成高棉族身份象征和民族精神特质载体的努力。几个世纪以来，柬埔寨在各大国的夹缝中求生存，于是独立之后迫切需要将主体民族高棉族团结起来，毕竟共同的语言就是实现民族团结的前提和基础。邻国老挝和越南，它们和柬埔寨有着相似的命运，也同样选择了单语制来实现民

族团结和民族认同。在语言经济作用的理论影响下，英语在柬埔寨的崛起归因于英语的语言商品营销策略的成功，法语在柬埔寨国民教育体系的留存则归功于法属殖民时期的资本留存和新时期的语言营销策略。柬埔寨语言政策支持英语发展是因为参与全球化进程的便利和重要性，维系法语的发展是因为历史稳定性的影响，而尊重少数民族语言发展则更多是出于现实境况对政策执行影响的考虑。随着国际形势的变化，柬埔寨将中文纳入国民教育体系也是综合考量各方面因素的结果。在经济因素方面，据柬埔寨华校工作者的访谈，在旅游业中，能说中文的导游每月收入较其他同行平均高出 200～300 美元。同时，中文在柬埔寨的情感认同因素也是推动 2022 年柬埔寨中文政策发生重大转变的重要原因。

（三）国家系统保障政策执行与监管

一项政策如果达成目标和取得良好效果就需要政府的有效执行与合理监管。在政策执行上，柬埔寨发展理事会提出设计"国家系统"来制定和实施公共政策。"国家系统"在依靠发展理事会，教育、青年和体育部，以及财经部三大部门的基础上，负责对全国登记在册的学校进行财政预算、拨款、决算、审查、报告、评估等，其中就有支持高棉语和英语、法语在柬埔寨的教学和师资培训等的专项资金。[1]同时，柬埔寨为推进高棉语的国语地位，在教学制度上规定将高棉语列入必修课程，并明确教学时长，要求各个学校定期报告高棉语教学情况。[2]另外，取得柬埔寨国籍的硬性要求之一就是有高棉语的基本使用能力。

在语言政策的监管方面，教育研究委员会等国家级智库除了参与政策制定的全过程，还负责探索教育领域内的创新思想和优秀实践，其中一部分工作就是通过田野调查向政府汇报学校教育教学执行情况，语言教学情况也含在其中。这一方面督促了各校对语言政策的执行，另一方面也能及时向政府反映政策执行中遇到的实际问题，以便能随时做出调整。此外，因为柬埔寨的教育管理系统相对来说还不成熟，如有十几个部委分别对口管理高校工作，[3]因此柬埔寨政府还借助欧盟合作伙伴的技术对国家系统的政策执行和调控效率进行评估。在 2006 年、2008 年、2011 年的三轮评估中，国家系统的效率总体来说还不尽如人意。可见，对于政策的执行和监管是柬埔寨政府的改革目标之一。

① 引自网站：http://old.cdc-crdb.gov.kh/cdc/twg_network/country_systems_cambodia/ strengthening_national_systems/default.htm。

② Kaing S，Ketya U N，Hang S，et al. Cambodia multilingual education：Case study at Macro level on Cambodia[R]. Vrije Universiteit Brussel，2017：10-11.

③ 杨文明. 柬埔寨高等教育治理模式演进研究[J]. 比较教育研究，2016，38（4）：43-50.

第三节 柬埔寨语言政策与规划的成效和问题

柬埔寨独立后，经过半个多世纪的语言规划、调整及发展，目前形成了以高棉语作为国语，以英语、法语和中文作为主要外语，同时尊重境内少数民族语言的基本语言状况。

一、柬埔寨语言政策与规划的成效

（一）高棉语的国语地位得到巩固

在国语教育政策方面，高棉语是唯一的教学语言，在国家层面也是唯一的官方语言。高棉语的唯一国语地位在《柬埔寨王国宪法》《柬埔寨教育法》和之后的诸多语言政策中得到了反复强化，奠定了柬埔寨的单语制基础。

（二）英语、法语和中文成为主要外语

三者中，英语的地位更加突出。为了跟上发达国家的发展步伐，自《巴黎和平协定》签订以来，英语作为柬埔寨国民教育体系中的选择性外语课程得到了迅速发展，在《柬埔寨教育战略计划（2019—2023）》《高等教育视界 2030 政策》等政策中，从基础教育到高等教育阶段，对学生和教师的英语能力培养始终都是柬埔寨语言教育的着力点之一；此外，尽管法语在柬埔寨社会的影响力逐渐削弱，其仍然是柬埔寨国民教育体系中可以选修的外语。

英语在柬埔寨的成功归因于英语作为商品的营销策略取得的成功，柬埔寨语言政策支持英语发展是参与全球化进程中作出的理智选择。法语在柬埔寨国民教育体系的留存则归功于法国殖民时期的资本留存和语言营销策略的不断更新。维系法语发展是历史背景的客观结果。

1990 年后柬中两国关系正常化，《第 248 号法令》给华文教育松绑，允许一定范围内的华校复办。在文化多元政策的指导下，柬埔寨政府积极支持华文教育的发展。2022 年《中华人民共和国教育部与柬埔寨教育、青年和体育部关于合作开展柬埔寨中学中文教育合作项目的谅解备忘录》的签署则标志着中文正式纳入柬埔寨国民教育体系，与法语和英语一起成为柬埔寨的主要外语。

（三）少数民族语言得到支持和发展

2015 年颁布的《多语言教育国家行动计划》进一步维护了少数民族语言在柬埔寨的发展权利。尊重少数民族语言发展更多是对政策执行结果的现实考量。

二、柬埔寨语言政策与规划的问题

（一）国内政局影响语言政策的延续性与稳定性

近代自独立以来，柬埔寨经历了多次政权更替，国内政治极不稳定，导致语言政策反复无常、延续性差，或者难以落实执行，1990 年后才进入相对平稳状态。尤其是华人的处境和华文教育受影响很大。

（二）国内国外多方力量影响语言政策的系统性和统一性

由于柬埔寨的殖民历史及其民族经济振兴对国外援助的依赖，其管理制度和政策受到国内、国外的影响，语言政策也不例外。国内的影响因素主要来自国家级智库机构，如教育研究委员会和柬埔寨发展资源研究院等，它们通过各种渠道和方式对柬埔寨语言政策产生了各种影响。国外的影响因素显性地表现为一些国际组织，如联合国儿童基金会、CARE、UNESCO 的支持等。此外，不少语言政策由其他主权国家促成，如法国、美国、日本、加拿大等。这些因素可以看作隐性影响因素。因为这些政策背后的相关国家都有出于自身利益的考虑，政策之间缺乏相关性和严谨的系统性，也给政策的实施带来困难。

（三）语言政策的执行和监督有待完善

"国家系统"负责通过经济杠杆和教育制度来落实政策，教育研究委员会通过田野调查等方式对教育制度的落实进行监督。但是由于教育管理系统尚不成熟，存在十几个部委分别对口高校管理的现象，因此语言政策的执行工作有待进一步统筹。

第四节　总结和启示

正如有学者总结的，二战前，东南亚诸国由于殖民者千方百计地强化殖民语言，使殖民地时期东南亚各国的语言政策逐渐成为殖民国语言政策，呈现出独尊宗主国语言的重要特征。[①]二战后，先后获得独立的东南亚各国全力推进国语优先的语言政策。一是将语言作为民族国家象征；二是执行排斥宗主国语言的政策；三是排斥其他民族语言，以此作为巩固新生政权的有力工具。[②]20 世纪 90 年代后，柬埔寨颁布的语言政策仍然将国语作为民族国家的象征和维护国家统一的工具，在摆脱殖民统治语言文化影响的前提下，也努力发展外语教育和照顾少数民族语言教育。柬埔寨新时期的语言政策体现出与其他东南亚国家的共性，同时也显示出一些独一无二的特点。

柬埔寨的语言政策在各种因素的影响之下不断变迁，国内各主要历史时期的语言政策的变化可大致体现为表 4-1。

表 4-1　柬埔寨各主要历史时期的语言政策和状况

时期		主要带来影响的国家、文化、政党、组织、个人等	主要语言文字	外语政策
古代王国时期	扶南国（公元 1 世纪~7 世纪上半叶）	印度教、印度大乘佛教	高棉语、梵语接触，吸收对方大量词汇	—
	真腊王朝（公元 7 世纪上半叶~8 世纪）	大乘佛教	高棉语、梵语共存	—
	吴哥王朝（802~1432 年）	大乘佛教	梵语	—
	因陀罗跋摩三世时期（1296~1308 年）	小乘佛教	巴利语为官方语言，高棉语为教学媒介语	—
法属时期（1863~1953 年）		法国	法语、高棉语、巴利语	—
独立之初	柬埔寨王国（1953~1970 年）	西哈努克	高棉语	推动法语使用
专制和联合政府时期	高棉共和国（1970~1975 年）	朗诺（美国支持）	高棉语	禁止华文教育
	民主柬埔寨（1976~1979 年）	柬埔寨共产党	高棉语	禁止外语教学、使用外语
	柬埔寨人民共和国（1979~1991 年）	越南、苏联	越南语、俄语	禁止其他外语
	联合国柬埔寨临时权力机构（1992~1993 年）、柬埔寨王国（1993 年至今）	联合国、西哈努克	高棉语	英语、法语并列为两种官方外语；高棉语为贯穿基础教育至高等教育的官方语言

① 周倩. "一带一路"视野下的东南亚汉语推广市场分析[J]. 云南师范大学学报（对外汉语教学与研究版），2015，13（5）：71-76.
② 刘泽海. 东南亚国家语言教育政策发展研究[M]. 北京：社会科学文献出版社，2018：73.

1991 年以后，内政外交的多重选择以及国际贸易和投资的增长促使英语的实际需求逐渐加大，导致英语和法语两种外语在教育领域的冲突和调整。"市场决定选择"，1999 年之后，英语彻底取代法语成为第一外语，中文的影响也日益凸显。可以预见，未来柬埔寨出于扩大援助来源的考虑，将把英语、法语和中文并列为官方外语。英语作为第一外语的地位仍较为稳固，法语和中文也将在教育、外交等领域发挥影响。总体看来，柬埔寨语言政策与规划的历史演变过程对我们形成了一定的启示，具体如下。

第一，柬埔寨的语言政策很容易受到外来文化和国际国内政治的影响，时常处于动态的发展变化中，其外语发展和外语培训长期依赖外国政府和外国机构，给援助国带来一些机会。中国已连续多年成为柬埔寨最大的外资来源国，也日益成为柬埔寨最重要的援助国，同时也带动了中文作为外语在柬埔寨的推广。目前也是柬埔寨外语政策较为宽松的时期，中国可以借此势头发展柬埔寨的中文教育，争取更广阔的发展空间。

第二，英语在柬埔寨的推广模式有可借鉴之处。从援助国视角看，与援助国政策战略对接的是西方英语营销机构在后殖民时代巧妙的推广策略，它们一改殖民地时期对本土文化压制、霸凌的态度，转而以更"温和""体贴"的方式达到目的。这样一方面消除了遭遇反对的隐患，提高了英语的推广效率；另一方面也无形中把持了教育援助的话语权，给予其指责其他国家文化侵略的道德制高点。但不可否认的是，英语在柬埔寨的营销策略被证明是成功的，通过营销策略的谋划和实施，英语成功进入了柬埔寨的国民教育体系，也成为柬埔寨目前最重要的外语。

柬埔寨中文教育应该抓住现阶段政府将其纳入国民教育体系的机会，积极投身教育产业化运作，以争取主流社会的更多接纳与认可。中文教育不仅要为华人华裔服务，也要以经济效益、科研和教学成果为柬埔寨整体社会发展服务，[①]只有这样才能影响政策、反馈政策，与语言政策形成良性的互动机制。

第三，20 世纪 90 年代，法语在柬埔寨遭到的抵制也应成为镜鉴。当柬埔寨人发现法国政府与国际组织的法语教育援助是有条件的，并不单纯是为了发展教育，而主要是为了延续法语对整个国家与教育体系的影响力时，法语在柬埔寨教育领域受到巨大冲击。因为随着柬埔寨市场经济的建立和实施，"市场决定选择"的效应越来越显威力，"更有利于未来职业发展"的英语越来越受青睐。柬埔寨大学校园里教师、学生先后发起了要求用英语取代法语作为教学媒介语言以及增开英语课的活动。这些冲突表明，尽管柬埔寨政府制定了明确的外语政策，但在实

---

① Gil J. Soft Power and the Worldwide Promotion of Chinese Language Learning: The Confucius Institute Project[M]. Clevedon: Multilingual Matters, 2017: 99.

施过程中还是会受现实的影响和限制，外语教育的发展同时也必须遵循市场规律。吸引国际援助、发展国际贸易和建设市场经济是推动英语地位上升的主要力量。很多柬埔寨人把外语学习与个人前途、国家发展紧密联系起来。

当前，中国在柬埔寨的中文教育也需充分发掘中国智慧，借助对柬埔寨在各个领域的投资与援助，摒弃以往粗犷式、低回报率的援助方式，利用好柬埔寨华人华裔资源的天然优势，继续探索合作办学、人员培训和网络资源共享等教育援助新方式，同时和"四角战略"第四阶段做好对接，在中文教育机构中合作培养中文人才和职业人才。

第五章　越南语言政策与规划研究

第一节　越南语言政策与规划的传统和沿革

越南位于中南半岛东部，"一带一路"倡议在东南亚地区的纵深发展、"两廊一圈"的持续推进都离不开越南的支持与合作。因此，有必要深入了解越南的语言政策与规划以促进中越民心相通。我国国内现有关于越南的语言文化研究或集中于中越语言文字的本体论与中文教学研究，或倾向于宏观描述越南语言政策的历史与现状，缺乏对越南语言政策变迁过程及逻辑脉络的系统化分析。因此，有必要从公共政策的视角对越南语言政策进行深入剖析，探寻越南语言政策制定的价值取向与动因机制，为推动中文在越南的发展寻找优化路径。

一、古代越南的语言政策与规划——中文的发展与繁荣

（一）中文发展的历史环境：中越宗藩的形成与存续

越南与中国有着密切的历史渊源。越南最初是作为中国的郡县管辖，此阶段称为北属时期（郡县时代）；越南建立自主国家后，也没有完全脱离中国，而是转变角色成为中国的一个藩属国家，双方确立的宗藩关系一直延续至法国的殖民入侵。宗藩关系的形成与存续及中原王朝的主动控制策略从根本上确立了中文在古代越南的统治地位。

秦朝开岭南，设置桂林、南海、象郡（包括今越南北、中部地区和广西南部的一些地方），标志着中国对越南统治之始。秦末，赵佗在今越南北部及中部地区一带设立交趾、九真二郡，建立南越国。①赵佗政权在制度上完全沿袭秦朝，广泛推行"教化"政策，以礼化人，以中文为载体、儒学为核心的中华文化开始向越南传播。后汉武帝平南越，设九郡（三郡在越南），中原王朝通过移民政策、

---

① 余天炽，覃圣敏，等. 古国越南史[M]. 南宁：广西人民出版社，1988：47-56，157-160.

教化政策等固化了越南上层统治阶级的"中文思维"。

中国唐王朝后期出现混乱的政治局面，越南丁部领趁机建立大瞿越国，自主建立独立王朝。之后随着中原宋王朝的建立，丁部领主动朝贡，宋朝承认其地位，封丁部领"交趾郡王"，正式确立了两国之间以宗藩关系为模式的双边关系，直至《中法新约》的签订才结束。

（二）中文繁荣的社会基础：儒教文化的移植与同化

中越宗藩关系形成后，伴随着中国经济政治势力的南向拓展，也推动着以儒学为核心的汉文化不断向南传播。儒学是越南国家建立与发展的重要思想根基，贯穿于越南封建社会发展的始终，在经历了移植—兴盛的发展阶段并染上了浓厚的宗教色彩后，儒教被列为越南的国教，影响着越南社会进程的各个方面。儒学对越南语言教育选择的影响主要依托以中文汉字为载体的儒学教育体系的建立及对以科举制度为主体的取士制度的移植。

1. 儒学教育体系的建立与完善

越南儒学的整体发展分为两大历史时期：一是北属时期作为地方官学的郡县学；二是封建自主时期官学与私学并立的二元化发展。北属时期，越南为中国的郡县之一，其教育体系为地方官学的州县学，教育内容为儒家的经典学说。随着越南封建自主国家的建立，河内修文庙、建国子监，标志着越南中央官学的建立，儒学地位不断上升并比肩佛教。文庙和国子监是越南儒学教育重要的传播载体，并且是越南李朝时期的主要高等教育机构。至陈朝年间，越南学校类型日渐丰富，除了面向官员子弟设置国子学、国子院、太学等中央一级的学校外，还出现了地方官学雏形，陈顺宗时期（1388～1398 年）越南形成了路、府、州、县四级完善的地方官学体制。同时私学也肇始于这一时期，越南私学的发展更具平民化色彩，其"自由、免费"的教育形式，使其社会覆盖面更为广泛。

2. 科举制度的移植与同化

越南独立建国后，始终处于既想要摆脱中国的政治控制，又离不开中原王朝深厚的文化积淀的两难境地。在文化教育方面，越南对中国有着强烈的依赖感，反映在文化教育政策上，即逐渐认识到儒家思想对于维护封建统治的重要性，仿照中国兴办学校建立儒学教育体系，同时推行配套的科举取士制度。历朝历代，科举制度以儒家经典为主要内容，将教育、考试与入仕做官结合起来，所有学校的教育都以科举中第为目标学习科举考试内容。中文文学、中国史学等为基本的科考内容，在科考层面保证了中文在越南的广泛传播。古代越南科考及第者的地位也不断提高，成为封建官吏，影响王朝政治走向。科举制度也因此成为越南人读书入仕的主要途径，科举入仕的范围不断扩大，科举出身的阶层日趋多样化，各阶层的优秀人才都可以通过科举考试进入仕途，应试登科成为越南政治、教育的基本特征。

3. 汉字独尊与喃字发展

以汉字和中文为核心塑造的越南古代教育制度，是汉字在越南社会固化的基础。不管是在北属时期还是封建自主时期，汉字在越南的传播和发展是随着历代封建地方官吏对于文化教育政策的执行以及对地方教化推进而不断延续和深入的。各个时期的官吏都积极开学设校，越南本地人得以在官学中学习中国古代典籍，助力汉字和中国文化在越南的传播与发展。随着官学、私学二元并进的教育体制的建立及科举制度推行，教授和学习汉字科举入仕蔚然成风。关于汉字在越南的传播，大致也可分为两大历史阶段：一是北属时期对汉字的被动接受；二是宗藩关系时代主动学习汉字，汉字和喃字并存。越南自建立封建王朝起至法国殖民者的入侵，汉字始终占据越南官方文字的地位。古代越南对于汉字的尊崇心理绝非偶然，汉字适应越南当时的社会环境，能满足其在宗教、政治、经济、教育等方面的实际需求。喃字是越南的传统民族文字，也是国语字，是在汉字的基础上创造的一种形似汉字的文字。关于喃字的产生发展，越南历史研究尚无定论，但是其大致孕育自三国时期并历经千年的发展在越南进入封建自主国家时走向成熟，可以肯定的是喃字是汉字不断向越南辐射、传播、发展，并结合当地语言文化、风俗习惯而产生的。陈朝时，越南官方下令使用喃字；胡朝时，朝廷大力推广喃字，喃字被用于辅助中文、汉字的教学。古代越南人学习中文、汉字要通过翻译才能更好地理解。但是喃字不是越南科举考试使用的文字，用喃字书写的文章、诗词与时任政权的政策相悖，因而遭到统治者的禁止。到阮朝时期，又恢复使用喃字，但是涉及政府公文等正式场合的文字均使用汉字。喃字的出现很好地弥补了汉字在表达越南人的思想、情感方面的不足，但是在文字地位上整个封建时期越南整体表现出"尊汉轻喃"的心理，汉字始终是越南的国家正统文字，喃字则更多用于非正式场合如乡约、宗教、文学等领域。

二、越南近代语言政策与规划——语言殖民，三语置换

越南近代语言政策发生第一次重大转变的关键节点是法国的入侵，法国的殖民统治使得越南的民族独立进程遭到破坏，在强势的外力之下越南近代语言政策发生了第一次转变。法属殖民时期，语言及其背后所代表的语言权力主体都较为复杂。这一时期在语言选择方面，越南语、中文、法语三种语言及各自涉及的利益主体间激烈博弈；同时，在文字使用方面，越南国语字的创制改变了沿袭千年

的汉字正统。以下将分别从语言和文字方面来论述越南近代语言教育政策的第一次重大转变。

（一）法语教育的制度基础：殖民政府高度集权体制的建立

法国侵占越南后，企图建立像法国本土集权模式的行政制度即"杜美体制"，[①]其中对语言政策变迁影响最重要的是实行"分而治之"原则。法国侵占越南之后，将其分裂为东京（越南北部，北圻）、安南（越南中部，中圻）、交趾支那（越南南部，南圻），统称三圻。法国对三圻实行不同的殖民统治形式：殖民政府直接统治南圻；中圻和北圻保留着阮氏朝廷，但处于殖民政府的事实统治之下。法国殖民当局在殖民地实行文化同化政策，试图用法国文化、法国思想来教化当地群众，其中教育为其重要手段。

古代越南在千年的历史长河中深受儒家文化的影响，效仿中国和中华文明，文书以汉字书写，汉文化对统治阶层的影响程度极高，科举考试以"中文"为载体、儒家经典作为考试内容。法国入主越南后，为了全面实施其殖民政策，对越南实施了"去汉化"措施。"去汉化"政策的核心在于去除越南社会对于中华文化的依赖，其中最重要的是取缔中文在越南的官方地位。但是在殖民政府"分而治之"政策的治理下，法国政府殖民前期越南不同区域的语言使用情况存在较大差异。

（二）法语教育的实施载体：教育制度的转型与法越教育体系的建立

法国殖民当局在法属印度支那实行的高度集权体制，极大地影响着越南语言教育政策的制定。法国人希望通过法越教育使越南民众感受伟大的法兰西文化，自然地同化为法国公民。殖民政府当局对于越南文化同化的一个重要方式就是语言的同化，语言同化主要通过以法语为载体的教育体系来进行。"分而治之"政策的施行，使得各个地区的教育发展存在着严重的不均衡性。法国殖民教育体系存在着两大历史分期：一是1859~1917年，越南向殖民教育体系过渡阶段的教育四分格局；二是1917~1945年，越南完全殖民化的法越教育体系。

1. 分权体制下的教育四分格局（1859~1917年）

法国强势入侵中南半岛三国建立法属印度支那，越南社会受以儒家思想为代表的旧秩序和以西方思想为核心的新秩序交替影响，此特点为这一时期越南教育的发展设定了新路径：儒学教育体系与殖民教育体系并存，并逐渐被殖民教育体系所取代。因此，法国在越南最初的殖民统治中没有建立统一的教育体系。当时

---

① 霍尔. 东南亚史[M]. 中山大学东南亚历史研究所，译. 北京：商务印书馆，1982：859.

在"分而治之"原则的指导下依据三圻地位的不同，设置了四种政府允许的学校类型：越南罗马字学校、法国学校、儒学学校和新学机构。

南圻的封建儒学教育体系被迅速取缔，建立越南罗马字学校和法国学校；中圻和北圻由于保留着阮氏王朝和封建官僚体制，因此儒学学校体制被延续下来，但法国殖民当局也加强了对儒学学校的改造。不同类型学校在教学内容及教学用语方面存在着巨大的差异，因此从学校类型着手可窥探出语言教育选择的倾向。

2. 统一化的法越教育体系（1917～1945 年）

随着法国在越南的殖民统治得到巩固，"分而治之"背景下的教育四分格局给法国殖民当局带来了巨大的不稳定性。教育体制分权化难以适应殖民统治的需要，急需向集权化和统一化转变。1905 年起，殖民政府改变以往分散治理的方式，对教育实行统一管理。[1]1917 年颁布的《印度支那联邦公共教育法》规定了越南现代学校教育制度的基本形态，确立了具有完整学制系统的法越教育体系，并且从法律层面规定越南人必须进入法越学校学习接受教育。[2]1919 年，北圻宣布越南科举制度废止，标志着儒学教育在越南的终结。集权化、统一化的法越教育体系在越南以双轨形式存在，一轨面向在越法国人，另一轨面向土著人。

（三）语言独立意识发展：民族意识的兴起与"新学运动"的展开

法国殖民者的入侵带来了越南国家民族命运的重大转变，追求现代民族独立的越南有识之士对国家的前途深感担忧，尤其是中国在近代反抗侵略战争中的失利使得越南知识分子民族意识觉醒，要求抛弃封建儒学教育，学习全新的现代科学知识。在此背景下，20 世纪初越南开启了"新学运动"。"新学运动"带有明显的谋求民族独立、国家复兴的历史使命，反映在教育诉求上则是实施与儒学教育完全不同的教育内容和理念，主张抛弃中文的学习，使越南人摆脱对以中文为载体的汉文化的依赖，并以越南罗马字作为教学用语，形成独立的越南民族语言文化，使之成为越南全民语言教学的基础。

三、越南现代语言政策与规划——语言独立，明确越南语地位

1945 年越南民主共和国宣布独立后，掌握了语言独立权，开始以法令的形式规定语言教育的发展。1976 年南北统一后，掌握政权的越南共产党也运用同种手段废除了越南共和国的语言政策，并且根据外交形势的变化，发布政策强制性更

---

① Lessard M. Tradition for Rebellion: Vietnamese Students and Teachers and Anticolonial Resistance, 1888—1931[D]. Ithaca: Cornell University，1995：132.

② Kelly G. Franco-Vietnamese Schools，1918—1938[D]. Maclison: University of Wisconsin，1975.

改社会语言生态环境，是这一时期强制性制度变迁的重要表现。此外，强制性的变迁政策中还穿插着渐进性特点。在越南宣布国家独立的初期，越南社会秩序结构没有发生明显的变化，语言政策相应没有出现跳跃式变化。随着越南作为独立国家的民族化进程不断加快，殖民宗主国影响力与民族势力之间的此消彼长反映在语言政策上则是语言地位的置换，法语在越南的官方语言地位让步于越南民族语言——越南语。越南共产党领导的越南民主共和国统一了越南全国，自此越南共和国语言政策被取代，越南全境沿袭越南民主共和国时期的语言政策。

（一）越南分治时期（1954～1975年）：划区而治，语言区域性特征显著

1945～1954年，法语仍然是法国实际控制地区的官方语言，而越南语在越南自身领导的区域占统治地位。1954年随着《日内瓦协议》的签订，越南正式分裂为越南民主共和国和越南共和国。越南南北分治时期，由于政治体制不同、相关利益主体不同、教育体制不同等因素的影响，语言选择存在着巨大的差异性和复杂性。越南北部是由胡志明领导越南共产党建立的越南民主共和国，在社会主义国家苏联和中国的援助下进行了民族独立运动，因此俄语和中文是越南民主共和国最重要的两大外语；而越南共和国在法国和美国势力的相继扶持中运行，英语的影响力不断扩大，成为越南共和国学校教育中的必修外语课程。

1. 越南民主共和国教育体系及语言政策

越南民主共和国政府在语言政策上进行了较大变动，出现了"制度置换"现象，即越南语取代法语成为越南的官方语言。这也奠定了越南民主共和国政府在语言政策上的总基调：实行单语制，提高民族语言的地位，将越南语确立为学校官方教学用语，并以中文和俄语作为两大外语进行教学。在越南民族独立初期，越南民主共和国自身能力薄弱，不仅位于本土的教育建构得到了中国的援助，还将一部分教育搬迁至中国广西，由此可见中国在越南独立初期的教育中扮演着重要的角色，中文教育在这一时期也得到了较大的发展。

2. 越南共和国教育体系及语言政策

相较于越南民主共和国建立统一的社会主义意识形态教育，越南共和国教育以多元化为主要特征。越南共和国学校包括公立学校、半私立学校、私立学校三大类型：公立学校范围广泛，包括普通学校、中等职业学校、农业中学等；半私立学校也是普通教育的重要组成部分，由国家和私人共同资助；私立学校则完全由私人、组织资助。

越南共和国学校根植于殖民时期法越教育体系，初期实行法国学校教育制度，采用的教学用语也主要是法语。虽然越南共和国的教育组织机构与课程未能摆脱法国殖民者的影响，但越南共和国政府为改革法式殖民教育体系也作出了一定的

努力。越南共和国政府以"科学与进步、民族与道德、大众与人本"为基本理念，建立适合社会的新式教育制度。但是政治、社会阶层等因素的复杂性，使得越南共和国仍旧不能完全革除法越教育，只能在一定程度上革新殖民教育使之与越南共和国政权相兼容。越南共和国紧跟世界教育潮流，建立三级十二年制的普通教育系统，并将学校教学用语改为越南语，英语、法语作为学校中的外语进行教学，同时也保留了中文课程的学习。后期法国势力逐渐退出越南共和国，美国政权进入越南共和国，英语的学习也逐渐取代法语的地位。越南共和国教育制度的一大亮点在于对少数民族教育权利的保障，华文教育因此得以作为少数民族语言教育受到法律层面的保护。越南华人为了保持民族身份认同，建立了面向华人子弟的私立学校。

（二）越南统一时期（1976～1986 年）：权力回归，语言服务于国家重构

历经了近百年的殖民统治，越南终获统一，语言上的独立成为迫切需要。越南历史上曾出现的官方语言包括封建时期的中文、殖民时期的法语都是外来语言，越南民族语言——越南语的地位虽然在不断提高，但是尚未真正成为整个越南的正式官方语言。因此，统一后越南社会在国语及官方语言的选择上没有出现争议——实行单语制同化政策，以越南语作为官方语言及学校唯一教学用语。越南语作为官方语言的原因主要有二：其一，越南语是越南主体民族——京族（越族）的母语，在越南有着长时间的发展历史，且经过越南民主共和国政府的推广运动及越南共和国政府教育改革实践，语言统一性程度较高，有着广泛的群众基础，同时也有利于减少民族间矛盾的产生。其二，越南语作为民族独立的标志对国家重构具有深刻意义。安斯雷（Ansre）认为，寻求单一国家语言的理想是要找到这样一种语言："它是本土语言，因为它可以产生一种民族自豪感，促进本土文化传统的提升，在情感层面提供一定的忠诚感。"[1]因此，为了强化新生政权的稳定性，越南教育系统中对越南语的教学也更为重视，将其作为中小学学校教学用语。为了提高学生越南语水平，越南政府开启了越南语标准化运动。1979 年末和 80 年代初，越南社会科学委员会与教育科学研究所、越南教育培训部合作举办了多次有关越南语标准化的研讨会，并成立拼写标准委员会和词汇标准化委员会两个理事会。1984 年 3 月 5 日，发布第 240-QD 号决定，颁布了适用于教科书、报纸和教育文件的越南语拼写和越南语术语规定。这一系列举措大大规范了越南语的语音和拼写，为社会教育发展特别是"革新开放"在语言政策方面做足了准备。

---

① Ansre G. Language Policy for the Promotion of National Unity and Understanding in West Africa[M]. Legon：University of Ghana，Institute of Ghana，1970：152.

（三）越南"革新开放"后（1986 年至今）：越南语主导，多语共生的政策趋向

1986 年越南"革新开放"改变了统一后以俄语为主的外语教育政策，英语迅速成为社会主流的媒介语言和教学语言。1991 年后，由于中越两国关系实现正常化，中文也重获新机，许多大学相继开设了中文及汉喃专业。"革新开放"后越南外语教育政策倾向于隐性语言政策。政府对外语的限制较少，主要基于民众发展和市场经济需要，但一直带有谨慎型的政策取向。

2005 年，越南政府颁布的《越南社会主义共和国教育法》对外语教学、少数民族语言文字教育、学校教学用语给予了系统规定，要求学校把越南语作为主要教学用语，从小学三年级开始实施外语教学，鼓励少数民族学习本民族的语言，确立了"母语发展性双语教学"模式。

随后，外语教育逐渐得到重视。英语是越南的第一外语，从小学到高中的学生都要修读，同时鼓励修读第二外语。2008 年越南教育培训部部长阮善仁签发的《2008—2020 年关于国家教育系统中外语教学的项目》指出建立培训和招募海外越南人或合格外国人担任学校外语教师的合作机制。特别是那些专门从事语言和双语教学的高中学校，需要吸引来自英语、法语、俄语和中文国家的合格志愿者教师团队给予帮助培训。可见，越南外语教育还需要借助外语所属国家的教育援助。此外，该政策还指出 2020 年越南高中学校的学生除了修读英语外，还要修读一门第二外语，包括法语、日语、韩语、俄语、中文这 5 种语言。不过，由于各省市教育厅有自己的语言规划，所以越南各个地区和各所学校实施情况不同。胡志明市和河内市等条件好的或有名的高中学校先试点实施。比如广南省外语教学第一外语是英语，第二外语是法语。遗憾的是，很多学校都未能完成外语教学项目规定的任务。

2017 年，越南政府副总理武德儋签署了《2017—2025 年关于国家教育体系中外语教学项目的批准、调整和补充》，提出到 2020 年，颁布小学一、二年级学生可选语言课程；到 2025 年，争取小学三至六年级学生全部都能学习语言课程十年（三至十二年级）。这一政策的目标方向旨在提升越南每一个阶段和类型中教育和培训的外语教学质量，并鼓励在学龄前阶段和社交活动中把外语引入学校教育中，促进其他科目的综合外语教学以及用外语教授其他科目；开发和实施适用于所有科目的电子学习材料系统，推动先进技术在外语教学中的应用，使学习者可以随时随地通过任何方式学习外语并使用母语，有力强化了外语的听力和口语技能。

越南政府不仅在外语教学项目上给予政策规定，还进一步界定了不同级别的外语能力，如"越南外语六级语言能力框架"及 1995 年规定并实施的"全国英语

ABC 等级考试"等。21 世纪以来，越南还为积极推动越南语成为国际交际语言而不懈努力。2018 年，越南教育部对国际学生学习越南语提出相关要求，推动越南语对外的传播。

语言教育与国家、民族和社会紧密相连。语言是认识社会现实的工具和进行社会斗争的有效力量。越南实现南北统一后，越南政府积极增强语言教育政策法制性、系统性和层次性，以促进不同语言均衡发展和维护社会稳定。为加强民族凝聚力和提高国语地位，越南政府曾一度实施了单语制语言教育政策，而后逐渐形成了"越南语主导，多语共生"的政策趋向。

第二节　越南语言政策与规划的现状和特点

越南从 1986 年开始实行"革新开放"，重构了越南自建国以来的社会秩序，使越南的内政外交发生重大变化，语言政策与规划在社会各系统的变化过程中也发生了转变。"革新开放"后的语言政策与规划调整变化主要集中在外语和少数民族语言两种类型上，官方语言——越南语在经过宪法对其地位的确立后一直朝着稳定的方向发展。越南语是学校教育体系中的教学用语，同时作为语文课在课堂上教学，在教学时长上也是最长的。以下将从外语政策和少数民族语言政策两方面看"革新开放"后越南语言政策与规划的现状与特点。

一、外语多元化政策：英语独尊，布局不均衡

"语言的传播和衰退与使用者的权力和运势具有因果联系。"[①]南北统一后，越南进入国家重构的关键时期，国际两大政治阵营中具有相同意识形态的苏联，政治、经济、军事实力强大，并支持越南对柬埔寨的政策，使得越南在外交上全面倒向苏联，俄语作为苏联的官方语言在越南国内也掀起了学习热潮。而"革新开放"开启了越南的社会转型，俄语背后的经济利益影响不再，苏联解体给社会主义阵营带来了冲击，使得俄语在越南式微。随着越南对外开放力度的不断加大，越南政府迅速调整外语语言地位规划与学校教育中开设外语的种类及时间。英语背后所承载的巨大利益，使得英语在越南迅速传播，成为越南的第一大外语。俄语的衰亡与英语的兴盛显示了语言与权力之间错综交织的复杂关系。

---

① 弗格森. 语言规划与语言教育[M]. 张天伟，译. 北京：外语教学与研究出版社，2018：122.

（一）外语语言地位规划

国家外语政策不仅关系到国家的文化主权和文化安全，还关系到国家在国际社会中的话语权和国家形象。[①]一国的外语政策与国家战略密切相关，旨在提高国家外语能力、增强国际竞争力。外语政策的规划与调整深刻反映一国对外政策的变化，同时外语政策规划中不同语言的地位规划是重要的风向标。

越南语言教育的历史实际上也是越南政治历史的反映，不同时期由于社会相关利益主体不同，权力间博弈的结果不同，其背后的语言地位也不尽相同。英语在越南的语言地位变化也是如此：越南于 1945 年 8 月 19 日成功地发动"八月革命"，争取民族独立。由于美国在后期插手越南共和国事务使得英语成为越南共和国两大外语之一，具有重要影响力。1976 年越南南北统一后，越共政权为了消除越南社会中的"帝国主义文化"全面取消了英语教学，直至"革新开放"后随着越南与西方国家经济往来的增多、对外开放力度的加大，英语取代了俄语的地位，成为越南第一大外语。

当前，越南已经形成了以政府为主导、教育培训部为辅助的自上而下英语教育政策制定体系，英语成为越南国家语言教学计划的中心以及越南学校各级各类教育体系中的必修语言科目。越南从国家层面对外语教育政策进行了全面规划，以法规的形式明确规定了英语作为"第一外语"的地位，并依据英语教学中的实际情况对政策进行相应调整，其他外语在中高等教育阶段作为选修课供学生选择。越南在英语教育政策体系上的完善，也使越南英语教育不断健全，形成了普通中小学教育阶段—高等教育阶段完整的英语语言教育规划。

（二）《2008—2020 年全国教育体系中的外语教学》与外语教学改革

经过多年语言地位规划与语言课程规划，英语在各级各类教学体系中占据着重要地位，成为越南最主要的外语语种，并从小学三年级开始英语列为学校教育中的必修课程。但是，身处东盟语境中，与周边国家相比越南的英语水平相对落后，影响了越南在东南亚地区影响力发挥以及国家经济发展，为了提高越南国家外语竞争力，2008 年越南政府批准实施《2008—2020 年全国教育体系中的外语教学》政策，其中提出要进行初等教育、中等教育、高等教育三大阶段的外语教育改革，全面提升越南英语教育综合竞争力。该项目虽以外语命名，但其中的实际内容等同于英语教育，未提到其他语言规划，反映出越南"唯英语"的外语语言规划心理。《2008—2020 年全国教育体系中的外语教学》横跨十四年，是越南近年来最重

---

① 曹迪. 国家文化利益与我国的外语教育政策[J]. 英语教师，2019，19（24）：9-11，18.

要的外语教学规划项目,对越南语言教育改革的方向起着重要的指引作用。

《2008—2020 年全国教育体系中的外语教学》全面革新越南教育体系中的外语教学,在各级各类教育体系中实施新的外语教学计划。总目标是到 2020 年,大多数中专、大专和本科毕业的越南学生具有足够的外语能力,能够独立、自信地在一个多语言环境中进行交流、学习和工作,使外语成为越南人民的力量,为民族工业化和现代化服务。从制定的目标中能明显窥探出越南语言政策的实用主义价值观导向,即语言教育立足于国家利益,尤其是促进经济的发展。项目中规定在国家教育体系中要教和学的外语是英语和其他外语,在政策条例中只点名了英语,但是对于其他外语却没有具体明确的指向,这也就不难理解这一外语计划的实质是英语计划。《2008—2020 年全国教育体系中的外语教学》最重要的内容是依据《欧洲语言共同参考框架》(Common European Framework to Reference for Languages,CEFR)建立了"越南外语六级语言能力框架",分为六个级别的外语水平,与常用的国际通用语言标准水平相适应,作为课程、教学大纲、教学计划的基础,确保各个层次外语教学的连续性。如表 5-1 所示,六个级别又可分为初级(一、二级)、中级(三、四级)、高级(五、六级)。根据要求,小学毕业达到一级水平,初中毕业达到二级水平,高中毕业达到三级水平,对于高等教育中非英语专业毕业的学生需达到三级水平,英语专业学生为四级或五级水平。[①]

表 5-1 越南外语六级语言能力框架与其他国际通用语言标准水平对照表

托福(机考)[TOEFL (IBT)]	雅思(IELTS)	欧盟标准 (CEFR)	越南标准(Vietnam standard)
0~8	0~1.0	—	—
9~18	1.0~1.5	A1	Level 1(一级)
19~29	2.0~2.5	A1	Level 1(一级)
30~40	3.0~3.5	A2	Level 2(二级)
41~52	4.0	B1	Level 3(三级)
53~64	4.5~5.5	B1	Level 3(三级)
65~78	5.5~6.0	B2	Level 4(四级)
79~95	6.5~7.0	C1	Level 5(五级)
96~120	7.5~9.0	C2	Level 6(六级)

资料来源:滕延江. 对中国外语教育规划的思考:以越南国家外语纲要为参考[J]. 北京第二外国语学院学报,2018,40(1):107-119.

---

① 滕延江. 对中国外语教育规划的思考:以越南国家外语纲要为参考[J]. 北京第二外国语学院学报,2018,40(1):107-119.

二、少数民族语言权利保障：以母语为基础的双语教育政策

（一）越南少数民族语言政策类型

越南是东南亚典型的多民族国家，拥有 54 个民族，其中京族是越南主体民族，约占总人口的 86%。其余 53 个民族是少数民族，占总人口的 14%。越南民族在地区分布上存在着不均衡性，京族居住在平原地区和城镇交通沿线，经济发展水平较高；而少数民族居住面积广泛，但多分布在山区及河谷盆地，经济发展水平较为落后。各民族间社会经济水平的悬殊带来了系列民族问题，尤其是"革新开放"政策实施后，越南急需稳定的国内政治环境促进社会系统转型，消除民族隔阂、促进民族平等成为政府解决民族问题政策的导向。越南通过加快发展少数民族文化教育事业来促进民族平等权利的实现，其中保障少数民族使用民族语言文字和发展民族文化的权利是最核心的内容。

民族语言是民族文化身份的一种表达。阮文莱认为：维护和保护民族语言就是维护和保护民族文化认同，这对人类具有深远的意义。丧失语言多样性也意味着失去知识多样性。[①]这与 2007 年联合国大会通过的"语言多元化"教育战略不谋而合，都是为了保护民族语言的多样性，避免少数民族语言濒危。

越南的少数民族语言政策在制定过程中遵循保护"语言多元化"战略思想，并着重强调以下三点：尊重语言平等；支持少数民族提高自身的语言与文化水平；鼓励少数民族学习越南语。[②]由此可看出，越南在国家政策层面对少数民族语言的态度以"尊重""鼓励"等字眼为主，即不反对少数民族对本民族语言的学习，但是却没有出现相应的配套制度、资源来推广少数民族语言。这属于少数民族语言政策的一种典型类型——权宜型政策，社会语言学家海因茨·克洛斯（Heinz Kloss）在其著作《美国的双语制传统》（The American Bilingual Tradition）中依据国家对其少数民族语言的态度将语言政策划分为五种类型（表 5-2）。权宜型政策即国家考虑到一些少数民族语言的实用性，会在正式场合使用少数民族语言，但不会刻意去推广这些语言。[③]权宜型政策实质上反映出越南政府对少数民族语言的矛盾态度，从语言政策相关文本中可窥探出这一政策类型的特点：政府不放弃越南语在少数民族教育中的官方教学语言地位，将少

---

① Nguyễn Văn Lợi. Các ngôn ngữ nguy cấp và việc bảo tồn sự đa dạng văn hoá，ngôn ngữ tộc người ở Việt Nam[J]. Tạp chí Ngôn ngữ，1999（4）.
② 刘泽海. 越南的少数民族语言政策和语言教育[J]. 民族论坛，2016（4）：98-103.
③ Kloss H. The American Bilingual Tradition[M]. 2nd ed. Washington D. C.: The Center for Applied Linguistic and Delta Systems，1998：10-14.

数民族语言作为补充形式。尽管越南政府历来重视少数民族语言文字的保护与发展，通过宪法、教育法等形式提高了少数民族语言在语言教育中的地位，展示了政府积极态度的一面；但是，一些政策内容仍然表现出政府的模糊态度，即强调越南语的官方教学语言地位，其他少数民族语言的学习是建立在越南语教学基础之上的，具有鲜明的主次对比。越南的民族语言政策仅停留在意识形态和文本形式上，缺乏针对每个地区和少数民族的具体措施。①

表 5-2　国家少数民族语言教育政策类型

少数民族语言教育政策类型	政策特点	实例
推广型政策	中央或地方政府尊重少数民族语言发展权利，配套制度或资金支持其发展	新加坡将汉语列为官方语言；印度尼西亚对少数民族语言发展的认同
权宜型政策	注重少数民族语言的实用效用，用于主体民族和少数民族之间的沟通需要	新加坡在"非典"期间允许电视广播等大众媒体运用汉语进行播报
容忍型政策	政府放任少数民族语言教育发展，不直接干涉其日常管理	马来西亚独立中学的发展；柬埔寨华校的发展
限制型政策	国家出台法律禁止或限制少数民族语言的使用和发展	20 世纪 60～70 年代，缅甸、泰国等国家限制华文教育的发展
压制型政策	政府采取措施镇压和消灭少数民族语言在国内的发展	红色高棉时期的华文教育政策、20 世纪 60 年代末印度尼西亚对待华裔的消极政策

资料来源：Kloss H. The American Bilingual Tradition［M］. 2nd ed. Washington D. C.：The Center for Applied Linguistic and Delta Systems，1998：10-14.

综上，从理论上而言，越南的少数民族语言政策是较为积极的。这种积极态度实质上也是一种妥协，是越南为消除民族隔阂、维护民族团结以实现国内政治稳定作出的妥协，也是越南为顺应全球趋势，保护民族语言多样性，融入国际主流作出的妥协，但从实际而言，少数民族语言的发展仍有待进一步完善的空间。

（二）法律保障双语教育地位

越南政府对少数民族语言的态度，一贯实行尊重各民族语言文字的主张。从越南民主共和国政府开始到国家统一，越南在不同时期通过法律、决定等政策文本形式对少数民族进行教育教学时使用的语言和文字做出详细的规定（表 5-3）。越南少数民族语言政策在内容上大概可以划分为两大方面：一是保障少数民族学生使用本民族语言学习的权利；二是提供双语教学形式的法律依据。

---

① Nguyen N Y. Issues in Language Education Policy in Vietnam[M]. Hanoi：Social Science Publisher，1993：105-107.

表 5-3　越南少数民族语言政策节选

年份	法案名称	规定
1980	第 53 号决定	在教育中发展与应用少数民族语言
1991	普及初等教育法	在小学实行越南语教学，同时各少数民族有权利使用本民族语言和文字与越南语一起进行教学
1992	越南社会主义共和国宪法	所有国民都有权利使用自己的语言和文字，维护其民族身份并保护良好的习俗、传统和文化
1997	教育培训部 1 号通知	提供少数民族语言教学与学习，少数民族语言在课程分配、教学与学习组织上具有优先权。少数民族课程必须由教育培训部科学委员会批准并由官方发布，所有少数民族语言课本和其他教学资料必须设计精美、色彩丰富、印刷精致并免费发放
1998	初等教育法	国家为少数民族学习本民族语言和文字创造条件，少数民族语言和文字的教学要符合政府规定
2005	越南教育法	越南语是学校和其他教育机构的官方教学语言。国家为少数民族学生学习本民族的语言和文字创造条件，以保持和发挥民族文化的特色，帮助少数民族学生在学校和其他教育机构学习时更容易接受知识
2010	少数民族语言文字在普通教育学校和日常教育中心教学的规定	规定教育培训部、财务部、民族事务委员会等部门关于组织少数民族语言教学的职责

资料来源：根据越南社会主义共和国中央政府门户网站内容整理而成。

　　不可否认的是宪法、教育法及各类规定的实施，切实保障了少数民族地区学生学习民族语言的权利，同时为学校开展"越南语+母语"的双语教育活动提供了法律依据，维护了双语教学的正常秩序。

（三）多种双语教育模式并存

　　越南少数民族语言政策为了保护和发展各种少数民族语言，保证语言多样化，对少数民族语言教育采取了以下措施：①少数民族语言被用作教学语言或者被当作一门课程教授；②实行双语教学；③创办多种形式的少数民族学校；④对少数民族实行招生照顾政策，增加少数民族学生上学机会；⑤加强少数民族教育师资队伍建设；⑥完善少数民族教育体系建设；⑦大力培养少数民族干部。[1]其中双语教学是越南当前少数民族语言教育的最基本形式，因此，接下来将从双语教育方面来剖析越南少数民族语言政策的转向。

　　双语教育是越南少数民族教育的重要内容和形式，对于保存和发展少数民族语言文化的多样性，帮助少数民族学生提升学业成绩以顺利融入主流社会，提高少数民族语言教育发展水平具有深远的影响。越南目前的少数民族双语教育属于

---

① 欧以克. 革新时期的越南民族教育政策[J]. 民族教育研究，2005（3）：45-48.

"保留性双语教育"，儿童入学前使用本民族语，入学后，某些课程逐渐改用学校使用的非本族语讲授，某些课程则用本民族语授课。这种双语教育的目的是保护和发展儿童的少数民族语，增强他们的民族认同意识，确保少数民族群体在国家中的权利。[①]

在目前小学阶段的"越南语+少数民族语言"双语教育实践中，主要有三种模式（表 5-4）。模式一是将少数民族语言用作小学四年级之前的主要教学用语，越南语从四年级开始引入教育中；模式二将越南语和少数民族语言同时作为教学用语；模式三将越南语作为主要教学用语，少数民族语言作为辅助教学用语。严格来讲，后两种模式均无法有效提高少数民族学生的语言能力，因此在实际操作中主要采用的是第一种模式，即"母语型双语教育"：少数民族语言在小学低年级（一、二、三年级）被用作教学用语，越南语和少数民族语言被当作一门语言课程在所有年级教授。越南语从四年级起逐渐被用作教学用语，此后两种语言都被用作教学用语。[②]"母语型双语教育"实质是基于母语，以"母语+越南语"为形式的双语教育模式。

表 5-4　越南少数民族语双语教育模式

年级	模式一	模式二	模式三
五年级	越南语和少数民族语言共同作为教学用语	越南语和少数民族语言共同作为教学用语	越南语为主要教学用语，少数民族语言作为辅助教学用语
四年级	越南语和少数民族语言共同作为教学用语		
三年级	少数民族语言教学		
二年级	少数民族语言教学		
一年级	少数民族语言教学		

资料来源：根据文献 Những mô hình giáo dục ngôn ngữ ở vùng đồng bào các dân tộc thiểu số Việt Nam Models of language education in regions of ethnic groups in Vietnam 整理而成。

进入 21 世纪后，国际组织对东南亚少数民族语言的保护越来越关注，由国际组织牵头组织实施的保护项目不断增加。2008 年以来，越南教育培训部与联合国儿童基金会共同合作，在越南少数民族集中省份老街省、嘉莱省、茶荣省实施了"母语型双语教育"研究。试点的三个省位于越南北部高地，主要以少数民族为主，经济发展水平落后，学生在学习过程中存在着较大的语言障碍，导致成绩与主体民族之间差距过大。越南语是指定的官方教学用语，对于不会讲越南语的少数民族学生十分不利。因此，联合国儿童基金会的项目实施就是致力于提高越南

① 董艳. 浅析世界双语教育类型[J]. 民族教育研究，1998（2）：41-46.
② 刘泽海. 越南的少数民族语言政策和语言教育[J]. 民族论坛，2016（4）：98-103.

幼小衔接及小学教育质量，确保少数民族学生能够获得高质量的教学和平等使用母语和越南语进行学习的机会。在教学方式上，参与实验的班级将少数民族语言作为主要教学用语，在学前教育中的一年时间及小学教育中的一、二年级中将越南语作为第二语言使用，小学三年级至小学五年级为语言的过渡阶段，将越南语和少数民族语言共同作为教学用语。到五年级末，学生成长为双语人才，达到国家课程的标准。

越南少数民族语言政策是民族政策的一部分，它基于多民族、多语言的基本国情，出于实现各民族权利平等、维护民族团结和社会稳定的目标，以"母语型双语教育"为主要模式。同时为了缩小少数民族与主体民族之间的教育差距，让少数民族教育跟上越南现代化教育体系的步伐，充分促进少数民族语言与越南语的衔接融合，越南因地制宜，构建包括普通教育（寄宿制和半寄宿制民族普通学校）和高等教育（民族预备大学）一体的少数民族教育体系。

第三节　越南语言政策与规划的成效和问题

一、越南语言政策与规划的成效

（一）外交"多元化"

语言政策尤其是外语教育政策与外交关系的联系十分密切。越南是东南亚地区具有特殊地位的国家。越南的区域位置优越，地处中南半岛东部，具有众多优良港湾，毗邻中国，地缘战略优势明显，成为众多国家竞相争取的对象，漫长的历史长河中，越南的外交战略布局经历了几次不同的转向，每个阶段外交战略的重点都会反映在外语教育上。

古代的北属时期和封建自主时期，越南受到中国的影响，整个外交战略以中国为主。与中国千年宗藩关系的存续使得越南社会受到以中文为载体的儒家文化浸润，中文被列为越南的官方语言，成为维系中越关系的纽带，具有重大战略意义。近代，法国的殖民入侵使得越南丧失了语言独立权，语言政策由殖民政府制定，实行的是"法语同化"政策。

1976 年越南统一后，在外交战略上，实行"一边倒"苏联、排华、反华、地区扩张政策。首先，从社会主义国家身份认同方面来看，越南追随苏联，为了获取苏联更多的军事、经济援助，越南与苏联签订《苏维埃社会主义共和国联盟和越南社会主义共和国友好合作条约》，苏越同盟成立。其次，越南推行区域扩张战略。近代法国对越南的统治是以越南、老挝、柬埔寨三国合成的"印度支那联邦"为形式进行统治。统一后，背靠苏联，越南企图重建印度支那联邦，扩张国家版图。由于中国坚决反对越南的扩张政策、抵制其对南海的图谋，越南国内的排华、反华政策走向高潮，并在中越边境挑起军事冲突，使得两国外交关系降至冰点。因此，当时越南完全禁止中文教学，俄语成为第一大外语。

"革新开放"后，越南逐渐实现与国际上的重要国家及区域组织关系的正常化，实行"全方位、多元化"的外交战略，并且对外关系的优先顺序为"要重视发展同社会主义国家和周边各国的友好关系"并"继续扩大同大国和传统友好国家的关系"。[①]1991 年中越两国恢复正常关系。美越两国在经历越南战争后一直处于严重的敌对状态，1995 年美越建交，两国关系正常化并不断加深，2006 年越南获得美国永久性最惠国待遇。苏联解体后，越南继续深化与俄罗斯的关系，双方建立起全面合作的"战略伙伴关系"。英语、中文、法语、俄语成为越南的四大外语。其中，英语是越南第一大外语，作为绝大部分学校的外语 1 必修课程教授。

（二）教育体系"多元化"

语言政策是语言规划在学校教育制度中的重要体现，语言政策必须通过学校教育制度中对教学用语和语言教育的相关规划才能得以实施。

封建自主时期，越南在全国各地兴办学堂，建立了从中央国子监到府州县学的儒学教育体系，形成了官学和私学的二元化发展格局，并建立了科举取士制度。儒学教育体系和科举制度以传授儒家经典、考查儒家知识为主要内容。因此，在整个封建自主时期，越南语言政策将中文作为学校的官方教学用语。

法属时期，法国殖民政府对越南实行"分而治之"的原则，在南圻和北圻分别建立了不同类型的学校教育体系。南圻有越南罗马字学校和法国学校两种类型，越南罗马字学校大力推广由法国传教士创造的越南罗马字，规定在学校中必须使用越南罗马字作为工具语言，而非法文和汉字。学校教育体系中的这一规定巩固了越南语和越南罗马字的地位；法国学校的学生为法国移民子女和越南本地上层阶级子女，教学语言为法语。北圻地区保留了儒学学校，因而中文在学校教育中得到了一定程度的延续。同时，殖民当局对儒学学校也进行了改造，增加了越南罗马字、法语课程。

独立初期，越南建立了独立的学校教育体系，同时为统一后的人才建设作准

① 潘金娥. 越南政治经济与中越关系前沿[M]. 北京：社会科学文献出版社，2011：141.

备，将部分学校放在中国广西地区。在政府有独立办学的权力后，在语言教育方面为提高国语——越南语的地位，规定越南语为学校的官方教学用语，俄语、中文为主要外语。南北统一后，越南延续了越南民主共和国时期的学校教育体系及语言政策。随着越南教育制度的改革推进，形成了多元化的学校教育体系。公立学校教育体系中，以越南语为教学用语，外语1（必修）+外语2（选修）的语言教学结构。公立学校教育中有针对少数民族的普通中小学教育—高等教育体系，实行"越南语+少数民族语言"的语言政策。私立学校教育体系中，国家鼓励私立学校在外语2的选择上更加多元化，将日语、德语引入到了外语2的课程设置中。

（三）维护国家的稳定

语言政策的变迁受到一段时间内国家利益的驱动，是政府为实现国家利益最大化而实行的语言规划。汉斯·摩根索（Hans Morgenthau）认为"国家利益的概念有两个层次的含义：一是逻辑上所必需的利益，是指相对永久存在的利益，如领土完整、国家主权、文化的认同等，是关系国家生存的核心或生死存亡的利益；二是随环境变化而变化的利益，它则依环境变化而不断更新自己的内容，是次要利益、可变利益"①。我国学者阎学通指出"国家利益是一切满足民族国家全体人民物质和精神需要的东西。在物质上，国家需要安全与发展，在精神上，国家需要国际社会尊重与承认"②。综上所述，国家利益包括政治、经济、安全以及文化利益，本书主要探讨国家文化利益对维护国家稳定的作用。越南争取语言独立权的历史由来已久，越南将语言政策自主权看作是国家主权的一部分，语言政策是实现国家文化利益的重要举措。

越南古代的北属时期在中原王朝的控制下，没有语言权力；在封建自主时期出于维系关系，实现国家政治利益的需要，在语言政策上依赖于中国，在官方语言政策上使用的是他国的语言文字，语言教育具有依附性。法属时期，语言权力的主体为殖民政府，法语同化成为当时语言教育的目的。在漫长的历史过程中，越南的主体民族语言——越南语在地位上没有得到应有的发展，因此，越南独立后迫切希望在语言政策领域扭转千百年来的依附局面，提高越南语的地位。越南政府在宪法层面规定了越南语的国语及官方语言的地位，同时在教育法中将越南语规定为学校的教学用语，进一步稳固了越南语的地位。此后还通过国语运动，在全国范围内推广越南语，并推动国语标准化运动。越南政府通过发展民族通用语言来提高人民对民族国家的认同感，并实现国家的文化主权，维护国家的安全稳定。

---

① 张清. 摩根索国际政治权力与利益理论[J]. 太平洋学报，2006（4）：76-89.
② 阎学通. 中国国家利益分析[M]. 天津：天津人民出版社，1997：121.

（四）促进越南语言生态的良性发展

单语主义和多语主义是两种基本的语言意识形态。[①]单语主义信奉一个国家使用一种语言，而多语主义认为双语或多语是国家、社会和个人的资源，除母语的学习外，认可其他语言在学习、实践活动中的作用。语言意识形态影响一国语言制度模式的选择，兰伯特（Lambert）认为，"语言制度模式只要与社会特定的民族成分相关联，就可以发现其中所存在的多种多样的语言管理活动"[②]。据此，他把国家分为三种类型：民族语同质性国家、双语制或三语制国家、多民族多语言混合型国家。一个国家所属类型与这个国家所采纳的语言政策的类型是相互影响的。

在双语主义浪潮的影响下，越南语言制度模式也经历了从单语制度到双语制度趋势的转变。无论是单语主义还是双语主义，都可看作语言与权力的关系，其本质是一个国家的主体民族与少数民族间的权力博弈关系。李宇明教授认为，"传统国家大都秉持'一个国家、一个民族、一种语言'的观念，语言规划的理念基本上是单语主义的"[③]。深受儒家大一统思想影响的越南同样如此，国家统一后，越南人终于掌握了语言独立权，为了加强国家认同，去除其他语言的影响，越南政府奉行单语主义，实行越南语同化政策，制定了"单语制"语言制度。但是越南所处的单语主义状况带有明显的"语言后殖民"影响，政府以宪法的形式将越南语确定为国语、官方语言和各级各类学校教学用语，在全国开展扫盲运动与国语标准化运动，从制度层面确定了越南语的地位。这映射出越南长期受压制性民族关系的语言表现形式，虽然不再是殖民语言对被殖民语言的排斥，但关涉到主体民族语言对少数族裔群体语言的排斥。在越南国家建设初期，在单语主义的指引下，政府考虑的是不同族裔的共同价值观，因而表现在政策中是不断抬高主体民族语言——越南语的地位，忽视各民族语言文化的差异，不利于形成良好的语言生态。

因此，在后全球化时代背景下，越南语言意识形态也发生了转向，语言实践表现出新的特点，语言政策也随之发生了转变，出现了双语教育形式。越南当代语言政策的制定，已超越了单语主义范式，构筑了以多语主义为指导原则的语言政策体系。多语主义是对传统国家意识的挑战，也是解决多民族国家语言问题的现代理念，更是当今全球化、多元文化时代的强烈要求。[④]从单语主义语言意识形

---

① 周明朗. 全球化时代中国的语言意识形态，语言秩序与语言和谐[C]//国家民族事务委员会. 民族语文国际学术研讨会，2007.

② Lambert R D. A scaffolding for language policy[J]. International Journal of the Sociology of Language，1999（3）：3-25.

③ 李宇明. 由单语主义走向多语主义[J]. 语言学研究，2016（1）：6-15.

④ 同③。

态向多语主义语言意识形态过渡，实质上是对后全球化时代客观趋势的回应。虽然单语主义对于多民族国家而言，有助于强化民族国家观念、增强国家身份认同感，但也造成了民族隔阂，形成强势民族语言与弱势民族语言间的冲突。而多语主义是少数民族语言教育发展的基础，表现为语言的多样性。越南当代语言政策的重大转变是在学校中实行"越南语+少数民族语言"的双语教育模式，推动了越南语言生态的良性发展。

二、越南语言政策与规划的问题

越南在国家重构期，语言政策具有很强的政治化倾向，其中语言政策与外交政策保持方向一致性，以排斥利益冲突国语言为目的的政策导向十分明显。中越关系、苏越关系的变化使得越南对中苏两国背后的语言选择进行了考量，显示出越南语言政策制定与变迁过程中政治性因素的决定性影响。越南经济改革后，为了扩大国际市场，必须充分发挥语言发展性功能，以语言为载体实现经济的沟通交流。因此，越南政府倡导多种外语的学习，特别是具有最大经济价值的英语转而成为越南的第一大外语。为了加强与华语区的经贸往来，越南也着手调整中文教育政策，将中文纳入到越南国民教育体系中。这些无不体现出越南在这一时期强调语言的发展性功能。

在多语主义和语言发展性功能观念被越南接受后，学校语言教育呈现出丰富性、层次性的特征，并建构了三元架构语言教学体系。三元架构是指"国语-少数民族语言-外语"三类语言教学共同发展的架构，具体的表现包括选择四大主要外语纳入国民教育体系，并建立了少数民族教育体系发展少数民族语言教学，其目的是促进民族和谐、保持社会稳定、培养多语人才。尽管已形成了三元架构的语言教学体系，但是三语的发展并不均衡。少数民族语言的发展仍然受到国语教学的诸多限制，政府缺乏针对性措施；而外语中对英语的推崇过高，严重影响了其他语种的发展。

以中文教育为例，从部分中文教育政策可看出政府对中文的谨慎态度，中文教育的后续支持措施薄弱，导致基础教育阶段中文的发展停滞不前。首先，从经费支出方面来看，基础教育阶段中只有公立中小学开设的中文课程才会得到政府财政资助，但这一部分在越南并没有得到充分的发展，开设中文课的中小学并不多。真正占据中文教学主导地位的华文中心却不属于国民教育体系，不能得到相应财政支持。其次，从升学方面来看，越南政府规定学生必须以越南语参加升入大学的考试，且不承认越华双语学校的学历，这使得学生的中文学习完全不具有可持续性。最后，越南中文教育的"三教"问题也很突出，即教师学历不高、教材及教法落后。这是诸多东南亚国家中文教学中遇到的常见问题，但是越南的特殊性在于其由于意识形态等方面的因素对中国派出的中文教师志愿者较为抗拒，国民教育体系中的本土型中文教师学历偏低。在教材方面，越南政府对中文教材研究少，多使用中国的教材。

第四节 总结和启示

越南语言政策变迁的实质是从语言依附到语言独立的过程，其语言政策史可以看作是一部争夺语言主权的历史。漫长的古代社会，汉字一直是越南正式的官方文字，即使在北属时期出现了越南民族文字——喃字，汉字仍被视为官方唯一正统的书面语言。近代越南沦为法国殖民地，法语取代中文成为越南的官方语言。在这期间，"新学运动"兴起，在新学校中加强了对越南语的学习，这是越南民族主义者争夺语言主权的开端。直到 1976 年南北统一，成立越南社会主义共和国，语言主权才正式回归到越南人手中。国家以宪法的形式规定越南语是官方语言，越南罗马字为官方文字，自此越南实现了语言独立。

越南在不同时期所采取的语言政策既包含了政府出于支撑社会经济转型、稳固社会结构、角逐区域政治的考量，也包含了民众对追求经济利益的诉求。从中我们可以得出如下几点启示。

一、政治路径：加强政治互信

语言政策制定的主体是政府，两国政府间的关系直接影响着对该国背后所承载的语言的地位规划。半个世纪以来，中越秉持着以经济合作为主的原则，两国关系在各个领域都取得了快速发展，但是在政治方面仍存在着一些制约因素，这也使得越南官方对中文发展的态度更为谨慎。此外，越南民族主义情绪干扰政府行为。越南民族主义问题由来已久，从争取建立封建自主王朝起，越南便极力渲染民族主义。此后，法国的殖民入侵加剧了越南的民族危机意识，也使其在面对外来威胁时变得更为激进。"革新开放"后，越南经济得到了迅速发展，但与中国仍存在着较大的差距，这也引发了越南的恐慌心理，"中国威胁论"在越南甚嚣尘上。

1991 年，中越关系恢复正常化，双方提出"结束过去、开辟未来"的定位。1999 年，中越达成面向 21 世纪的"长期稳定、面向未来、睦邻友好、全面合作"十六字方针。进入新世纪以来，随着政治互信的不断深化，两国间合作领域不断扩大、合作共识进一步加强。2008 年，两国宣布建立全面战略合作伙伴关系。近年来，中越积极推进共建"一带一路"合作，双方签署了一系列进一步深化和提升全面战略合作伙伴关系、构建具有战略意义的中越命运共同体的联合声明，合力为两国关系擘画新的发展蓝图。中越两国关系的历史沿革与现状充分反映出政治互信是中越关系基石，未来，须得通过继续加强高层交往、巩固政治互信，来为两国语言合作提供坚实的政治保障。

因此，要推动中文在越南的进一步发展，中国应积极采取措施加强同越南政府的沟通联系，有效加强两国的政治互信，引导越南国内树立正确的中国观。中国共产党和越南共产党分别为两国的执政党，中越党际交往对两国的发展和两国人民的切身利益有很多现实意义。党际交往在推进两国关系方面发挥关键作用，中越党际关系有很强的韧性和抗干扰能力。[①]只有两党之间的交流合作向更深层次、更宽领域拓展，实现沟通机制常态化，才能及时增信释疑，缓解政府层面对中国的疑虑。2022 年习近平主席赴河内对越南进行国事访问，并在越南《人民报》发表题为《构建具有战略意义的中越命运共同体 开启携手迈向现代化的新篇章》的署名文章。文章指出：中国正在以高水平对外开放推动构建新发展格局，越南经济保持稳步增长，双方要充分发挥地缘相近、产业互补优势，加快推动共建"一带一路"倡议和"两廊一圈"战略对接合作，不断拓展在互联互通、国企改革、绿色能源、关键矿产等领域合作，更好服务国家发展，更多惠及两国人民。推动中文教育在越南的发展，是为了促进两国之间的民心相通，更好地服务于两国的经贸合作。只有越南政府在两国政治互信的基础上，认同中文教育在越南本土的发展目的，并秉持积极态度，才能在政策制定及实践中真正推动中文教育的发展。

二、文化路径：推动双向交流，增强文化认同

越南属于汉字文化圈国家，以汉字为载体的儒家文化塑造了越南文化的核心，千百年来受到汉文化深厚影响的越南，当代的中文教育发展却踯躅不前。这主要是因为越南在构筑其文化身份时极力弱化汉文化的影响，将汉文化从"类我"定位为"他者"，从而寻求越南文化与东南亚文化的共性。这导致当代越南人民对汉文化的认同感减弱，极大影响了中文在越南的发展。

随着第二次世界大战的开始，出于军事方面的需要，"东南亚"这一地区概念开始形成，[②]恰好契合越南寻求其文化身份合理性问题的解决方案。越南极力剥离与汉文化的联系，论证越南文化与东南亚文化间的亲缘关系，增强对东南亚文

---

① 人民网. http://m.haiwainet.cn/middle/3541742/2015/1105/content_29326413_1.html.
② 奥斯本. 东南亚史[M]. 郭继先，译. 北京：商务印书馆，2012.

化的认同感，在这一过程中汉文化被异化成外来因素。此后，随着中越关系的恶化，越南政府当局更是扭曲历史，将中越历史交往塑造成压迫与反抗的过程，在国内渲染"反华""仇华"情绪，将敌视中国视为越南发展的动力。美国研究越南的专家泰勒（Taylor）指出，即使 20 世纪的越南在文化和政治生活方面重新调整方向，大大远离（此前的）中国（模式），但中国对越南的影响永远不会是无足轻重的。儒学在越南的传播有近 2000 年的历史,特别是从陈朝末年到阮朝前期的 500 多年,儒学更成为越南的正统思想。因此,儒学已渗透到社会生活的方方面面,并成为越南民族精神和民族文化的有机组成部分。①

　　这提醒我们，未来在推动中越文化的交流过程中需要把握几点方向：一是基于两国文化共性，并融合时代性。廖华英提到"文化的共性决定了人类对于真善美的追求一致，对于新鲜事物强烈的接纳意识"②。因此，中越文化交流首先要从两国的共同文化着手加强文化认同。儒家文化是两国文化的共通因子，越南学者潘玉指出："越南文化，不管是文学、政治、风俗、礼仪、艺术、信仰，没有哪一点不带有可以被视为儒教性质的印记……"③儒家文化早已渗透到越南的各方面，成为越南文化的一部分，在两国的文化交流过程中还是要坚持以儒家文化为基础，增进两国文化的认同。除了儒家文化外，中越两国还要挖掘边境民族同源文化的交流合作。此外，文化交流要融合时代性。只有全面展示当代中国的文化发展，才能让越南人民感受到中华文化新时代的魅力。二是强调文化交流的双向性。中越两国过往的文化交流以中国积极"走出去"为主，而在当代的文化交流中，延续这一方式极易引起越南的反感，曲解文化合作的目的。因此，在推动两国文化的交流中，要实行文化双向交流模式，提高文化活动的接受程度。通过有效的文化交流活动，提高越南人民对中国文化的认同感，为中文教育在越南的发展建立文化心理机制奠定基础。

三、教育路径：通过教育援助，深化两国友谊

　　由于受到中越历史文化交流的影响，越南人民对中国的形象存在着认知偏差。教育援助可通过"软实力"的方式改善中国在越南人心中的印象，营造良好的中文发展氛围。

　　教育援助是国家对外政策的关键部分，教育援助通过改善受援国的教育条件，

　　① 程林辉. 儒学在越南的传播和影响[J]. 南昌大学学报（人文社会科学版），2005(6)：117-122.

　　② 廖华英，鲁强. 基于文化共性的中国文化对外传播策略研究[J]. 东华理工大学学报（社会科学版），2010，29（2）：144-147.

　　③ 潘玉. 越南文化本色[M]. 河内：文化通讯出版社，1998：98-103.

提高受援国教育质量，展示援助国的优秀文化、社会价值观等来塑造、改善援助国在受援国的国家形象。如日本二战后的对越教育援助大大改善了越南国民对日本的印象，据日本新闻媒体调查："对于日本在二战期间的侵略历史，近七成的越南人认为这对两国关系的发展没有大碍，只有不到20%的受访者认为这段侵略史有影响。相反，很多越南人对日本持积极的看法：超七成的越南人认为经济才是影响两国关系的重点因素，七成的越南人还认为日本在二战后的经济飞速发展是越南学习的榜样。"[1]

因此，我国要注重教育援助对于改善国家形象的重要作用。面对拥有众多传统援助国的越南，我国需要提升教育援助的实效性，最大限度发挥教育援助的效应。教育援助的实效性主要表现在援助项目的选择方面。在援助项目的选择上，需要聚焦受援国的实际，精准对接受援国国家发展战略。越南近年来的重点聚焦于高等教育领域，其经费投入与高等教育潜在人口数量之间存在着较大的差距，越南政府积极寻求国外教育资源注入本国高等教育领域，提供各种优惠政策放宽外资在越南办学的种种限制。我国可根据相关政策，寻求与越南共建大学的机会，输出优质高等教育资源。同时，加大两国互派留学生规模。以2016年的《中越教育交流协议》为基点，以中国政府奖学金为手段，扩大来华留学生的规模。留学生学成归国后，将成为中文文化传播的重要力量。

四、组织路径：坚持政府主导，市场运作机制

为了推动中文的对外传播，我国设置了中外语言交流合作中心，并在海外设立语言传播机构——孔子学院。孔子学院是以教授中文和传播中国文化为主的非营利公益机构。但是，孔子学院最初的官方性质使得其在越南的建立困难重重，越南当局对孔子学院态度极为谨慎，广西师范大学几经艰难才与河内大学合作共建了越南唯一一所孔子学院。但越南当局长期以来对孔子学院都怀有警惕之心，担心其在语言传播中带有政治宣传作用。因此，随着"中国国际中文教育基金会"的成立，孔子学院要加快组织结构转型步伐，创新发展模式，进一步优化市场运作，更好地向国际社会呈现其民间公益教育机构的新形象。

纵观国际上语言传播成功的案例，都是整合了政府力量与民间力量，政府扮演着宏观协助的角色，民间机构则走在政府的前列，起着决定性作用。如越南抛弃了意识形态的问题，在国内不断强化英语的地位，这实际上也得益于美国的英语传播。美国有五个政府组织参与英语传播工作，包括：联邦教育部、美国国务

---

① Faure G，Schwab L. Japan-Vietnam：A Relation under Influences[M]. Singapore：NUS Press，2008：88-94.

院、美国和平队、美国国际发展署、美国新闻署；民间机构有基金会、世界教学组织（World Teach）、世界英语教师协会和一些其他组织机构。可以看出，美国的英语传播组织机构类型多样、形式丰富。在英语的传播过程中，政府机构通过制定宏观的政策规划，制定相关语言援助项目，提供资金支持，把握好方向，而不直接干预、控制民间机构的工作。民间机构则拥有传播工作较大的主动权，制定具体的传播方案。这一组织形式使得英语深入越南社会的发展，同时也弱化了越南政府对英语附带价值观的担忧。

综上，以民间组织为代表的市场力量较之政府更加具有亲和力，能淡化语言传播背后的政治色彩。官方主导的语言文化传播行为，容易引起越南的反感和不信任，遭到文化保护主义者的抵触。越南官方害怕中文的传播造成"文化的二次入侵"，也进一步影响了越南学校教育体系中的中文教育发展。因此，要推动越南的中文教育，国家必须鼓励民间组织参与到中文传播活动中来，发挥市场的力量。国家对从事中文传播的机构给予政策支持、资金资助，推动更多民间组织机构的建立。同时，还可采取官方举办、民间运营的模式，由政府投资兴办并交由市场运作，充分发挥政府主导加市场运作组织机制的作用。

第六章　新加坡语言政策与规划研究

本章将通过纵向分析新加坡语言政策的演变及其国情现实状况，再加以横向解读政策与语言生态的相互作用及影响，分析政策在构建语言和谐方面的积极效果。本章使用的研究方法主要包括：文献研究法、统计研究法等。其中，文献研究法主要是通过查找中外文献资料，梳理新加坡语言政策的历史沿革。在 2019 年 11 月 15～17 日"东南亚论坛"第三届国际会议、2020 年 11 月 13～15 日的"第四届东南亚国际论坛暨粤港澳大湾区产教融合创新论坛"期间，华南师范大学东南亚研究中心的调研团队与新加坡合作机构达成合作共识，共同展开资料收集工作，由新加坡合作院校新加坡南洋理工大学华裔馆、新加坡国立大学亚洲研究所等机构协助查找新加坡的语言政策文本，随后对所收集的新加坡语言政策的文本进行分析。统计研究法主要用于统计新加坡统计局关于语言分布、居民的语言能力等方面的数据，以分析新加坡语言政策的实施效果。

第一节　新加坡语言政策与规划的传统和沿革

新加坡是一个多民族、多语言的国家，语言政策的制定和实施在国家的政治方略中一直占据显要地位，随着时代发展，其语言政策在不同历史时期呈现出不同的样态。

一、英国殖民地时期：独尊英语，放任其他

英国在新加坡 100 多年的殖民统治期间，一直实施"分而治之"的种族隔离政策，各族之间往来甚少且都对本民族有强烈的归属感，产生的种族主义和种族分裂时常威胁国家政治稳定和社会和谐。在语言教育方面则以英语为主，英国殖民当局不提倡也不干涉各民族的语言教育，而语言不通的各族群间沟通基本只能靠英语。这样的政策一方面很好地保留了各民族的语言，另一方面也使得英语成为通用语言。

英国殖民时期新加坡"独尊英语，放任其他"的语言政策，形成了上层语言是英语，下层语言是各族群语言和方言的局面，同时教育语言和传媒语言也是泾渭分明。殖民历史和英语独尊的语言政策为新加坡后来的语言政策奠定了一定的基础，英语成为独立后的官方语言之一，一定程度上便是延续了英国殖民地时期的传统。①

二、国家独立前后：独尊巫语，多语并重

独立前的新加坡，各族群基本上以语言为界，保持着强烈的"我群意识"和"落叶归根"的侨民心态，既没有对新加坡产生归属感，也没有形成要对新加坡或英国忠诚的国家意识。摩擦和冲突极易在这种多族群意识的社会背景下引发。②

战后兴起的反殖民运动，尤其是马来亚共产党的武装反殖民运动，使英殖民当局开始意识到有必要通过教育向百姓灌输效忠英国的思想。殖民当局加大英语学校的规模，并开始鼓励各族群学生就读英校。1948 年推出的《十年教育计划》首次提出实施双语教育的主张，要求各族学校从小学三年级开始教授英语，废除之前只允许讲英语家庭子女就读英语学校的规定，各族学生均可就读英语学校。1950 年出台的《五年补充计划》，通过降低学费、为非英语源流学生转入英语学校增开特别课程的方式，吸引其他语言源流学生入读。1953 年，政府发表《华文学校——双语教育与增加津贴金》教育白皮书，提倡增加津贴，实施双语教育，突出英文教育，限制华文教育。1954 年殖民政府制定《学校注册（修正）法案》，进一步管制华校，扩充英语教育，鼓励学生转入英校。③

英殖民政府以英语教育消灭母语教育的政策遭到反对，新加坡政府也意识到缺乏一门各民族都能接受的共同语文是建立新国家的严重障碍。因此，政府出台了保护民族语言的一系列政策：1956 年，新加坡"各党派委员会"根据对华语学校的调研结果，正式颁布本国第一个语言政策——《新加坡立法议院各党派华文教育委员会报告书》，提出平等对待四种语文，鼓励不同语文源流彼此混合；各语文源流学校享有平等权利且至少教授两种语文；重视母语教育，在经费上补助各族语文源流学校；在小学推行双语教育并在中学推行三语教育；承认马来语的通用语地位。这份报告书成为新加坡教育史上最重要的文件之一，其尊重各语文源流学校并存发展的做法，奠定了当时乃至此后新加坡语言教育的基调。④

---

① 汤云航，吴丽君. 新加坡的语言政策与官方语言的地位和功能[J]. 承德民族师专学报，2006（3）：20-26.
② 阮岳湘. 论新加坡语言政策规划的政治考量[J]. 学术论坛，2004（5）：133-136.
③ 朱寿清. 20 世纪 50～80 年代的新加坡语文教育政策研究[J]. 学术探索，2013（2）：143-148.
④ 同②.

1959 年，新加坡成为自治邦后，宪法规定马来语为国语，并作为学校的主要教学媒介语。政府采取各种措施提高马来语的地位，如：国歌歌词为马来语；军队口令使用马来语，以便战事来临时能更好地与马来西亚携手合作。在政府学校的教师须具有第一级马来语程度，公务员须具有第二级马来语程度，同时开始推行"国语月"活动。1959 年人民行动党发布的《五年计划书》，宣布双语教育，并以马来语为共同语。当时的新加坡政府认为，学习马来语，既可使马来语成为沟通四种语文源流学校的桥梁，亦可帮助新加坡加入马来西亚联邦。国语的确立体现了语言政策的政治属性。

1963 年，新加坡正式加入马来西亚联邦，同年发布《新加坡教育调查委员会报告书》，即《林溪茂报告书》。报告书规定：以马来语、华语、泰米尔语和英语为新加坡的官方语言，尊马来语为国语，重申平等对待四种语文源流学校，提倡双语教育应根据学生的实际水平来调整①。社会语言学家郭振羽在《新加波的语言与社会》中曾将此时的新加坡语言政策概括为"以马来语为主的多语政策"。他说："在推广并强化马来语文的同时，新加坡政府仍在教育上，始终坚持四种语文源流学校平等并重的语言政策。通过以马来语为主的多语政策，希冀建立新加坡人的国家意识，以谋求统一。"②

从"独尊英语，放任其他"到"独尊巫语，多语并重"，虽然性质上还是多语政策，但时势已大不相同。在殖民地时期，移民们认为自己是客居他乡，殖民政府的语言政策虽然明显不平等，但他们并不关注与在意。而这一阶段，移民们新的国家意识与国家认同悄悄萌生，新国家的语言政策与移民们的民族认同、民族情感、在新国家中的地位，乃至生存与发展境遇都息息相关。1965 年，新加坡脱离马来西亚，成为独立的新加坡共和国。这一时期的语言政策大约以 1967 年"国语宣传周"活动的停止举办为标志，再次悄然发生转变。

三、建国后：多语制下英语独大的双语教育

1965 年 10 月 1 日，新加坡脱离马来西亚宣布独立后不久，新加坡总理署便发布新加坡共和国的语言政策："马来文、华文、泰米尔文和英文都是同等地位的官方语文。马来文是我们的共通语文，是我们的国语……新加坡宪法将重新规定各语言所享有的地位。"③为了促进民族团结、政治稳定和国家统一，新兴的新加坡明智地选择以马来语为国语，充分体现出生存的智慧。当时新加坡人口以华人

① 陈琪. 新加坡华语词语研究[D]. 上海：复旦大学，2008.
② 黄明. 新加坡双语教育发展史：英汉语用环境变迁研究（1946—2006）[D]. 厦门：厦门大学，2008.
③ 范磊. 新加坡族群多层治理结构研究[D]. 济南：山东大学，2014.

为主，面对复杂的国际政治和周边局势，抬高马来语地位、淡化中华民族文化特色，尽力做到避嫌，以保持与周边国家的友邻关系，是当时的最佳选择。而且，当时新上任的新加坡领导层自认为独立乃权宜之计，新加坡缺乏独立生存的条件，在适当的情况下谋求与马来西亚合并，才是国家未来的长期发展目标。政府保留原有的语言，也是为了配合这个政治目标。

20 世纪 70 年代末是新加坡的经济起飞时期，资源的相对匮乏更需要人力资源作为有益补充。1978 年，吴庆瑞副总理领导"教育研究小组"就第一阶段的双语教育情况进行调研。1979 年，政府发布《吴庆瑞教育报告书》，公布此次调查的几个突出的问题。如：第二语文识字率低、阅读水平有限；双语教育实际效果不佳。对此，报告书给出重要建议：一是采用语言分流教育制度；二是特别辅助计划（special assistance plan，SAP）。

以《吴庆瑞教育报告书》为基础，新加坡开始实行"新教育体制"（NES）。首次提出语言分流教育制度。从分流教育制度来看，小学三年级末进行分流考试，按成绩分修三种课程："普通双语课程"（normal bilingual course），"延伸双语课程"（extended bilingual stream）和"单语课程"（monolingual course）。前两种都学习英文、母语及其他科目，"单语课程"学生只学习一种语文。普通双语源流学生（约占 60%）再学习三年后参加小学毕业考试；延伸双语源流学生（约占 20%）再学习五年后参加小学毕业考试；单语源流学生（约占 20%）再学习五年后，参加小学水平考试，合格者进入职业技术学校，不能升入普通中学。大约 80% 的学生进入中学，在中学根据学生成绩继续分流，成绩最好的 8% 的学生进入特别双语班（special bilingual stream），英语和母语均为第一语文；成绩次好的 31% 的学生进入快捷双语班（normal bilingual stream），英语为第一语文、母语为第二语文；剩余 41% 的学生进入普通双语班（ordinary bilingual stream）英语为第一语文，降低第二语文母语的学习要求。中四结束后根据剑桥 N 水准考试成绩继续分流，学生进入不同性质的大学。[①]

实行双语教育以来，由于英语的经济价值和社会地位，很多华人家庭为孩子前途考虑，纷纷选择英校，华校生源急转直下，"从 1966 年的 17 707 人下降到 1979 年的 4221 人"[②]。为了挽救新加坡的华文教育、延续中华文化、维持华人民族情感，也为了双语教育不名存实亡，《吴庆瑞教育报告书》作出规定：特选 9 所华文中学，采取英文、华文同时作为第一语文的方式，强化了新加坡华文教学。同时，新加坡也开始了推广华语运动。1979 年 9 月 7 日，李光耀总理主持推广华语运动开幕典礼，推广华语运动正式开始。学习英语是为了打开西方科技的大

---

① 陈之权. 新加坡教育分流下华文课程面对的问题与挑战及改革策略研究[D]. 武汉：华中师范大学，2005.
② 郭振羽. 新加坡的语言与社会[M]. 台北：正中书局，1985：76.

门，而学习华语，是为了保留中华民族的根源，巩固东方人的传统价值观。1985 年，王鼎昌副总理出席推广华语运动并发表讲话："华人学习和使用华语，因为它是华人社群的共同语，代表了我们的根。"

为了提高新加坡华人学习和使用华文的效率，新加坡政府借鉴中国推行简化字等方面的成功经验，在新加坡也对华文进行了一系列改革活动，其中最重要的就是推行简化汉字和实行汉字的横排横写。1969 年，新加坡教育部向社会颁布了由 502 个繁体字简化为 498 个简体字的《简体字表》。该表在 5 年的试用过程中获得极大成功，在此基础上，新加坡教育部又于 1974 年颁布了含有 2287 个简体字的《简体字总表》。随后，又于 1976 年对《简体字总表》进行了修订，使新加坡华文简体字与中国的简化字完全接轨。新加坡教育部于 1974 年颁布并开始实施关于教科书由左向右横排印刷的规定，同时，新加坡政府的所有文件，包括公函、通告、招贴等，以及各华文报纸、杂志和其他出版物等，全部实行自左向右的书写与排版方式。这不仅提高了新加坡学生的华文学习效率，对于促进和加强新加坡华人与中国人的语言文字交流也是极为有利的。[①]

第二节　新加坡语言政策与规划的现状和特点

一、新加坡语言政策与规划的现状

20 世纪 90 年代以来，英语的传播势不可挡，新加坡正在逐渐形成英语"功能性单语"的局面。面对新纪元的国际背景和国内环境，新加坡也在努力更新自己的语言政策，在全球化环境下开始实施语言标准化运动。

（一）关于"标准英语"与"新加坡英语"的辩论

英语是新加坡四大官方语言之一，且一直都是行政语言，1987 年以后成为学校的主要教学、考试媒介语。然而由于长期受到当地各种语言的影响，英语在新加坡开始出现各种各样的变体，进而演化为"新加坡英语"（Singlish）。这种英语在词汇、语法、语音等方面与国际公认的标准英语有明显差异。为了更好地与国际接轨，新加坡政府倡导要使用标准英语，但是也有反对声音认为"新加坡英语"是新加坡的语言特色，是一种新加坡身份的象征，应该加以保持。

尽管各种观点不一，新加坡政府仍于 2000 年 4 月 29 日宣布开始"讲标准英

① 刘汝山，鲁艳芳. 新加坡语言状况及语言政策研究[J]. 中国海洋大学学报（社会科学版），2004（3）：56-60.

语运动"（speak good english movement），呼吁国民在正式场合讲标准英语。首先，"新加坡英语"在国际沟通上处于不被理解的境地，不利于新加坡的国际化进程；其次，"新加坡英语"的广泛传播和流行不利于新加坡语言生态中多语之间关系的协调与平衡；再次，就语言规范性而言，"新加坡英语"可谓是当地的"洋泾浜"，李光耀先生曾经把它认为是新加坡人的缺陷。2000 年的"讲标准英语运动"使新加坡人开始意识到"新加坡英语"的不足，同时也加强了新加坡各个学校中的标准英语教学。但也有不少反对的声音。

2002 年 4 月 27 日"拯救新加坡英语运动"便提出"骄傲地说英语，正确地说英语"（speak Singlish proudly，speak English properly）。2010 年 9 月 11 日，群众在 Facebook 上表示支持新加坡英语的使用并非反对讲标准的英式英语，而是要分清楚新加坡英语与错误英语的区别。这项辩论至今仍是新加坡语言生态的一个重要课题。

（二）母语教学改革：注重"因材施教"

1998 年成立的"华文教学检讨委员会"调查了新加坡华文学习情况，结果显示很多学生因"华文难学"而对华文的学习兴趣下降，社会呈现出"英文强势、华文预势"的态势。1999 年 1 月 20 日，时任副总理李显龙发布《李显龙副总理声明》，要求根据 1998 年的调查情况重新调整当前的双语教学①：除了继续强调英文为学校第一语文之外，鼓励语言能力强的学生将母语作为第一语文（或接近第一语文）来学习，其他学生则必须将母语作为第二语文来学习。同时还针对华文教学作出一些改革：首先，华文教学要有意培养文化精英，重视传统价值观的培养；其次，鼓励更多有能力的学生学习华文课程，尤其是高级华文；再次，母语成绩优良的学生在申请进入新加坡某些高校时将获得不超过 2 分的优待分；另外，着重培养语文技能，设计"华文课程 B"以侧重实际口语教学。《李显龙副总理声明》同时指出，新加坡的母语教学，包括马来文和泰米尔文在内，均要兼顾语言和文化教学，不仅培养学生听说能力，更要注重读写能力的提高。

根据新加坡教育部的统计，截至 2004 年，全国入学的小一华人新生中，以英语为家庭常用语言的已经增加到了 50%。②英语家庭的增长速度之快，是教育政策制定者始料不及的。于是政府委托教育部提学司黄庆新领导的"华文课程与教学法检讨委员会"对华文教育进行"检讨"并提出建议。委员会于 2004 年 11 月

---

① 柯永红. 马来西亚和新加坡华语教育政策之比较[J]. 东南亚纵横，2009（10）：48-52.
② Chinese Language Curriculum and Pedagogy Review Committee. Report of the Chinese Language Curriculum and Pedagogy Review Committee[R]. Singapore：Ministry of Education，2004：8-9，26，36.

提交了《黄庆新报告书》，报告书肯定了华文教育的重要性，并提出对教学策略进行全方位调整。第一，根据学生的语言能力、语言环境及对华文的兴趣程度，设立四个层次的华文教学目标，实施不同的教学手段。对于全体华人学生来说，要激发他们学习华文的热忱，培养兴趣；对于大多数学生来说，着重有效的口语交际及阅读训练，适当地重视书写能力；对于有志于学习高级华文的学生来说，使他们更好地掌握听、说、读、写的技能，并对中华文化和历史有相当的认识；对少数华文精英的学生来说，通过语文特选课程和双文化课程，培养他们成为精通华文的精英。[①]第二，采用极具特色的单元教学模式（modular approach）。采用单元教学模式，就可以灵活地按学生在华文学习上的起点和能力安排不同的课程，这是新加坡双语教育发展的一次重大变革。修读同一华文课程的学生，他们学习华文的起点也并不相同，所以，课程分"核心单元"（core module）、"导入单元"（bridging module）、"强化单元"（reinforcement module）和"深广单元"（enrichment module）。小学阶段，每个学生都必须修读"核心单元"。入学前很少接触华文的小一、小二学生在修读"核心单元"前，先修读"导入单元"；在小三、小四阶段，那些特别需要帮助的学生，在修读"核心单元"前，先修读"强化单元"。程度高的学生还可以学习"深广单元"，进一步提升华文水平。[②]这种单元教学模式，不但考虑到了学习的自然进程，也照顾了学生的家庭语言背景与语言掌握能力，华文的教与学更富灵活性与伸缩性。第三，可根据学校情况采用双语并用华文教学法。[③]委员会建议可以考虑在小学低年级的华文课堂上适当运用英语，以帮助那些来自英语家庭的学生。教育部于 2002 年在 4 所小学的一、二年级试用这种双语并用华文教学法，2004 年，又增加了 7 所小学。试验结果表明，这是一套有效的辅助性华文教学法，同时，还采用了"先认字，后写字"的教学法，并鼓励运用电脑科技学华文，还设计了崭新的考试模式加以配合。

然而，改革措施似乎并没有取得预期效果，至 2010 年，以华人家庭为例，以英语作为家庭主要用语的小一入学新生的比例已经上升到 59%[④]。对于这些学生来说，华文学习已经成了第二语文学习。然而，随着全球化的发展以及中国和印度的崛起，越来越多的人愿意学习第二语文，许多国家在语言教学方面的理论和实践也取得了很大的进展。在这样的背景下，教育部成立了由教育总司长何品领导的母语检讨委员会，于 2011 年出台了《何品报告书》。《何品报告书》更关注学生在母语学习上的不同起点，制定具有针对性的教学策略和评估方式，提倡运用

---

① Chinese Language Curriculum and Pedagogy Review Committee. Report of the Chinese Language Curriculum and Pedagogy Review Committee[R]. Singapore：Ministry of Education，2004：8-9，26，36.

② 同①。

③ 引自新加坡教育部官方网站。

④ 母语检讨委员会. 乐学善用：2010 年母语检讨委员报告书[R]. 新加坡：新加坡教育部，2010：15.

日新月异的科技，以最新的电脑输入法及语音识别系统来帮助学生学习母语，力求使学生在学习母语方面达到力所能及的水平。第一，帮助有能力、有兴趣学习高级母语的学生。前面几次教育改革所采取的一些措施成功地吸引了很多学生修读高级华文，教育部将继续营造培养学生语文能力、提高华文水平的环境，2012 年增设南侨中学为第 11 所特选中学；进一步丰富语文特选课程的内容，为海外浸濡计划增加拨款，并举办一系列的语文特选课程讲座；让更多学生选修双文化课程，并增加双文化课程次数。同时还决定在 2015 年，在选定的初级学院增设一门华文高级水平科目——H2 语言学与翻译，培养精通英华双语的人才①。第二，帮助学习母语有困难的学生。在小学，根据学生母语基础的不同，优先发展不同的语言技能。对于母语基础较弱的学生，先学习听说技能，再学习读写技能。对于母语基础较强的学生，可以先从阅读导入，再进行口语与写作活动。同时，教师要增强信息科技的使用，并注意运用适当的图像、实物、互动性资源或英文等显性教学手段来帮助学生学习词汇和句式等；并将口语练习设置在真实的语境中，培养语言互动、沟通能力。在初中，仍保持母语课程，使用信息科技、进行角色扮演、小组讨论、采用更多生活语料来培养学生的语言交际能力。教导母语课程的老师将接受双语教学法的训练。考试形式要更贴近现实生活，扩大电子字典及信息通信科技的使用，以录像进行口试，初中和高中华文课程部分试卷允许用电脑文字输入。②

2019 年，为打造多语社会新加坡语文特选课程扩大至中学，强调第三语文学习的灵活性。新加坡虽然有九成的家庭具备双语能力，但双语政策不会一直是新加坡的长期优势，全球许多国家也已开始重视双语。为了更早地让学生有机会深入学习母语，原本只在一些初级学院推行的语文特选课程，扩大到中学开办。有别于过去"一个人只能精通一种语言"的思维，如今鼓励多语学习。此时的新加坡也正处在一个有利于发展语言学习的关键时期。

总而言之，当前新加坡的语言政策，可以概括为以下几点：①四种官方语言并存；②英语为行政语言，具有实际的国语地位，而马来语则降为象征性的国语；③坚持双语教育，英语为各族学生均须学习的共同语；④各族学生均学习其母语，作为保留传统文化价值的媒介。③这样的语言政策，和 1956 年的《新加坡立法议院各党派华文教育委员会报告书》所确立的原则大致一脉相承，与 1950～1965 年的政策相比，则是以英语替代马来语的地位，多语主义的基本原则仍然保留。然

① 高茹，刘振平. 新加坡双语教育政策中因材施教理念的注入与发展：新加坡教育政策报告书解读[J]. 外国教育研究，2014，41（3）：22-32.
② 同①.
③ 钱伟. 试论东南亚五国的"一国多语"现象及语言政策的历史演变[J]. 东南亚纵横，2015（3）：59-63.

而，事实上，自 1987 年开始，全国各学校施行统一源流的教学，即均以英语为第一语文，母语为第二语文，母语教育呈现日趋萎缩的趋势。

二、新加坡语言政策与规划的特点

从以上的介绍中，我们可以清楚地看到，新加坡语言政策及规划具有以下几个明显特点。

（一）语言政策及规划带有明显的殖民主义痕迹

新加坡语言政策深受多元种族、殖民历史、政治格局、经济发展、文化传统和教育制度等内外因素的综合影响。政府把殖民地时期殖民者强加给殖民地的语言（英语）维持下来，把它规定为官方语言之一，并且逐渐使其生根于全社会进而成为家庭语言和官方语言，新加坡的语言政策及规划带有明显的殖民主义痕迹。

（二）政治性考量主导语言政策及规划的制定

新加坡的语言教学担负着两大特殊使命：一是培养社会共识，塑造国民特性，建构各种族间的国家意识和效忠精神；二是为新加坡在国内外敏感的种族环境中创造有利条件，建设一个现代化的繁荣的国家。语言政策在新加坡是带有浓厚的政治色彩，与敏感的种族问题挂钩，关乎国家全盘发展计划的重要议题，是国家谋求生存发展的一种政治手段。政府某一时期特定的政治目标影响和制约了语言政策的规划与实施，同时语言政策又必须做出及时的调整以适应政治的发展变化。政治性考量主导着新加坡政府语言政策的制定和语文教学目标的调整，①而这种模式是比较成功的。

（三）贯彻"因材施教"的教育理念

20 世纪 50 年代出台的《新加坡立法议院各党派华文教育委员会报告书》要求各语文源流学校应至少以两种语文作为学校的教学媒介语。20 世纪 60 年代出台的《林溪茂报告书》强调应对学生所学习的第一语文和第二语文的实际水平有所区分，开始有了因材施教理念的影子。建国之初教育政策的制定更多的是出于国家生存、经济发展、政治现实上的考量。20 世纪 70 年代出台的《吴庆瑞教育报告书》开始真正从因材施教的教育理念出发，以学生的综合成绩和智力测试作

---

① 阮岳湘. 论新加坡语言政策规划的政治考量[J]. 学术论坛，2004（5）：133-136.

为标准来分流教学，照顾学习能力不同的学生。20 世纪 90 年代末的《李显龙副总理声明》从学生的家庭语言背景、语言能力和兴趣出发使得因材施教的理念得到了深入贯彻和推行。21 世纪的《黄庆新报告书》和《何品报告书》进一步将因材施教理念具体贯彻到教育体制建设、课程设置、教学内容编选、教学法、评估方式等多个方面。从 20 世纪 70 年代开始，新加坡每次教育政策的调整都尽可能降低政治经济对教育的干扰，真正做到了以学习者个体为本位，真正为教育而教育。今天的新加坡双语教育的确是相当深入、细致地贯彻了"因材施教、量体裁衣"的教育理念，而这一理念也已成为新加坡建构国家教育体系不可撼动的政策基石。[①]

（四）与时俱进，不断更新语言观念

随着国家政治经济的发展、社会和家庭语言环境的变化，以及教育实践的变化，新加坡的语言观念也在不断地进行相应的调整。总体而言，新加坡语言观念经历了从"语言问题观"到"语言权利观"再到"语言资源观"的螺旋式发展历程。

以"语言问题观"为主要逻辑的殖民地时期的语言政策，体现了新加坡决策者对各民族群体间语言权利与利益的平衡，具有维护政治与社会稳定的功能。以"语言权利观"为逻辑的语言政策则认为，民族存在的前提是其语言与文化的存在。语言作为各民族价值理念、精神信仰及风俗习惯等文化特质与意识最重要的载体与结晶，是一个民族不断繁衍、传承的精神纽带，更是与其他民族相互区分的独特"逻辑坐标"。"独尊巫语，多语并重"的语言政策，决策者便是将民族语言与文化安全视为其生存的基本权利。以"语言资源观"为逻辑则体现在"多语制下英语独大的双语教育"政策中。"语言是资源"的价值逻辑是将语言视为不同国家或族群间的经济桥梁与文化平台，认为语言多样性与国家主权统一可以并存共进。基于语言特有的经济性与民族性，以"语言资源观"为主要逻辑的双语教育政策大多是持有一种积极且谨慎的态度，以两种语言和文化共存互通进而促进经济共同发展为目的，坚持"语言资源观"为逻辑的新加坡双语教育政策一直保持着与时俱进的务实态度，这使得新加坡双语教育政策能根据不同时期发展需求与外部环境进行因地制宜的动态调整。[②]

---

① 高茹，刘振平. 新加坡双语教育政策中因材施教理念的注入与发展：新加坡教育政策报告书解读[J]. 外国教育研究，2014，41（3）：22-32.

② 王瑜，刘妍. 语言规划取向下双语教育政策价值逻辑分析[J]. 比较教育研究，2018，40（11）：98-105.

第三节　新加坡语言政策与规划的成效和问题

一、新加坡语言政策与规划的成效

　　分析"多语制下英语独大的双语教育"政策的成效，首先要探讨这种语言政策是否达成了当初的设想，即英语是否达到一定的普及程度，各族群语言是否得到预期效果的保留。从历届人口普查提供的数据中，可以对比掌握双语和母语人口的比例及变化情况。1970 年开始，新加坡政府每隔 10 年进行一次大规模的人口普查，更新人口的最新统计数字，从中了解社会、经济、家庭等方面的新发展趋势。1970 年的第一次人口普查开始公布各族群语言的详细掌握情况。当时在全国人口中，掌握英语的人占 38.6%（通晓英语 29%，通晓英语和华语 8.9%，通晓英语和马来语 7.2%，通晓英语和泰米尔语 1.6%），掌握两种语言的人仅占 17.7%。华族人口中，掌握华语和英语两种语言的人占 11.8%，掌握华语的人占 66.0%（只通晓华语 54.2%，通晓英语和华语 11.8%），掌握英语的人占 43.4%（通晓英语 31.6%，通晓英语和华语 11.8%）。[①]

　　以华族人口为例，将 1970 年和 2000 年相关数据进行比较（图 6-1），可以更加直观地显示语言能力的提升。

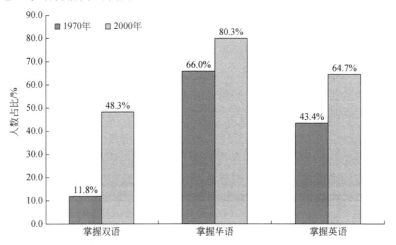

图 6-1　1970～2000 年新加坡华族语言能力提升情况[②]

---

① 崔东红. 新加坡的社会语言研究[D]. 上海：复旦大学，2008.
② 同①。

除了推广共同语，双语教育制度的另一个目标是保留母语，并以母语传承文化，教导价值观念。据统计，华语已经成为华族最常使用的家庭用语，占全国总人口的35.6%，而福建话的使用者占比7.0%，广东话占3.6%，潮州话则已经降至2.8%。[①]

综合以上分析，双语教育制度在普及英语和保留母语方面都一定程度上达到了当初的构想。多元语言与文化并存是新加坡社会语言生活的基本风貌。多元民族的新加坡，一直强调国民一体化，希冀各民族在各领域达成一致的认同，促使国内民族意识与国民意识逐渐融合在"新加坡人"的概念下。[②]双语政策推行22年后的1987年，新加坡国内的四大语文源流学校成功统一为全国源流学校，牢固确立了英语作为新加坡人第一语文的地位，"英语+母语"的双语制度，形成了新加坡教育政策的基础，"英语+母语"的教学模式，为新加坡营造了东西方文化合璧的生态环境。

但是，发展过程中也出现了一些始料未及的趋势。例如，因部分华族人口的母语是方言不是华语，因此在以华语取代方言的过程中，出现了英语取代方言的趋势。华族内部原本有多种方言的存在，在政府的推动下，逐渐以华语代替方言。某种意义上来说，华语不是真正的母语，因此对语言的忠诚度相对减弱。随着年轻一代英语使用比例的逐渐上升，华语作为母语的地位不断受到威胁。

从社会语言学的角度来看，一个社会之所以存在双语现象，主要是因为在社会生活的不同领域需要两种以上的语言，这些语言各有不同的社会功能，而家庭通常是母语的根据地。两种语言并用时，一般会有一种比较强势，另一种比较弱势的情况。随着时代的发展，弱势语言的使用空间和频率会慢慢缩小，在新加坡的社会语言生态中，母语便处在弱势的地位。双语现象得以长久维持的动力是对母语的忠诚度，教育制度虽然起到一定的作用，但却属于外部因素。维持对母语忠诚度的基础是对传统文化的认知、了解和传承。家庭是传承文化的最佳场所，失去这个场所，母语的忠诚度将迅速下降。[③]

总体来说，新加坡自独立以来，其语言政策对加速新加坡经济的发展作出了贡献，实现了国家的稳定与繁荣。因此，新加坡的语言政策已经成为移民国家中的典范。与此同时，新加坡的语言政策也加强了新加坡各民族之间的凝聚力。新加坡在综合考虑地理、历史、政治、民族等各因素后选择了双语制与多语制并行的语言政策，并大力推行英语作为通用语言，促进共同国家意识的建立，为国家的稳定和迅速发展奠定了基础，[④]也为多民族国家处理民族问题和制定语言政策、

① 何洪霞. 新加坡华文教育政策历时研究[J]. 语言政策与规划研究，2021（1）：86-95，109.
② 李洁麟，刘甜. 新马英语政策的比较及其发展趋势[J]. 汕头大学学报（人文社会科学版），2013，29（1）：27-32，94.
③ 崔东红. 新加坡的社会语言研究[D]. 上海：复旦大学，2008.
④ 安绪丽. 浅析新加坡的语言政策[J]. 文学教育（中旬版），2012（7）：70.

语言规划提供了宝贵经验。虽说新加坡语言政策依时而变，但在多年的实施与发展之中也出现了一些较为明显的问题。

二、新加坡语言政策与规划的问题

（一）英语至上，各民族语言发展不平衡

新加坡是一个拥有丰富文化和语言资源的移民国家。在多次语言政策的制定与发展中，英语几乎都占据了主导地位，被认定为新加坡的官方行政语言。各民族皆学习英语，极大程度上促进了各族之间的交流，也让新加坡和世界接轨，从而搭上了经济飞速发展的快车道。在英语的强势发展之下，新加坡的其他语言很难得到同等程度的重视和发展，由于双语制的推行，新加坡的学生也能在课堂上学习到自己本民族的语言，但是，无论是在使用范围上还是在交流便捷程度上，英语都具有天然的优势。所以，学生依旧倾向于学习英语，长此以往，新加坡的语言多样性势必会受到威胁，各民族语言几乎无法做到平衡发展。而且有的企业为了方便开展业务，会优先聘用具有良好英语能力的人，这就造成了明显的语言歧视。[①]

（二）语言与文化分离

人类之所以区别于动物，很重要的一个原因就是人类拥有独特的语言系统，并基于此创造了人类特有的文化。语言文字作为一种符号系统，背后承载的是人类灿烂的文化，不同的语言则蕴含着本民族独特的文化。从小接触母语，并在后天不断学习精通母语的人，会对母语中所蕴含的民族文化有着更深刻的认识，从而对本民族文化有归属感和认同感。但新加坡的情况十分特殊，各民族均学习英语，并且掌握英语的必要性远远超出了本民族语言。在此背景下，新加坡国民既对本民族的文化认识模糊，同样对远在他乡的英语文化也不甚了解，未能对与语言血肉相连的文化有全面而深刻的理解。[②]

第四节 总结和启示

新加坡的语言政策乃是经由多语政策来谋求民族和谐与政治稳定，由英语的应用而维持经济进步与社会繁荣，国民对该语言制度产生"工具性依附"，并随着

---

① 李方芳，黄冬梅. 新加坡语言政策和语言教育研究：以语言经济学为视角[J]. 长白学刊，2012（6）：151-152.
② 班弨，唐叶. 新加坡的语言问题[J]. 东南亚研究，2005（6）：82-84.

时间推移，慢慢转变为对新加坡的"情感性依附"，并由此萌生对新加坡的"国家认同"和"文化认同"。

新加坡历史上的语言规划不但引起语言变化，而且塑造出一个以英语为主导的双语制社会，在这里，英语是学校的第一语文，学生同时学习各民族的语言（华语、马来语和泰米尔语），各民族母语在基本程度上得到保持。以"英语为主，母语为辅"的双语教育不仅统一了教育制度、教育源流、教学语言，也统一了新加坡的国家意识，使新加坡的政治及社会稳定、民族和谐、经济高度发展，在普及英语的同时民族语言与文化也得以保持。可以说，新加坡的双语教育目标已经基本达到，新加坡的双语教育政策是适合其国情的成功政策，应予以积极评价，同时也为我国语言政策规划和实施提供了很好的启示。

一、语言政策的制定需要和世界接轨

在经济全球化的新时代，语言是不可忽略的交流工具。新加坡在经济上的飞速发展已经证实了掌握国际通用语言的重要性。英语作为当今世界的通用语，从沟通世界、融汇中西的功能上来说，其必要性不言而喻。我国更应重视英语的教育，使中国学生拥有国际视野从而更好地与国际接轨。学好英语将有助于国家的科技水平、管理水平大大提高，为我国走向国际化、迅速融入国际社会奠定基础。[1]

二、语言政策的制定应注重语言的工具性、沟通性

我国目前的语言政策主要集中在语言学习的应试上，这就导致了一个非常严重的问题：很多学生学了十多年的英语，但英语的表达和沟通能力却不见提升，无法在实际的生活里自如地交流沟通。新加坡则不然，新加坡的语言政策把语言的交际能力放在了首位，这也是新加坡语言政策成功的地方之一。

三、须坚持双语教育的理念

新加坡的双语政策如今已经发展较为完备，极大地提升了新加坡民众的双语水平，新加坡的教育体系是典型的双轨制，其中语言教育是新加坡基础教育的重中之重，双语教育使得新加坡拥有大量的国际化人才，他们不仅仅拥有双语能力，更拥有不同文化的鉴赏能力。我国也应重视双语教育，多学习、多参考、多借鉴

---

① 邹长虹. 新加坡的语言政策及其对我国外语教育政策的启示[J]. 社会科学家，2014（2）：114-116.

新加坡双语教育的成功之处，为我国的经济建设培养出大量具有双语能力的人才。

四、扩大中华文化的影响力

新加坡的案例提醒我们，语言与文化分离会影响语言学习效果，也影响文化认同感。中华文化源远流长，其所承载的历史底蕴和精神内涵是我们文化自信的重要来源，与此同时，也是我们向世界展示中国的一张亮丽名片。我们只有不断扩大中华文化的影响力，提升世界各国人民对中华文化的兴趣与认同感，才能更好地传播中文，将语言与文化结合起来，才能达到更好的传播效果，更好地向世界传播优秀的中华文化。

第七章　文莱语言政策与规划研究

在国际中文教育的发展过程中，如果能对各个国家的语言政策，特别是各个国家对除本民族之外的外国语言的政策与规划有深入的了解，将有助于我们在传播中文过程中准确把握中文在各个国家的定位并且依据国家的外语政策特点制定出契合中文传播的实践路径。文莱作为"一带一路"沿线国家之一，与中国的交往愈加频繁，在这样的国际背景下，文莱人学习中文的需求也不断增强，在双方需求的推动作用下，文莱的中文将怎样发展？国际中文教育如何惠及文莱将是我们思考的重点议题。为了更好地了解文莱语言政策，促进中文国际传播，本章将以文莱的语言政策与规划为研究对象，采用文献法、比较分析法等方法深入了解文莱语言政策与规划的发展脉络，探析其形成的原因和发展特征，总结实践问题，加强国际中文教育传播的可行性和针对性。

第一节　文莱语言政策与规划的传统和沿革

一、文莱语言概况

除了马来语，文莱至少还有其他七种土著语言，包括图通语、贝拉特语、杜森语、比萨亚语、穆鲁特语，以及文莱马来语和索达文语，最后两种语言在文莱宪法中均被称为"马来语"，通常也被称为"马来方言"。除此之外，文莱还有两种土著语言，分别是伊班语（Iban）和培南语（Penan）。[①]英语、华语和阿拉伯语等外来语言在文莱语言的使用及规划中也占有非常重要的地位。

（一）文莱少数民族语言的发展

文莱人口数量虽然只有区区四十多万人，但文莱却是一个多民族、多语言的

---

① Jones G M，Martin P W，Ożóg A C K. Multilingualism and bilingual education in Brunei Darussalam[J]. Journal of Multilingual and Multicultural Development，1993，14（1-2）：39.

国家。任何一种语言的发展都离不开语言政策的规划与实施，在文莱现有语言政策里，被规定为国语的马来语得到了重视和发展，少数民族语言的发展则并未过多涉及，既没有表现出阻止这些语言使用的倾向，也没有大力提倡，基本上对于这些少数民族语言的发展是放任自流的态度。正是这种"自谋生路"式的发展，让原本就在文莱主流社会不占优势的少数民族语言更加举步维艰，由于社会经济环境和马来语的统治"力量"，少数民族语言已成为范围有限、潜力有限、生命力有限的语言。①

（二）外来语言在文莱的发展

文莱在长达近百年的"被保护"状态下，外来语言获得了极大的发展，其中以英语的发展最为显著。袁洁指出语言和种族不同，社会经济地位也有很大差别②。在文莱，政府任职的官员主要是文莱主体民族——马来族，而教育、经济领域主要被西方人尤其是英国人掌控，文莱的很多大型公司如国际大银行，壳牌石油公司，工程、建筑公司以及中、高等教育领域的中高层职位以西方人居多，华人主要从事商业、服务业领域。在这样的大背景下，英语是各地移民沟通交流最方便的语言，其通用程度仅次于马来语。虽然马来语是政府的官方语言，但是不会英语的官员的职业发展是非常困难的。政府职位的招聘启事显示，薪金达 D 级或以上的职位，除了要求具备马来语通用证书和普通等级证书外，还需要具有使用英语的能力，或是只有掌握英语才能取得的职业专业资格。③

由此可见，在外来语言的发展上，英语的发展尤为成功，其中包含政治、经济、文化等因素的影响，但关键在于文莱语言政策对于外来语言的包容及鼓励，如今在文莱，英语和马来语同等重要，影响着人们生活的方方面面。

二、文莱语言政策与规划的历史演进

纵观各个历史时期的发展，文莱的语言政策与其发展历史是相适应的。文莱的发展历史大体可以分为三个时期，即始建文莱国时期（14~16 世纪初期）、被殖民时期（16 世纪中期~20 世纪中后期）、完全独立时期（1984 年以后），文莱语言政策的演进也呈现出曲折的历史发展进程。

---

① Jones G M，Martin P W，Ozog A C K. Multilingualism and bilingual education in Brunei Darussalam[J]. Journal of Multilingual and Multicultural Development，1993，14（1-2）：43.
② 袁洁. 文莱语言政策影响下的语言转化[J]. 岭南师范学院学报，2016，37（5）：166-172.
③ Jones G M，Martin P W，Ozog A C K. Multilingualism and bilingual education in Brunei Darussalam[J]. Journal of Multilingual and Multicultural Development，1993，14（1-2）：44.

（一）始建文莱国时期（14～16世纪初期）

伊斯兰教在13世纪以后不断发展壮大，14世纪中叶伊斯兰教传入文莱，随着信教徒的增多以及权力的不断集中，于14世纪中叶建立了苏丹国，并一度发展壮大，到16世纪初国力达到了鼎盛阶段。由于当时马来人居多，并且信仰伊斯兰教的也大多是马来人，所以这个时期的官方语言以马来语为主。

（二）被殖民时期（16世纪中期～20世纪中后期）

随着人类对海上航行的热情逐渐高涨，地球上越来越多的岛屿和国家被发现，这也加快了殖民时代的来临。16世纪中期起，葡萄牙、西班牙相继入侵文莱，正是这两大海上强国的入侵，使得当时还处于发展阶段的文莱不堪一击，文莱人为了生存被迫学习葡萄牙语和西班牙语，马来语的主导地位逐渐被打破。

文莱自1888年便沦为英国保护国，但文莱人真正在语言上奴化是从被日本入侵开始。二战期间，日本人从欧洲殖民者手中夺取了东南亚大部分的地区，其中就包括文莱。在日本占领期间，日本人除了掠夺文莱丰富的石油资源以及其他一些生活物资之外，还企图从思想上奴化文莱人。日本在文莱大力灌输日语和日本文化，还开设了许多日语学校，强暴野蛮地打压本土文化，这对当地人的文化和语言都造成了极大的破坏。

日本的统治策略太过激进，引起了当地大规模的起义，再加上二战日本成为战败国，其军事实力也极大地减弱了，因此，1945年日本战败后，文莱获得解放，而日语也被文莱人极力排斥，最终消失殆尽。但是文莱的被殖民统治依然没有结束，英国又趁机夺取了文莱的殖民统治权，且这样的"被保护"状态一直保持到1983年。相对于日本的过激统治，英国的殖民统治就比较温和，这也给了文莱一点喘息的机会，但与此同时，文莱的国家体制包括政治、经济、文化方面遭受了极大的重创，一切主动权和控制权都掌握在英国人的手中。英国人在其统治期间也带动了文莱的经济发展，这吸引了大量资本和劳动力。包括中国在内其他国家的各种方言群移民也纷纷来到文莱谋生，一时间，文莱半岛上出现了各种各样的语言，这也给英国殖民统治带来了日常沟通交流的困难。随后英国的殖民制度和传教士的出现慢慢改变了文莱语言混乱的局面，卡普兰和巴尔道夫就曾在著作中提到：英语不久后就成为精英人士使用的语言，在很多州，英国人通过顾问间接施加影响，能够熟练使用双语成为生活的必需[①]。总的来说，英国人的这一语言殖民政策实施得相当成功，他们抛弃了日本的过激手段，从长远利益出发，控制了

---

① 卡普兰，巴尔道夫. 太平洋地区的语言规划和语言教育规划[M]. 梁道华，译. 北京：外语教学与研究出版社，2014：127.

文莱的经济、政治发展，进而控制了语言的发展，让英语成为文莱的通用语言，成为进入上流社会和获得更多财富的通行证，所以文莱基本上是心甘情愿地接受其影响，语言传播的效果也比强制压迫要好多了。

（三）完全独立时期（1984 年以后）

直到 1984 年文莱宣布完全独立以后，文莱历史上长达百年的被殖民统治才宣布结束。但是英语对文莱的影响已经相当巨大，英语在文莱人心中已经成为了身份和地位的象征，以至于在后来虽然文莱通过宪法将马来语定位为文莱的国语，但是英语的重要地位依然没有弱化，反而还提升到了和国语马来语同等的地位。英语的重要地位对统治者当局来说严重威胁到了他们的统治，为此文莱当局也曾做出一些硬性规定，比如街道必须用马来语来命名，对于申请加入文莱国籍的人政府也提出了严格的语言要求，在教育上，只对马来语学校实行免费的义务教育等。这一系列措施确实巩固了马来语作为国语的地位，但是英语依然在这个国家盛行。英语学校深受上层精英喜爱，人们总是把英语和权力、财富、成功联系在一起。

第二节 文莱语言政策与规划的现状和特点

一、文莱语言政策与规划的现状

众所周知，文莱人口虽然在数量上不算庞大，但却是一个典型的多民族国家，文莱从独立至今也才四十年，在长期被殖民的环境下，文莱几乎不可能确立自己的统一语言。针对当时的情况，英语自然就在文莱的众多语言当中脱颖而出，英语的这种根深蒂固的影响一直影响着当今文莱语言政策的实施和发展，但是无论如何，英语始终是外来语言，为此，1959 年颁布的宪法第 82 条规定马来语是该国的国语。1984 年独立以后，为了稳固文莱当局的统治地位，建设发展国家真正的国语成了重中之重。文莱近代语言政策与规划的发展主要围绕着国语和英语展开，这两种语言经历了从抗衡到和解的过程。

（一）国语和英语相抗衡的阶段

对于一个国家来说，完全独立的标志之一就是拥有自己的国语。国语确立之后，不论是在地位上还是通用程度上，都应高于其他语种，但是在文莱以及受英语文化影响比较大的几个东南亚国家，英语的地位却不亚于国语，这在一定程度上引起了统治者当局的担忧。20世纪六七十年代，文莱政府还专门成立了文化局，以促进和巩固马来语作为国语的地位，削弱英语的发展势头。除此之外，为了巩固国语的地位，文莱政府从独立之后就接连颁发了一系列的政策法规。袁洁总结了文莱近代教育语言政策实施时间表（表7-1）。

表7-1 文莱近代教育语言政策实施时间表

时间	政策及内容
1959年	宪法第82条规定马来语为国语
1972年	《文莱教育委员会报告》规定马来语为中小学教学的媒介语，提出9年教育
1985年	双语教育政策颁布
1993年	《文莱教育政策》提出向公民提供至少12年教育（7年学前和小学教育，3年初中，2年高中），前9年为免费教育
1997年	颁布《特殊教育法》，在公立学校为特殊群体学生提供教育
2003年	《教育法》规定马来语是所有教育机构的主要语言
2007年	颁布《2035国家前景规划》，要求国民教育达到国际高水准；《教育部规划战略2007－2011》，要求采用国际高水平教育学习方式；《义务教育法》确立9年义务教育
2009年	《走向21世纪国家教育体系》（简称SPN21）提高国民接受高等教育的机会，首次提出"全纳教育"
2012年	《教育部规划战略2012－2017》提出"卓越教学"，提高教学质量

资料来源：袁洁. 文莱语言政策影响下的语言转化[J]. 岭南师范学院，2016，37（5）：166-172.

政治上的绝对支持对于文莱马来语的强化统一还是很有效果的，比如国家在教育上对于马来语的扶持以及在公共生活方面所体现出来的马来语优势都加快了马来语的普及和发展。从表7-1中我们也可以看出语言政策具有导向作用，从1959年宪法首次规定马来语为国语之后，短短六十多年的时间里，马来语作为国语的地位已基本稳固。但是英语对文莱人来说依然是谋生所需语言。对于部分精英而言，英语的地位更是不可撼动，甚至成为他们身份和地位的一部分。正如琼斯（Jones）等人所说："英语一直被看作现代文莱的一种纯功能性的语言，几乎不带什么感情色彩。而马来语以前和现在一直被看作是蕴含民族文化和宗教身份的语言，是一个民族灵魂的语言。"[1]文莱人不否认马来语作为国语的地位，但是英语却也是无可替代的一部分。国语与英语的抗衡最终还是以双语制的并行结束。[2]

（二）国语和英语由抗衡走向和解

如果要说文莱是世界范围内英语推广最成功的国家之一，应该没有人反对。文莱对于英语的包容已经使它成为与本国国语——马来语并驾齐驱的第二种语

① 王晋军. 中国和东盟国家外语政策对比研究[M]. 昆明：云南大学出版社，2015：152.
② 卡普兰，巴尔道夫. 太平洋地区的语言规划和语言教育规划[M]. 梁道华，译. 北京：外语教学与研究出版社，2014：67.

言。这或许与文莱一直把英国视为保护国而非侵略国有关，在长达近百年时间的"保护"里，英语已经深刻融入文莱人的生活之中。爱德华兹（Edwards）在 1985 年就曾发表过他对此的看法，他指出导致语言使用最具历史性变化的因素就是经济因素，如物质条件的改善、社会接触等。对于文莱人来说，学习英语是通往外部世界的桥梁，英语是获取地位和财富等成就的必备技能。除此之外，早期文莱高等教育一片空白，学生高中毕业后若想继续深造只能去其他国家留学，这时英语就显得愈发重要，为保证高中毕业生能到 EM（English medium，指"英语作为教学媒介语"的大学）学校顺利完成学业，政府提供了强化英语教学的系列课程，[①]并且于 1984 年引进了一个以马来语和英语作为教学媒介语的双语教学系统。这在一定程度上体现了国语和英语从相互抗衡到和解的过程。因为双语教育既确保了文莱马来语作为教学主导媒介语的地位，也彰显了对英语重要性的认可。比如，袁洁在研究中提到，1972 年《文莱教育委员会报告》中就指出必须提升小学和中学的英语水平，从小学四年级起就接受英语教育的文莱人普遍可以流利使用英文。由于语音、语法受马来语影响而产生了变化，词汇中夹杂着大量马来语、华语词汇，1985 年颁布的《双语教育政策》（Dwibahasha Educational System）以及 2007 年颁布的《2035 国家前景规划》（Wawasan Brunei 2035）都是用马来语和英语来共同命名[②]。

总的来说，文莱语言政策的规划与实施与其被殖民的历史息息相关，英国对文莱近百年的统治将英语融入了文莱的语言生态中。文莱在寻求独立自主和走向国际化的过程中也让英语与马来语及其他民族语之间的关系愈加复杂。最终，马来语和英语的抗衡以双语制的实施达成了和解，如今的文莱随处可见马来语和英语共同出现的情况。

（三）文莱对于外语的态度及发展趋向

文莱虽然是人口小国，但是在语言多样性方面却不亚于一些人口数量占优势的国家，而这也归功于文莱实行的开放性的语言政策。王晋军与刘娟娟在其研究中详细地分析了文莱的语言生态，并且在其研究中引用了科卢齐（Coluzzi）归纳的有关文莱的主要语言及作用的表格，如表 7-2 所示。本章再次引用，以从不同角度剖析文莱对待外语的态度和对外语发展取向的影响。

从表 7-2 可以看出，文莱虽然作为一个人口小国，但是语言的多元化现象还是很突出，虽然文莱在宪法中明文规定了马来语作为国语的地位，但是从其在文莱人中的声望趋势来看，显然被英语超过了。文莱政府虽然意识到了这一问题的

---

① 刘上扶. 东盟各国语言纵横[M]. 南宁：广西教育出版社，2009：12.
② 袁洁. 文莱语言政策影响下的语言转化[J]. 岭南师范学院学报，2016，37（5）：166-172.

存在，但是并没有采取极端的措施打压英语及其他外语的发展。从目前关于文莱的语言政策研究来看，英语形成了和马来语同等重要的地位。而对于除英语和马来语之外使用人数较多的中文而言，文莱政府虽然没有在资金方面给予支持，但是对于华校的课程安排、学分学制方面都给予了高度的重视，在华校的一些重大活动中，也有政府官员的参与，并且还在文莱中华中学设置了汉语水平考试（HSK）的考点。种种迹象都表明文莱政府对于外语的态度是比较宽容的，文莱政府在高度强调马来语作为国语的基础上，允许语言多元化的存在。对于当前中国的国际中文教育事业来说，这样开明的语言政策有利于中文在文莱的传播，也有利于增进文莱与中国乃至世界的交流和沟通。

表 7-2　文莱的主要语言及作用

语种	作用	声望趋势
英语	国际通用语；具有现代性；语言资本	
（使用阿拉伯文字的）标准马来语	用于宗教场合；代表君主制	
（使用拉丁文字的）标准马来语	民族的象征；马来语世界的交流语言	
文莱马来语	民族身份象征；主要的沟通语言	
阿拉伯语	用于宗教场合	
中文普通话	华人社区用语；华人的身份象征；语言资本	
包括中文方言在内的少数民族语言	少数族群的交流工具；少数民族身份象征	

资料来源：王晋军，刘娟娟. 文莱的语言生态与双语教育政策研究[J]. 中国外语，2017，14（5）：65-71.

二、文莱语言政策与规划的实施特点

通过对文莱语言政策与规划的剖析，可以发现文莱的语言政策与规划主要围绕着三部分展开，即有关国语马来语的政策、有关外语的政策、有关文莱少数民族语言的政策。对这三种语言的有关政策及规定也呈现出一定的特点。

（一）文莱国语政策的实施特点

1. 强制性

1959 年，文莱宪法第 82 条规定：马来语为国语。这一规定不仅是向文莱人也是向世界宣告了马来语在文莱的地位。同时，这一语言政策就已经具有了强制性的特点，即强制要求文莱每个公民都必须熟练掌握马来语，必须承认马来语的主导地位。自从马来语的地位确定以后，文莱在各个方面的措施也体现着马来语作为国语的优越性，比如要想加入文莱国籍或者成为文莱永久居民都必须熟练掌握马来语，在教育上也只有马来语学校的学生能享受免费的义务教育。

2. 导向性

通过法律将马来语确定为国语的做法能起到强有力的导向作用。当人们提起文莱语言时，第一反应就是这个国家的国语马来语。这种政策导向有利于国人将马来语和英语区分开来，塑造马来语才是国家的代表、是国家的根本的意识，有利于增强文莱人民的归属感和自豪感。除此之外，在文莱的语言政策中，鲜少提及对少数民族语言的保护问题，这就使得少数民族新生代大多在日常生活中更习惯使用马来语、英语，说少数民族语言的大多是年长者。所以白拉奕语与木胶语已经成为文莱最为濒危的少数民族语言①。

3. 普遍性

文莱语言政策确定马来语为国语，它对文莱的每一个人都适用，它的受众群体就具有普遍性，即使是文盲或者没有接受教育者，他们都必须使用马来语。而英语、中文等外语，没有强制学习的要求，就像前文提到的，文莱人学习英语有的是因为要进入上层社会获取更多资源财富，有的是因为要出国继续深造；而学习中文可能是家族希望子女能继承中华传统文化。不管是出于何种原因，基于自主需求而学习的外语不可能做到普遍性，只有作为国语的马来语才具有普遍适用性。

（二）文莱外语政策的实施特点

在文莱有关外语政策的规定中，最常见的外语有三种，按照声望和地位来排列的话，分别是英语、阿拉伯语和中文。因此，在分析文莱外语政策的实施特点时，也主要从这三种语言来加以分析。

1. 有关英语的语言政策实施特点

最能体现文莱外语政策的开放性和多元性的一点应该就是双语教育体制的诞生。纵观这一时期有关英语的语言政策，可以发现文莱英语语言政策存在着以下一些特点。

第一，文莱英语的发展有其历史性和必然性的特点，因此在语言政策中也体现出双语教育的不可避免性。从 20 世纪 30 年代开始，英国殖民统治下的文莱因拥有丰厚的石油资源和天然气资源而得到发展，对廉价劳动力的需求也大大增长。当地的少数民族开始向沿海城市流动，外来移民也纷纷涌入。当时文莱大部分的政治资源和经济资源均由英国殖民者掌握，不管是当地人还是外来人口都必须适应以英语作为晋升阶梯的状况，这样的现象甚至持续到文莱独立后，因此在文莱

---

① 王晋军，刘娟娟. 文莱的语言生态与双语教育政策研究[J]. 中国外语，2017，14（5）：65-71.

语言政策中出现双语教育有其历史的必然性。

第二，对英语的文化认同感比较高。英国于 1888 年正式宣布文莱为其保护国，较为和缓的统治使文莱没有出现对英国的强烈排斥情绪，相反，还与英国的关系十分密切。这在语言上也直接地体现出来了，文莱人在被殖民统治期间积极学习英语，虽然这里面有功利性的原因，但最根本的一点便是文莱人对英语的文化认同感比较高。这也是文莱独立后，在制定有关英语的语言政策时持包容态度的前提。

2. 有关阿拉伯语的语言政策实施特点

第一，规定了阿拉伯语发挥作用的场合。从文莱的建国历史来看，一开始进入文莱的宗教是伊斯兰教，并在往后文莱的宗教发展中占据着统治地位，而文莱早期宗教的文字书写都是采用阿拉伯语，因此，阿拉伯语一般只用于宗教场合，在日常生活中使用阿拉伯语的概率并不高。在文莱的语言政策中，即使要学习阿拉伯语，也是与学校的宗教课程挂钩的，因此文莱的语言政策也间接规定了阿拉伯语发挥作用的场合。

第二，阿拉伯语的声望低于英语却高于中文。虽然在文莱，阿拉伯语并不是通用语言，适用场所也只限于宗教场合，但由于其早期在文莱的政治和社会生活中发挥过巨大作用，所以关于阿拉伯语的学习也被纳入了国民教育体系。从这一点就可以看出阿拉伯语在文莱的声望还是要高于中文的。因为中文目前都只出现在国民中学的选修课中，一般系统地学习中文的情况也只在华校里才会出现。

3. 有关中文的语言政策实施特点

第一，尊重中文在文莱的传播。中文在文莱的发展不同于英语的一点便是中文不是作为殖民者统治语言进入文莱的，而是一种民间的自发行为。许多为谋生计的沿海中国人来到文莱后，逐渐形成华人聚集社区，为中文在文莱的产生和传播提供了可能。随着华人在文莱的经济实力增强，许多华人纷纷捐资开办华校，传承中华文化，保护华人的"根"，也为中文作为外语在文莱传播提供了平台。文莱的语言政策中对于中文的传播持尊重态度，并没有明令禁止华校的开办和发展。

第二，肯定和支持中文的传播和发展。从目前文莱的人口构成来看，华人已经成为文莱第二大族群，[①]所以文莱肯定中文的发展对于其社会的稳定也是有益的。虽然文莱的语言政策中没有关于中文的过多表述，但是中文的地位不可小觑。文莱目前办得最好的几所华校，吸引了将近一半的非华裔学生，而且每到校庆或者学校的其他重大节日的时候，都会有国家重要官员出席，这无疑从侧面提高了

---

① 梁立俊，莫洁玲. 文莱社会文化与投资环境[M]. 广州：世界图书出版广东有限公司，2012：55.

华校的声望和地位，为华校的发展和中文的传播提供了支持。

第三，文莱有关中文的语言政策实施体现出交际性和功能性的特点。近年来中国国际地位和经济实力提升，文莱与中国之间的外交关系日益亲密，两国之间的贸易往来也越发频繁，在此背景下，全球掀起的"中文热"在文莱也有所体现。不仅华人族群开始学习中文，其他族群的文莱人也主动学习中文，将中文作为了解中国的一扇窗户，也希望通过学习中文获得更好的就业机会。可以说，文莱对于中文的语言政策是一种低调的支持，体现出学习中文的交际性和功能性的特点。

（三）当地少数民族语言政策的实施特点

目前来看，文莱的语言政策缺乏对少数民族语言的保护。文莱有许多少数民族，这些少数民族也拥有自己的语言，但是科卢齐 2011 年所做的关于文莱少数民族语言活力的调查显示，文莱马来语最具活力，其语言活力指数为 6，而一些少数民族语言如杜松语和普南语的语言活力指数只有 2，白拉奕语的语言活力指数仅为 0.5，[①]还有一些少数民族语言因使用者较少，都无法统计出相关数据。由此可见，文莱的语言政策中对于少数民族语言的继承和保护仍有不足，久而久之，少数民族语言的活力指数越来越低，最终可能会走向消亡。

第三节　文莱语言政策与规划的成效和问题

文莱的语言政策与规划历经半个多世纪的不断修改和完善，基本上确立了国家语言的发展路径，从目前来看，文莱实行马来语和英语并重，其他外来语言和少数民族语言在正常轨道下任其自由发展的政策。在这种多语言规划的框架下，文莱的语言政策取得了一定的成效，但也存在一些问题亟待解决。

一、文莱语言政策与规划的成效

英语是当今世界通用语言之一，许多国家的语言政策与规划早早地把英语的学习和掌握作为重要的内容加以强调，这么做主要是为了加强除母语外的第二语言的学习，同时确保英语的重要性与普遍性不会超过母语。但是，由于英国的长期"保护"，英语已经融入文莱人生活的方方面面。文莱当局也认识到这个问题，

---

① Coluzzi P. Majority and minority language planning in Brunei Darussalam[J]. Language Problems & Language Planning，2011，35（3）：222-240.

从一开始对英语的打压到如今接受英语和马来语的双语教育，是经济和社会发展的必然结果。尽管如此，文莱依然通过各种法案和条令规定了国语的优先地位，比如政府任职人员一定要熟练掌握马来语，要想申请永久居留权也必须学习马来语等。对于大多数文莱人来说，尽管英语的普遍程度有超过马来语的趋势，但是他们对马来语依然持一种神圣不可侵犯的态度，对马来语有强烈的文化认同感。可以说，文莱的语言政策与规划在保持两者平衡关系方面所做的很多努力取得较好的成效。

除了英语之外，文莱对外来语言也持比较包容的态度，从建国至今并没有实施过强制性的语言同化政策。以中文为例，文莱从未限制中文的传播和发展，这样宽松的政策使中文在文莱处于平稳的、稳步发展的状态，没有出现过断层期，也使华校在文莱教育事业中发挥着举足轻重的作用。自中国提出"一带一路"倡议以来，文莱积极参与，中国不断提高的经济实力和综合国力也为文莱经济注入了一剂强心针。因此，在语言政策的制定方面，除了肯定华校的发展外，文莱也通过华校鼓励文莱年轻人积极学习中文，参加 HSK。文莱的语言政策很好地兼顾了政治和经济两重因素，取得令人瞩目的成效。

二、文莱语言政策与规划存在的问题

（一）对少数民族语言的重视程度不够

少数民族语言具有的文化内涵和精神是国家文化的重要组成部分，也是世上独一无二的文化瑰宝。语言是文化的载体，也是历史的见证者，语言的消失亦将使以这种语言为载体的文献资料、文物古迹被历史遗忘。文莱目前对于少数民族语言的态度基本是放任自流的，会说少数民族语言的仅存少数年长者，如此下去，少数民族语言将面临后继乏人甚至消失的危险境地。这个问题急需政府的关注。

（二）多语环境下学生学习压力大，教师教学难度高

目前文莱公立学校基本实行双语教育模式，即同时用马来语和英语进行授课，对于华校学生来说，他们除了同时学习马来语和英语外，还要学习中文。华校一开始是为了传承中华文化，以教授中文知识和中华文化为主，但是随着华校的不断发展壮大，校方不得不考虑学生毕业后的出路问题，为了适应当前的大环境，以文莱中华中学为首的大部分华校开始转型，逐渐形成马来语、英语、中文并重的局面，学生不仅要面对不同课程内容的压力，还要面临掌握多种语言的压力。而且，在这三种语言的竞争中，中文是不占优势的，即使在华校，中文课程占比

也明显低于马来语和英语课程。教师同样面临着语言多样化教学的难题，同一班级里学生不同语言的掌握程度各有不同，教师要根据学生不同语言的掌握程度因材施教，他们的工作就不只是传授知识那么简单，还要同时考虑多种教授方式和教授内容，教学难度大大提高，教学效果也有待提升。

（三）马来语的社会功能有待加强

虽然马来语居于国语的地位，但是英语的发展势头正在超过马来语。文莱现有语言政策中关于必须使用马来语的情况已经有点过时，比如要获得永久居住权需懂得马来语这一条主要是针对 20 世纪八九十年代大量涌入的移民的限制条件，如今移民数量大大减少，年轻人一出生就已经是文莱公民，自然也不会有被强制性学习马来语的烦恼，除非是有志从政的青少年，学习马来语依然是必经之路，其他人只需掌握一些简单的生活用语就够了，英语才是直接和未来就业更为相关的必学语言。因此，马来语的实用性有待加强，文莱语言政策对于必须掌握马来语的情况应结合当下社会发展形势重新评估和制定新标准，否则文莱马来语最终可能只保留国语的头衔而没有国语的实力。

第四节　总结和启示

总的来说，文莱语言政策与规划基本符合文莱现阶段政治、经济、文化、教育发展现状，结合当前"一带一路"倡议的大背景，中文教育在文莱的发展将会迈向一个新的台阶，但在具体的落实阶段，本书认为应该要从以下几方面继续努力。

一、在"一带一路"倡议背景下争办孔子学院

截至 2022 年，文莱当地还没有一所孔子学院，HSK 主要是由文莱中华中学组织。文莱的中文教育一直以来都由华校承担，也正因华校办得很好，文莱政府认为再去办孔子学院或孔子课堂没有多大意义，而且文莱的华人占比很大，华校和孔子学院强强联手可能会导致目前稳定的语言生态被打破。基于这两方面的考虑，文莱政府到目前为止也没有展示要开办孔子学院的意愿。"一带一路"倡议的机遇以及"中文热"都将促使文莱走向孔子学院建设的道路上来。从国家战略对接层面上来看，教育合作应结合当地实际情况，开展符合本国国情的教育合作，了解文莱的语言政策与规划有助于我们去探寻传播中文的新途径。

二、实现中文教师的本土化培养

有关中文教师的本土化培养一直都是国际中文教育发展过程中亟待解决的问题。目前的缓兵之计就是中外语言交流合作中心每年派出中文教师志愿者，但是本书认为此非长久之计。首先，志愿者的任期一般是一年，时间相对来说比较短暂；其次，当前派出的中文教师志愿者中，女性的比例相对较大，对于女生来说，因面临结婚生子等问题，选择连任或定居国外的概率较小，这可能会造成当地中文教育的不连贯，而对于国家来说，更是一种人才和资源的浪费。因此，最好的办法便是合理利用当地的中文人才，培养一批本土化中文教师，才能真正让中文教育在其他国家落地生根。

三、将中文传播的重点放在成人中文教育上

目前文莱的双语教育局面已经渐趋稳定，而当国家的教育媒介语确定之后，外语要在国民教育体系中占有一席之地就变得相当困难。中小学生每天的学习时间相对固定，同时掌握马来语和英语以便应付考试就已经不容易，更无时间和精力去学习对升学考试几乎没有帮助的外语。因此，本书认为，中文教育的传播应将重点转移到成人教育上，虽然成人学习中文的原因复杂多样，但是目前学习中文人数最多的还是成年人；而且中文一直以来都被认为是世界上最难学的语言之一，正是因为这样的刻板印象，许多外国人到成年阶段才有勇气与兴趣开始了解和学习中文。因此，中文国际传播的重点放在成人上或将取得更突出的成效。

四、应多开展交流团、夏令营等交流活动

举办夏令营和交流团等活动可以为喜欢中华文化的外国人提供一个了解中国、走进中国的机会，而且当来自世界各地的外国人汇聚在中国这片土地上时，他们之间交流的语言更可能自然而然地转变为中文。本书作者曾经接触过夏令营的学生们，当他们来到中国时，会不约而同地用中文进行交流，虽然可能说得并不流利，但是环境对语言学校的效果影响还是很大的。

第八章 缅甸语言政策与规划研究

缅甸的语言情况非常复杂，在多民族和多语言的缅甸，语言政策和语言教育往往是导致社会矛盾的重要原因。缅甸共有 135 个民族，主要有缅族、克伦族、掸族、克钦族、钦族、克耶族、孟族和若开族等，缅族约占总人口的 65%。缅甸全国主要分为 7 个省和 7 个邦，其中，伊洛瓦底省、勃固省、马圭省、曼德勒省、实皆省、德林达依省和仰光省，其人口主要是缅族，钦邦、克钦邦、克耶邦、克伦邦、孟邦、若开邦和掸邦，其人口主要为相应的少数民族。缅甸官方语言为缅甸语，各少数民族均有自己的语言，其中克钦族、克伦族、掸族和孟族等民族有文字。

第一节 缅甸语言政策与规划的传统和沿革

缅甸全国有 135 个民族，其中 65% 为缅族，共有 100 多种语言。缅甸独立之后开展了一系列的语言运动，缅甸语最终被确定为官方语言和公立学校的教学语言。另外，英语、中文、印地语在历史上的地位也在不同时期有所变化。从缅甸自身的历史演进角度来看，在经历了漫长的原始社会之后，公元前后，缅甸出现了早期的国家形态。11 世纪始形成统一的封建国家，并逐渐形成封建经济和政治制度。1824～1826 年的第一次英缅战争打断了缅甸的封建社会历史，缅甸 1886 年成为英属印度的一个省。直到 1948 年 1 月，缅甸方才宣告独立。独立后，缅甸经历了民主试验时期（1948～1962 年）、威权统治时期（1962～1988 年）、转型时期（1988 年以后）等重要历史阶段。[①]从语言政策角度来看，各时期语言政策各有特点。

一、封建王朝时期的语言政策与规划

封建王朝时期是缅甸语言文字的建立和发展成型时期。从 1044 年缅族首领阿

---

① 贺圣达. 缅甸史[M]. 昆明：云南人民出版社，2015：16-18.

奴律陀建立缅甸历史上第一个统一的封建王朝起，缅甸先后一共经历了三个封建王朝：蒲甘王朝、东吁王朝和贡榜王朝。封建王朝时期的语言政策主要以发展和完善语言为主，大约在公元二三世纪，佛教传入缅甸，最早发现的缅甸碑铭上使用的是梵文与巴利文。蒲甘王朝初期，小乘佛教的统治地位才确立，而后在 1058 年才开始出现缅文碑铭，但是 11 世纪的多数碑铭都是使用孟文，直到 12 世纪中期，缅文才完全取代孟文。到 13 世纪，社会环境较为稳定，经过不断的发展和交流，才逐步确立以中部语音为主的缅甸语，并为后来的缅甸语标准语音打下坚实基础。

从 15 世纪中叶到 18 世纪初期，早期的西方国家来到缅甸，对当地人口的高识字率感到震惊，这不仅高于同时期在印度观察到的识字率，而且也可能高于同时期的西方社会。这种情况可归因于佛教人口的寺院教育强度，以及将年轻男孩送到寺院学习识字和数学，以便获得宗教和世俗知识的习俗。这种做法是有据可查的，不仅是缅甸语，其他语言如孟语、掸语、巴利语等，都有被用于宗教，也被用于寺院教育。寺院及其教育活动是佛教君主政体的强大的合法化力量，特别是从 17 世纪开始，缅甸国王努力控制僧伽。然而，由于当时的物质限制和政治观念，无法在国王统治的领土上建立强大的行政管理，寺院教育的内容在很大程度上仍然是分散的。

西方传教士 16 世纪抵达缅甸，开始建立学校，这些学校越来越多地接触到山区居民、非佛教徒和大部分文盲的群体。传教士在英国征服缅甸的三个阶段，将他们的影响力扩展到缅甸，并为克钦族、钦族和克伦族等民族群体创作或改编了书面的语言文字系统。西方传教士使用这些文字来翻译《圣经》，同时在这些人群中传播有限的英语。这些书面语言的出现，加上基督教信仰，在某种程度上将以前是不同身份的群体进行了联结，成为相关地区群体的新身份特征之一。

二、英殖民时期的语言政策与规划

1824～1885 年，英国对缅甸发起了三次侵略性战争，占领了缅甸，缅甸被划为英属印度的一个省。在英国的统治下，寺院学校仍然继续为学生服务，尽管英国人最初希望建立一个以寺院为基础的教育体系，但是由于他们无法与僧侣们就教育的作用以及殖民国家与寺院之间的关系达成一致，所以，英国政府设计了殖民地学校体系，该体系具有不同的行政管理制度和教学语言。

为满足殖民统治的需要，1835～1844 年，英殖民者在毛淡棉、实兑等地开办学校，同时使用英语和缅甸语两种语言进行教学。1852 年英缅战争之后，英殖民者在仰光、东吁、勃固等地开办英语学校和英语、缅甸语双语学校。虽然缅甸的精英们能够就读于少数英语学校，但是，绝大多数人都是在方言学校或寺院学校接受正规教育。寺院学校曾因缅甸的高识字率而受到称赞，此时却被认为是过时的并与贫困有关，因为英语被广泛认为是个人和经济成功的关键。例如，来自山区的人当时通常被认为是缺乏教育机会的，但是如果他们接受了传教士教育和掌握了英语语言技能，他们就能够在殖民系统中担任重要职位。虽然当时有关语言教育政策的一些选择可能令人惊讶，但这也揭示了对语言、身份和权力之间关系的不同看法。例如，1902 年在缅甸掸邦首府东枝市开设的高中——掸族酋长学校，是为掸邦统治者开设的，掸邦统治者将英语作为第一教学语言，但是掸语并不是第二教学语言，缅甸语才是第二教学语言。

尽管如此，整个殖民时期的教育发展，在民族意识和抵抗中仍然发挥了关键作用。缅甸在争取独立、反抗英国殖民统治的过程中，将语言作为国家独立的有力斗争武器，不断强化国语与国家主权独立之间的关系，缅甸语的发展虽然受到打压，但并没有完全中断。在 20 世纪初，由僧侣以及后来的学生领导的缅甸民族主义运动，试图通过教育来恢复缅甸被玷污的自尊心。1920 年英国殖民者颁布《仰光大学法案》，提高进入缅甸大学学习的英语要求，导致大多数缅甸青年无法达标而无法进入大学进行学习，该法案激起了仰光大学的学生们的不满，缅甸人民的民族意识被唤醒，开始在政治上重视语言的问题，缅甸学生和缅甸的爱国人士纷纷呼吁建立缅甸国民学校，同时，要求在各学校用缅甸语进行教学。

1920 年学生罢课之后，国民学校成为殖民教育的爱国替代方案，该类学校优先考虑缅甸的语言、文学和历史，并学习巴利语和佛教文化。国民学校运动还成功地从殖民当局获得了重要权利，即使用缅甸语作为英语学校的主要教学语言，缅甸民族主义者对这种转变的主要论点是，在学校教育的早期阶段，接受非母语的教育可能会阻碍一个人的智力和语言发展。在 20 世纪 30 年代初期，缅甸民族主义运动重申了语言作为关键身份标志的立场，最明显的是发出了著名的口号："缅甸是我们的国家！缅甸语是我们的文学！缅甸语是我们的口语语言！爱我们的国家！欣赏我们的文学！尊重我们的语言！"这种立场受到西方民族主义意识形态的影响，主要反对的是西方殖民势力，但也不可避免地疏远了少数族裔以及受过英语教育的精英。

该时期华文教育也开始兴起，1904 年缅甸第一所正规的华校——中华义学由华人华侨创办，之后华文教育慢慢得到发展。

三、缅甸独立之后的语言政策与规划

整体来看，缅甸自独立以来，制定了以缅甸语为国语的语言政策，此后围绕这一政策进行了系统规划。关于缅甸语的语言政策是相对稳定的，但是，关于其他语言的政策则随着政府意识形态和国际形势的变化而变化，较为复杂多变。

（一）民主试验时期（1948～1962 年）

缅甸独立以后，吴努政府时期开展了一系列活动提升缅甸语地位，同时也更加尊重少数民族的多样性及其语言多样性，英语下降为了第二语言，但在 20 世纪 50 年代其地位仅次于缅甸语。华文教育也尝试融入缅甸社会，当时缅甸政府也没有实施严格的控制政策，华校因此抓住机会迅速发展。

1947 年缅甸宪法赋予了佛教特殊地位，且未提及缅甸语以外的其他语言。事实上，在昂山遇刺前，他一再断言每个民族都应该有自己的学校。然而，与昂山遇刺前几年他所提的建议相比，独立后建立的教育体系要集中得多。学校教育被视为建设国家的关键工具，佛教也是学校传达缅甸身份的核心组成部分。从理论上来说，在小学前 3 个年级，国家允许将少数民族语言作为公立学校的科目进行教授。但是，在实践中，公立学校是否存在特定的少数民族语言，这要取决于不同族群的社会语言情况和准备情况，而缺乏训练有素的教师、教材、书面文字、复杂性的族群背景，等等，往往阻碍了学校使用不同民族的语言。

在缅甸的主要族群中，20 世纪 50 年代，掸族为小学一至五年级制定了读本，这些读本使用掸族文化委员会设计的文字。文字的简体化和标准化，被掸族精英视为民族生存的必要条件，"改变文字否则掸族将消失"是委员会的座右铭，在每个读本的介绍中都重申了这一政治目标。关于教学语言，掸邦政府的立场与 20 世纪 20 年代初期的缅甸民族主义者以及今天的一些母语教育倡导者的立场相似，认为非母语教育会引起障碍，并且掸邦的大多数儿童无论其民族如何都能够理解掸语，掸邦政府支持的思想是掸语应该成为整个掸邦的教学媒介。孟族人出于各种原因，包括他们在国家历史上的地位的重要性、他们相对的语言同质性以及他们早期成立的旨在保护文化的组织，设法获得了缅甸教育部的支持。鉴于上述原因，一些公立学校将孟语一直教授到七年级，还有少量高中也一直教授孟语，孟语还成为考古学科的一部分。此外，在仰光市和毛淡棉市还组织了教师培训，在直通（Thaton）和吉坎眉（Kyaikkami）地区，有专门的巡视员负责监督一百多所学校的孟语教学，并且在 1954 年，学校还可以将孟语作为小学考试的科目。但是，其他民族的语言，包括克伦语，似乎在较小程度上会在政府创办的学校内进行教授。大多数民族的语言似乎仍然在学校之外，由宗教机构或 20 世纪 50 年代出现的一些最早的文学和文化委员会进行教授。

总体而言，在民主试验时期，缅甸语在整个联邦中的中心地位和重要性增加，这种情况也被证明是一把双刃剑，虽然在少数民族中传播国家通用语言是国家建设进程的一个重要方面，但这种情况也使种族主义者能够谴责缅族语言和文化的影响日益增长。

（二）威权统治时期（1962～1988 年）

1962 年，奈温执政，在缅甸走向社会主义的最初几年，国家行政集中，大公司被国有化，文字作品受到系统的审查，学生示威受到严重镇压。奈温政府时期，缅甸语地位进一步提高，并开展了缅甸语正规化运动，以进一步巩固和推广缅甸语。英语地位再次下降，由第二语言变为了外语，对华文教育的控制也更加严格，私立华文学校受到严格管制，官办华文教育开始出现。

1974 年的缅甸宪法与 1947 年的缅甸宪法一样，都宣布缅甸语为国语，但是，1974 年的缅甸宪法是第一部官方承认少数民族语言的宪法。该宪法第 102 条规定"在司法行政中应该使用缅甸语"，但是，"必要时也可使用有关民族的语言，然后应提供翻译"。关于语言教育，宪法第 152（b）条规定"缅甸语是通用语言，但是也可以教授少数民族语言"。缅甸政府允许学校教授少数民族语言至小学三年级，每周最多 5 节课，每节课 45 分钟，缅甸教育部在 20 世纪 70 年代和 80 年代，为政府学校制定了几种少数民族语言读本，包括克钦语、掸语、克伦语、钦语、孟语。此外，教育部还编制了有关民族语言的详细报告，国家也开展了有关民族语言和文化的工作。其中一些民族语言可以在大学进行学习，并且，许多文学和文化委员会在这一时期得以成立或重组，如孟族文学和文化委员会于 1966 年在毛淡棉大学成立，这些委员会的主要活动就是在校外教授民族语言和文化。

这当然不是说奈温支持文学、语言和文化的承诺完全实现了，与此相反，该时期还存在国家机构对少数民族语言进行控制的情况，例如，在某些情况下，尤其是在民族武装组织活动的地区，军队完全禁止少数民族语言课程，因为这可能是传播种族主义思想的理想场所，并且经常有关于逮捕少数民族语言教师的报道。而且在实践中，虽然少数民族语言仍然是缅甸许多小学的课堂语言，但是有证据表明，一些学校的校长强烈反对使用少数民族语言，这有时是因为想帮助学生提高国家通用语言的能力。例如，在实皆省（Sagaing Region）的德穆（Tamu）存在一些强制措施，对在课堂上讲少数民族语言而不是缅甸语的学生会处以小额罚款。总体而言，缅甸国家对在公立学校教授少数民族语言的支持很少，缅甸教育部认为这种缺乏支持是合乎情理的，一方面是少数民族学生本身缺乏兴趣，另一方面是可能会使少数民族学生承担更多负担。1981 年英语作为一门学科的复兴，导致了学校中少数民族语言的边缘化。

（三）转型时期（1988 年以后）

1988 年以后，"标准化运动"等改革政策进一步提高了缅甸语的地位，而少数民族学生只能在非正式学校中学习本族语。随着全球经济局势的发展，具有经济价值的英语再次受到重视；同时随着中缅贸易的发展，部分地区华文教育发展较快。

　　缅甸向"国家恢复法律和秩序委员会"军人政府时代的过渡，标志着以缅族为中心的民族认同迈出了新的一步，就公立学校而言，少数民族语言被排挤。在20世纪90年代初期，缅甸教育部的官方计划表明，学校可以选择每周最多分配2节30分钟的时间来教授少数民族语言，但是，这种可能性似乎在20世纪90年代中期时，便从教育部的官方计划中完全消失。在实践中，一些受访者尤其是孟邦和掸邦的受访者，他们指出直到21世纪头几年才在政府学校接受了自己民族语言的基本识字培训，但这也似乎是例外的事情而不是常态。

　　不过，在政府学校削弱少数民族语言课程的同时，缅甸也放弃了对该国一些教育活动的控制，并与几个主要武装团体签署了停火协议。在缅甸政府控制的地区，尽管会面临经常性的困难，但是，私立学校、寺院学校、华文学校、社区学校得以重新出现或者扩大了影响力。除了缅甸政府控制的地区，停火协议还允许几个主要武装团体显著地巩固自己的教育系统，其中，克钦独立组织（Kachin Independence Organization）和新孟邦党（New Mon State Party）在2000年末，分别建立和管理了200多所学校，这两个教育系统都在教育过程中强调本民族语言和文化，同时还会使用国家的缅甸语课程，并为学生搭建与缅甸政府教育系统联系的桥梁。

第二节　缅甸语言政策与规划的现状和特点

一、缅甸语言政策与规划的现状

　　缅文创始于蒲甘王朝时期，经过几十年的发展成为那罗波帝悉都时期（1173～1210年）的指定官方用字。为将缅文规范化，蒲甘时期先后开展了两次正字运动。从18世纪东吁王朝末期到贡榜王朝初期开展了第三次正字运动。19世纪后期，缅甸被英国侵占，沦为英殖民地，称为"英属缅甸"。英国为强调其宗主国语言霸权地位，把英语设定为缅甸官方用语，并实施同化语言政策，强制英语为缅甸教学用语。在不断打压、削弱缅甸语地位的情况下，英殖民者对缅甸少数民族地区语言态度却没那么强硬，政策也相对宽松，允许缅人使用和学习本民族语言。

　　二战期间，日本取代英国开始对缅甸实施统治。日本在缅甸为强化日语地位，规定用日语代替英语进行教学等。二战结束后，缅甸终于在1948年1月4日脱离英联邦而成为独立国家，吴努出任总理。以吴努为首的缅族领导主张推广使用国语，将缅甸语确定为官方用语，并推进缅甸语优先的语言政策。在政府的鼓励与协助下，大量缅甸语书籍和缅甸语译著出版发行，促进了缅甸科教文卫事业的发展与繁荣。为促进民族团结，吴努政府允许少数民族地区学习和使用本民族语言，政府对少数民族出版物和民族文化生活的开展采取默许的态度。在此时期，英语地位有所下降，成为缅甸的第二语言，但因英语的重要性以及殖民时期的影响，英语在缅甸境内仍被广泛使用。

1962 年，缅甸进入奈温社会主义政府时期。为消除殖民时期宗主国语言的影响，政府实施排斥宗主国语言政策，降低其使用率。政府下令要求全国大中小学一律采用缅甸语教学，并且组织开展缅甸语正规化运动、缅甸语扫盲等活动，促进缅甸语地位的巩固与提升。

1988 年至今的缅甸国家恢复法律和秩序委员会（1997 年 11 月改名为"国家和平与发展委员会"）军人政府时期，政府为根除殖民统治的影响，保证缅甸语的纯洁性，使其回归本源，把一批带有显著殖民色彩的词语进行更改。虽然极力推崇本土语言，但是在全球经济一体化进程加快的社会背景下，英语所展现出的独有价值仍然为缅甸所重视。目前，缅甸的英语教育逐渐呈现低龄化趋势，提倡从小学英文，社会中也营造出良好的英文学习氛围。

另外，值得一提的是缅甸的华文教育，也是缅甸语言政策和语言规划中的重要组成部分。华文教育始于 19 世纪末，正值英国殖民统治时期。当时英殖民当局对华文教育没有特殊规定或加以限制，华文教育因此把握住发展黄金期，打下坚实基础。从 1904 年第一所华文学校——中华义校在仰光成立到太平洋战争爆发前夕，这段时间是缅甸华文教育发展的全盛时期。二战期间，华文教育停办，直到缅甸独立后在吴努政府时期才得以陆续复办。在吴努政府时期，政府只要求华校注册登记，至于学校资金情况、招生人数、课程设置等其他办学事项并不加以干涉限制，华文教育因此获得大力发展。但是奈温政府时期的语言政策带有明显排斥异己语言的特点，华语也因此受到牵连。1967 年华文教育更是雪上加霜，受到严重的限制与打击。随着中国的迅速崛起，中缅经贸关系的日益紧密，以及缅甸华人华侨社会经济地位不断提升，自 20 世纪 90 年代以来，缅甸逐渐对华文教育采取宽松政策，华文教育又迎来了新的发展契机。HSK、孔子课堂相继在缅甸落户，中国还向缅甸派遣中文老师。新时期，缅甸华文教育在不长的时间内取得了令人欢欣鼓舞的佳绩。[①]

21 世纪以来，尤其在中国"一带一路"倡议之下，许多中国企业在缅甸落户，

---

① 刘书琳，邹长虹. 中国与缅甸语言政策、语言规划的对比研究及启示[J]. 广西师范学院学报（哲学社会科学版），2015，36（6）：167-171.

带动了中文在缅甸语言市场的需求。越来越多的华裔、非华裔加入了学习中文的行列，甚至是地方官员也开始学习中文，积极把子女送到中文机构学习。尤其是2017～2019年这几年，仰光地区、曼德勒地区等掀起中文学习热潮，大大小小中文学校、培训机构如雨后春笋般涌现。

二、缅甸语言政策与规划的特点

（一）顺应国情、体现时代变化特征

在国际国内环境不断变化的形势下，缅甸语言政策顺应国情，顺应时代变化，因时而变。比如，殖民地时代英语被确立为官方通用语言，而独立后以缅族为主的领导集团则用缅甸语取代了英语的地位。随着全球经济格局的发展，缅甸政府对于英语和华文教育的态度转变也很好地体现了这一特点。

（二）英语教育受到重视

英语是缅甸的第一大外语，从幼儿园到小学、中学和大学，英语教学始终贯穿其中。从历史因素溯源，从1886年缅甸沦为英国殖民地，到1948年缅甸独立的半个多世纪，英语一直作为学校课程之一。[①]除此之外，英语在当今世界所扮演的重要角色也促使缅甸政府不得不鼓励国民学习英语，以便更好地与国际社会进行交流与学习。

（三）华文教育曲折发展

缅甸华文教育经历了从自由发展，到发展受阻，甚至是缅甸南部华文教育发展中断、缅甸北部经历较长时期"夹缝中求生存"的状况，然后恢复发展，再到近期的蓬勃发展，而后因全球暴发新型冠状病毒肺炎疫情、缅甸国内政乱而发展缓慢的过程。总体来看，华文教育发展是曲折的，目前总体发展态势良好，尤其是自20世纪90年代以来，随着缅甸与中国政治、文化的频繁交往，中缅边境贸易兴盛，缅甸国内对中文的需求也不断增加，因此也带动华文教育在缅甸北部地区的发展。近年来中缅两国贸易往来持续深化，缅甸是中国"一带一路"倡议的重要参与国家，中国经济走廊的建设将把缅甸最贫穷的地区和最发达的地区连接起来，有望重新整合缅甸经济发展格局，推动缅甸经济发展，华文教育也将得到更全面深入的发展。

---

① 孙文桂. 缅甸教育概况及其教育特色研究[J]. 广西青年干部学院学报，2016，26（3）：38-41.

中文一直未被纳入缅甸的国民教育体系，是华文教育在缅甸发展比较曲折的重要原因。政府在某些阶段对于当地华文教育"睁只眼闭只眼"，华文教育就会得到相对宽松的环境，就会得到发展。在缅北果敢族所在地区，华语作为果敢族的民族语言，符合国家对少数民族语言的政策，发展条件良好，华语作为母语进行教学，华语在果敢族中得到相对良好的传承和发扬。在其他地区，华语是作为第二语言或作为外语的教学属性存在。

（四）传统宗教辅助教育的开展

缅甸被誉为"佛塔之国"，缅甸人民对佛教的信仰也对缅甸的教育产生了重要影响，寺庙在教育和语言发展中也有重要作用。国家设有持续一周左右的"学校-家庭日"，不仅能使学生感受到节日的喜庆，更为学生了解本国文化底蕴、弘扬传统文化提供了很好的契机。

第三节　缅甸语言政策与规划的成效和问题

一、缅甸语言政策与规划的成效

缅甸由于没有实施对外开放政策，经济发展相对缓慢，国内交通基础设施、供电基础设施不健全，导致道路交通不畅，供电经常中断。商业、进出口贸易也相对较为落后，较少跨国公司进入投资。正因如此，缅甸虽然资源丰富，但是经济发展总体较为缓慢。缅甸人民的收入水平也较低，国家经济发展迟滞，教育基础设施得不到保障，语言教育的相关政策也就缺乏张力。

1966 年，缅甸颁布的教育法案要求少数民族所在地区公立学校少数民族语言的课堂教学到二年级为止，并且教育部为少数民族出版教学所用的语言类教材。但是教育部对民族语言类教师没有单独设置编制和设立经费，导致民族语言类教师的教学积极性降低，教学的效果大打折扣。

缅甸联邦政府也跟随国际局势的变化修改外语教育政策。在奈温执政后期，政府再次强调英语的重要性，并重新定位中学和大学教育中的外语教学。目前缅甸政府也根据国际社会环境不断调整语言政策，再次加强对大学英语教育的重视。但是，由于缅甸学校的英语教学水平低，基础教育教学较为落后等，缅甸英语教学的总体水平无法满足学生应用的需要。此外，师资力量薄弱、基础设施差、语言政策缺乏科学合理性等都影响英语教育的效果。

关于中文教育，随着中国经济的发展和中缅边境经济贸易往来的频繁，缅甸国内再次兴起了学习中文的高潮。缅甸联邦政府并没有明确提出支持或者打压的意见，任其在一定范围内自由发展。但是受到 20 世纪 60 年代排华事件的影响，缅甸对中文教育保持谨慎态度，在一定程度上牵制了缅甸中文教育的发展。这种不明朗的语言政策，一方面抑制了缅甸人学习中文的热情，另一方面对中文的传播和缅甸边境经济贸易也造成障碍。伴随着"一带一路"的实施，特别是缅甸民盟执政以来，这种状况有所好转。缅甸政府实施了一系列对华开放政策，中文已经逐渐成为缅甸的重要外语，缅甸的高等教育学校设立专门的中文院系，民间学校和培训班也逐渐兴盛起来，学习中文逐渐受到重视。

二、缅甸语言政策与规划的问题

（一）政治动荡影响语言政策的稳定性

缅甸国家政治较为动荡，政权更替频繁，这也导致政府所制定的语言政策难以一以贯之地实施。语言政策的实施缺乏稳定性，其实施效果自然也会受到不良影响，长此以往，国民的语言能力自然减弱，外语水平降低，不管是国内抑或国际上，国民及国家的沟通能力亦将下降，这不仅影响国民文化水平，也将影响缅甸的国际影响力。

（二）少数民族语言缺乏关注

民族矛盾也是影响语言政策的重要因素。少数民族语言得不到语言政策的足够关注，在教学上不被重视，缅甸联邦政府对少数民族期望学习民族语言的要求不能从形式上和内容上满足，缺乏对少数民族语言的保护和尊重。加之某些少数民族地方政府与中央政府之间的政治矛盾，更加放大了语言政策的不平衡问题，不仅会影响政治稳定，而且还会影响缅甸国内的语言生态多样性及文化多样性。

第四节　总结和启示

一、研究总结

缅甸是一个多民族和多语言的国家，缅甸国语为缅甸语，各少数民族均有自己的语言，民族之间的关系相对较为复杂，而且缅甸政府在处理民族关系和民族语言的过程中，由于受到经济的限制和政治因素的影响，长期没有很好地解决民族融合发展的问题。国家繁荣、社会稳定、民族团结是一个国家有效实施和发展各项政策措施的有力保障，只有消除民族隔阂，有效增强民族认同感，建立各个民族之间深厚的感情，统一思想认识，团结一致，才能够有力实施各项语言政策，有效规划和发展外语，以及实施本土语言的国际化推广。

在外语政策方面，殖民统治时期的英语政策促进了英语在缅甸有效的传播，促使缅甸有了使用英语交流的传统，缅甸独立之后英语仍然受到重视。在全球经济一体化的背景下，英语被作为一门必修课在缅甸的语言教学中大力推广，在高中和大学教学中均使用英语作为教学语言。但是，缅甸的外语政策过于依赖单一的外语语种，一定程度上限制了缅甸经济和政治的发展。近年来缅甸的中文政策有所放宽。随着中国经济实力的增强，中缅边境贸易的交往与交流频繁，1990 年之后，缅甸北部中文教育迅速发展，进入 2000 年之后，缅甸北部地区继续推动和发展中文教育，并逐步影响和扩散到周边地区。在果敢地区，中文教育得到了地方政府的支持，仰光地区中文教育也得到了一定程度上的恢复与发展，2002 年中国福建地区的企业家联系在缅华人共同在仰光地区创建了一所规模较大的中文培训学校。随着中国政府不断加强国际中文教育，2001 年开始，中缅两国的教育部门加强合作，在缅甸制定和统一了 HSK 的标准。2008 年，国家汉办通过缅甸政府，联合缅甸当地的中文教育培训机构，积极促进孔子课堂的建立，客观上推动了中国和缅甸在语言教育方面交流合作，促进了缅甸中文教育教学系统的完善。

二、研究启示

（一）大力推进国际中文教育

充分研究缅甸的语言政策，对我国语言政策具有重要的启示，一方面，需要利用中国和平崛起的契机，有效提升中文在世界的影响力；另一方面，需要加强各方合作，包括与国际组织合作和与各个国家合作，创造语言交流合作方面的有利条件，大力发展国际中文教育，培养优秀专业高素质人才，招收来华留学生，输送本土人才。从缅甸的语言政策和缅甸语言政策的发展历程可见，一个国家经济实力的强大和政治地位的稳固，对语言的发展和语言整体影响力具有重要影响。因此，我国有效提升中文影响力的前提是坚持发展国家的经济实力，实现经济的持续稳定发展，保持国内的和平稳定与各项政策措施的持续性和一贯性，在国际社会树立良好的国家形象，积极维护地区发展和世界和平。此外，有效提升中文的影响力，须继续大力推进国际中文教育，加大对语言教育和外国语教育的政策倾斜和经济支持力度，完善顶层设计和各项基础设施，加强和世界各国之间的交流与合作，有效促进国际中文教育的推进和不断完善。

就当前我国经济发展的形势和世界经济发展的趋势而言，有效提升中文的影响力，还必须发展以互联网科技为引领的高新技术产业，形成信息枢纽，让中文成为连接世界信息的纽带。根据语言影响力发展的影响规律，语言的使用和信息的获取与信息使用频率有着十分紧密的联系。瑞典的调查显示，全球人口母语和第二语言的总人数方面，中文全球使用人数已经超过 14%，而目前英语的使用人数不到 8%，但是，国际交流和影响力最强的语言仍然是英语，这和英语简单易学以及英美国家早期在全球的政治经济地位有着密切的联系。我国当前有效提升中文的影响力，需要发展先进的科学技术，以互联网科技为发展契机，以人工智能、云计算和互联网等高新技术产业为发展的重点，通过发展高新技术产业，扩大全球的技术影响力和科技输出，增加全球各个国家人民使用中文的频率，让中文成为连接世界信息的纽带，形成以中文为载体以中国高新科技为中心的信息枢纽，从而有效增强中文的世界影响力。

（二）尊重语言和文化的多样性

总体而言，缅甸的语言政策一方面缺乏对本国各民族语言的恰当处理，另一方面，在发展外语的过程中又过于偏重英语的作用，对多元化共存缺乏时代的眼光和执行力，需要重点加强多元文化的倡导，认清国际语言环境的变化和总体发展趋势，建立符合历史发展和现代社会发展的语言政策。

世界多元文化要求我们尊重世界上任何一个国家和民族，在国际交流与合作当中，建立公平、公正和平等的基本原则，在热爱本民族文化的同时，尊重多元化的文化，对非本民族的文化持有尊重和包容的态度，才能够不断地发展和不断进步。中国有 56 个民族，是多元文化的国家，我们民族发展的历史和处理民族关系的过程是值得借鉴的，多民族居住和生活在一起是一种融合，提倡多元化的共存才是可持续发展之道。此外，随着社会的进步和世界融合的加强，各国的经济政治交流和往来更加频繁，多元文化成为现代社会衡量国家综合实力的重要因素，在经济全球化和世界多元文化发展的整个过程当中，各个国家和各个地区民族交流和文化融合加强，只有秉持相互借鉴、共同发展、相互促进的理念，同时，保持相对的各自独立与特色突出，才能促进世界的多元化共存与和谐发展。因此，在实施语言政策的过程中，要注重民族之间的融合以及各国文化元素的共存和交流，在重视英语的同时，倡导多元化的文化共存。

（三）继续重视英语的学习和交流

外语教育对拓展国际视野，加强和国际社会的联系，增进各国之间的联系具有重要作用。中国在和平崛起的道路上，需要有一批高素质综合人才，而对外语的掌握是具有国际视野人才的基础性条件，继续重视英语的学习和英语工具掌握的重要性，倡导多元化共存的语言政策，是尊重世界多极化发展和大国包容的体现。在经济全球化和科技高速发展的当今社会，各国之间的融合极其强，各种经济模式和各种思潮相互碰撞，我们必须在尊重多元化共存的基础上，制定和实施语言政策，积极推进通过语言载体的交流和融合。

在现代外语教育政策的制定和国际中文教育的推广方面，需要高屋建瓴，站在全人类的角度，以发展的眼光，在继续重视英语的同时，倡导多元化的共存共生和互相融合。在培养人才的时候，不但要注重人才的语言能力，而且要注重其社会责任感和语言交际的国际视野，加强国际中文教育的价值观建立和信念教育，建立学生的社会价值认同，外语教育不但要培养劳动力人才和学习方面的人才，而且更为主要的是要培养具有文化多元素质的综合人才，只有文化修养和文化素养的有效提高，才能够适应未来国际交流和从事国际方面的工作和事务。此外，还要重视英语的学习和英语的交流功能，充分掌握英语的交际功能，有利于促进国际交流；而建立多元化共存的理念，是对世界多极化的倡导，无论是对加强和周边国家的交流，还是对促进文化融合发展都是必要的。继续重视英语，学习西方先进的思想和优秀的文化以及科学技术，同时，积极推动中文和中国特色文化的国际传播，加强中国文化、西方文化以及本土文化的多元交流，促进中文软实力不断提高。

第九章　泰国语言政策与规划研究

语言是社会中重要的交际工具，语言在国家层面中凸显着重要的力量，制定正确有效的语言政策有利于保证国家政治、经济、文化等方面的良好运行。目前，泰国语言政策的研究主要集中在母语教育和外语教育政策上，外语教育政策又包括英语教育政策、中文教育政策等。

第一节　泰国语言政策与规划的传统和沿革

泰国语言政策与规划主要依据不同时期政府和国家的需要进行制定。根据所得资料并综合学者们对语言政策的阶段划分，本书在前人基础上，将泰国语言政策的历史演进分为四个阶段：①隐性语言政策时期（20 世纪 10 年代前）；②同化政策时期（20 世纪 10~50 年代）；③多元化的外语教育政策时期（20 世纪 50~80 年代）；④外语教育政策发展期（20 世纪 80 年代至今）。

一、隐性语言政策时期：重视外语

20 世纪 10 年代之前，泰国实行隐性的语言政策。泰国是一个多民族、多语言的国家，全国共有 30 多个民族。其中，泰族是泰国的主体民族。泰族使用的语言——泰语大体可以分为北部泰语、中部泰语、东北部泰语和南部泰语。泰国政府规定，以曼谷社会特权阶层的口音为代表的中部泰语为标准泰语，标准泰语是泰国官方使用的语言。[①]

13 世纪泰国立国后，泰语成为了使用最广泛的语言，同时境内各少数民族使用自己的语言。从素可泰王朝就开始学习外国语言[②]，但是对外语的重视程度和政策措施因每个朝代不同的时代背景有所区别。其中，宗教、政治、经济和世界舞

---

① 谭晓健. 19 世纪中叶以来泰国语言教育政策嬗变[J]. 云南师范大学学报（对外汉语教学与研究版），2015，13（1）：71-79.

② Worrachaiyut S. 浅析泰国语言政策与汉语教育政策[J]. 海外华文教育，2012（1）：105-110.

台上竞争趋势都是影响外语政策实施的因素。

宗教因素是素可泰王朝外语教学的直接动力。泰国立国以后，外来的高棉语、巴利语和梵语在寺院和宫廷里流行，其中在寺院教育中教授高棉语和巴利语，在宫廷教育中还增设有梵语。[①]

随着对外交往的扩大和西方科技文化的影响，中文、马来语、缅甸语等邻国语种和葡萄牙语、英语、法语等西方国家语言进入。[②]该时期，泰国政府对泰国人民学习外语持肯定态度，但并没有出台明确的语言政策授予外语在本国的地位，只是隐性的语言政策为外语在泰国的传播起到导向性的作用。

拉玛五世朱拉隆功（1868~1910 年在位）导向性的讲话成为鼓励外语教育的隐性语言政策。拉玛五世是泰国历史上一位重视外语教育的开明君主，他曾说："语言的重要，不仅仅是为了能与其他人交际，它也是我们学习其他知识的工具……能读懂会翻译，就会得到很多益处，他们的生活比只懂泰语的人已经便利且丰富得多。"[③]他的讲话成为鼓励外语教育的隐性语言政策，后面几位王位继承者也认可拉玛五世对待外语的态度，并保持对外语的开明态度，如允许学校教授英语、中文、法语和德语等[④]。

二、同化政策时期：泰语为官方语言

20 世纪 10~50 年代，泰国语言政策实行同化政策。19 世纪中叶以来，泰国形成的语言及语言政策，主要包括两个方面：一是实行单一的民族语言及其教育政策；二是实行多元的外语教育政策。泰国实行的单一民族语言政策属于一种同化政策，即通过强制性地推行泰语这一种语言文化，限制、排斥和消除其他语言文化，促进各少数民族与主体民族的融合和各民族对国家的认同，从而保证国家的统一、稳定和发展。[⑤]

泰国实行单一民族语言政策期间，泰国政府在语言分类上采取泰语和外语的二分法。政府只认同泰语为本国的民族语言，对境内母语为非泰语的民族所使用的语言，或将其归入泰语，或将其归入外语。在泰国的语言二分法中，外语不仅包括英语等西方国家语言，也包括世代居住在泰国的各类人群所使用的华语、高棉语、马来语、越南语和北部山区少数民族的其他语言。直到 1978 年，泰国国家

① 王进军. 泰国多元化外语教育政策的发展特征及趋势[J]. 比较教育研究, 2011, 33（9）: 69-72.
② 谭晓健. 19 世纪中叶以来泰国语言教育政策嬗变[J]. 云南师范大学学报（对外汉语教学与研究版）, 2015, 13（1）: 71-79.
③ 黄德永. 泰国外语政策变迁及其对泰国汉语传播的影响研究[J]. 汉语国际传播研究, 2012（1）: 152-159.
④ 赵惠霞, 鲁芳. 泰国的汉语教育政策变迁与汉语教育的发展[J]. 河南理工大学学报（社会科学版）, 2019, 20（1）: 67-73.
⑤ 同②.

教育委员会将二分法改变为四分法：国语（标准泰语）；外语；区域语（即泰语方言）；少数民族语言。在坚持标准泰语主体地位的前提下，承认了少数民族语言的存在，同时也承认了泰语方言作为标准泰语地方变体的存在。①

泰国实施的语言政策，主要是推行全泰国人民使用的泰语为官方语，但当时国家法律并没有规定泰语为官方语言。由于政治因素，泰国政府采取同化政策来确保泰语为泰国的官方语言，并制约当地的华文教育。

拉玛六世（1910~1925 年在位）时期，包括华校在内的私立学校成为"私人学校"，政府开始对华校的行政、教学、财务及教学质量等实行全方位管理，并于1918 年出台了《暹罗民立学校法》，即"民校条例"，对当时尚未纳入政府管理的各类教授华语、马来语等语种的民办学校实行统一管理。该条例规定，学校必须有教授泰语的课时并安排有关泰国公民、地理、历史课程，使学生忠诚于泰国；此条例除了对华校有所控制之外，在一定程度上也对泰国教授马来语、阿拉伯语的伊斯兰教学校进行管制。1921 年泰国政府颁布了《强制教育条例》，规定华校必须使用泰语上课，所授的课程由教育部审批方可开课。1932 年，泰国增加了对华校的管制措施，规定华文教育禁止使用涉及政治内容的教材，并列出 50 本禁用教材；1933 年又规定，华校要开设泰语和与泰国有关的课程，华语只是一门外语，授课时间每周不能超过 6 小时（原课时为 28 小时）。1936 年泰国政府又颁布了《新民校条例》，对华校进行更为严苛的管控，如授课语言必须使用泰语，必须教授泰国公民地理和历史课程等。1938 年，銮披汶·颂堪担任泰国总理，开始实行泰国民族主义和同化政策，加之其第一个任期（1938~1944 年）正值第二次世界大战，泰国作为日本的盟国，对华文教育采取了更为严厉的管制措施，政府采用多种手段来控制华校，致使许多华校关闭，1938~1940 年因违反民校条例被查封的华校达 242 所。②

泰国政府在 20 世纪 10~50 年代这个阶段密集出台相关条例，可以看出泰国为了确保泰语成为官方语言并促进标准泰语的社会主导地位，明文颁布法令强制性地要求各类民办学校开设泰语和相关课程，同时对华语等其他外语课程进行全面管理限制，这些都对华文教育造成了很大的影响。实质上，该时期的泰国外语政策是同化政策。该政策的实施受到了内部与外部因素的影响。根据当时的国内外环境，外部因素主要是国际政治与殖民主义的扩张，泰国政府必须在教育方面有所改革，尤其是外语改革才能在国际环境中有所应变。内部因素是泰国在 1932 年进行政治改革，成为民主主义国家。新政府考虑到国内稳定与社会安全的问题，

---

① 谭晓健. 19 世纪中叶以来泰国语言教育政策嬗变[J]. 云南师范大学学报（对外汉语教学与研究版），2015，13（1）：71-79.

② 黄德永. 泰国外语政策变迁及其对泰国汉语传播的影响研究[J]. 汉语国际传播研究，2012（1）：152-159.

为了强化国民的民族和国家意识，对华校采取了更加严格的管制措施并对华人实行严格的同化政策。具体来说，各类学校中的泰语教育成了强化民族语言和对各少数民族实施同化政策的主要措施，该时期泰国政府对华校进行的管制更是一种间接的同化政策的体现。

三、维护泰语的同时发展多元化外语

20 世纪 50～80 年代，泰国实施在维护泰语的同时发展多元化外语教育政策。自立国以来，泰国的外语教育范围先是从东南亚国家的语言（高棉语、巴利语、梵语等），到周边其他亚洲国家语言（中文、阿拉伯语等），再到西方国家语言（葡萄牙语、西班牙语、英语、法语、德语等）。泰国一直处于多元化的语言背景之下，拉玛五世朱拉隆功非常重视外语学习，曾明确规定政府开办的学校必须开设外语课程，他还支持私人开办外语学校。当时泰国的公立学校和民办学校中都开设了以英语为主的多门西方国家语言课程，如法语、德语和拉丁语等，此外还有中文、马来语、阿拉伯语、巴利语和梵语等外语。从此，泰国多元化的外语教育政策开始形成[①]。回顾 20 世纪 10～50 年代，泰国外语教育政策受到多重因素的影响，迫于国际政治和殖民主义的扩张，教育部在外语教学方面的改革体现在中学阶段教授英语、法语、德语和中文等。但是，从泰国政府在该时期颁布的条例可以看出，政府为了确保泰语的主导地位以及强化国家的民族意识对外语教学持有的态度并不太开明。该时期主要实行同化政策，因而中文作为泰国的外语并未在多元化的外语教育政策中得到真正意义上的体现。

二战后的泰国在外语教育方面发生了巨大的变化，传统的外语语种除了巴利语之外，其他都已逐渐淡出，英语地位居高不下，中文开始得到重视，日语、德语、阿拉伯语、法语、西班牙语、意大利语等跻身中学选修课程之内。特别是英语教学，由于二战后泰美关系特殊，在泰国英语地位一路攀升。1960 年推行新学制后，英语即被列为高中核心课程[②]。虽然上个时期泰国的外语教育政策对华文教育采取了严格的管制措施，但在 1975 年，随着泰国和中国正式建立外交关系，泰国政府对中文的态度逐渐改善，中文教育政策也宽松化。可以说，泰国实行多元化的外语教育政策在这个时期较为明显，中文真正开始作为泰国的一门外语在国内传播。

泰国实行多元化的外语教育政策并不是大力鼓励学习外语忽视本国语言教

---

① 谭晓健. 19 世纪中叶以来泰国语言教育政策嬗变[J]. 云南师范大学学报（对外汉语教学与研究版），2015，13（1）：71-79.
② 王进军. 泰国多元化外语教育政策的发展特征及趋势[J]. 比较教育研究，2011，33（9）：69-72.

学，而是在发展外语教育的同时注重维护母语及其传统文化①，倡导适度的外语教育政策。1960 年基础教育课程改革方案中，英语作为高中核心课程，其学时数超过了包括泰语在内的所有课程。②这种情况是中小学过分重视英语教学，挤压了泰语及其文化教学的映射。同时，政府也承认未对许多公立学校提供让学生学习和熟练掌握标准泰语的机会。对此，有国外学者指出，20 世纪 50 年代以后泰国"唯一的语言教育媒介是标准（中部）泰语，唯一重要的语言科目是英语而非标准泰语本身"③。为了改变这一状况，1978 年泰国国家教育委员会出台的语言政策在肯定英语作为国际语言重要性的同时，明确指出要从国家层面上来强制性地推行泰语教学。④同年进行的基础教育课程改革，一方面将英语和其他外语课程一起列为中小学的选修课程，另一方面从此开始的历次课程改革，均把泰语课程和旨在教育学生遵守和维护泰国传统文化的社会、宗教、文化等相关课程列为核心必修课程，并在学时设置上加大分量。即使在按欧美办学体制运行的国际学校中，也要求必修泰语和泰国文化课程。⑤在高中阶段，设置巴利语及其相关选修课程，作为宗教语言，巴利语对泰国的语言文化产生了深远的影响，巴利语教育不仅有助于民众了解泰国语言文化的发展历史，也有利于泰国传统文化的继承与发展⑥。

　　语言政策是宏观的，外语教育政策落实到学校层面上的话，需要具体到各级各类学校的课程设置上。从泰国的基础教育课程设置中窥探该时期泰国的外语教育政策，不难看出政府在极力平衡多种外语教学设置，以保护本国语言的主体地位。

　　以中文教育在泰国的发展历程为例。泰国的中文教育经历了兴起、限制、低谷阶段，随着中泰两国之间的合作关系的紧密，中文教育往恢复、发展阶段迸发。该时期的前半段，1951 年，泰国政府出台的《国家教育计划》中指出中文是承载社会主义思想的工具。为了继续加强对华校的控制，又实行了《1954 年民校修改条例》，禁止新办华校并规定校长和教师的资格；1960 年教育部颁布《发展国家教育方案》，提出限制中文教育，增加泰语教学时间。然而 1978 年有关教授外文的政策中，不再禁止中文教育的内容。同年，政府出台了一份对中文管控放开的转折性文件，即准许所有商业院校开设中文课，以适应中泰贸易和经济技术合作的需要。⑦这份文件规定泰国中文教育的领域可以拓宽到职业学校的专业课程。泰

---

① 谭晓健. 泰国基础外语教育的特点及启示[J]. 学理论，2015（26）：119-121.
② 冯增俊，李志厚. 泰国基础教育[M]. 广州：广东教育出版社，2004：53.
③ 斯诺. 东南亚五国的教育语言政策[J]. 洪力翔，冬瑛，译. 民族译丛，1994（1）：68-75.
④ 同③.
⑤ 冯增俊，李志厚. 泰国基础教育[M]. 广州：广东教育出版社，2004：153.
⑥ 冯增俊，李志厚. 泰国基础教育[M]. 广州：广东教育出版社，2004：96.
⑦ 陈晓霞. 基于教育服务贸易的东南亚汉语教师培养研究[D]. 广州：暨南大学，2011.

国中文教育开始呈现出全方位、多元化发展的格局。从开设的出发点看，商业院校开设中文课是为了培养掌握中文的国际经贸人才，为即将到来的中泰之间大规模商业往来提供服务。这时的泰国政府已经把中文定义为通用的商业语言，定位的变化势必带来发展空间的扩大。①

总的来说，鉴于中泰建交，泰国对中文教育放宽了限制，并开始持包容的态度。该时期政府发布的政策条例中，对华校管制加以缓和，预示着中文在泰国传播将往良好态势发展。

四、开放的外语教育政策下华语的新机遇

20 世纪 80 年代至今，在泰国开放的外语教育政策的环境下，华语迎来了新的发展机遇。自 1975 年中泰两国建交以来，泰国政府意识到中文的重要性，对于中文教育政策逐渐放宽。1980 年后，泰国中文传播进入新的发展阶段。20 世纪 80 年代的一份政府政策明确规定了中文的地位是成为泰国的外语；放宽了对外籍中文教师的资格要求；对小学、中学、大学中文课的授课范围放宽。1982 年的教育部文件对中文教师、华校校址及学生名额也放宽了管制②。这都是基于泰国政府和社会已经意识到了中文的重要性，开始在泰国各等级教育进行中文教学，中文传播不再只限于华校。

随着上述政策的铺开，中文教育在泰国逐渐有了"新气象"，整个 20 世纪 80 年代构成后来泰国中文教育良好发展的蓄势阶段。大体而言，中文在泰国传播的良好发展时期可分为两个阶段：一是平稳发展阶段，主要是 20 世纪最后 20 年；二是高速发展阶段，主要是 2000 年以后。泰国教育部 1992 年制定了外语教学新政策，中文作为选修课列入中小学课程目录，为中文教学进入国民教育体系扫清了政策障碍，从此中文教学课程逐步进入中小学，中文教育逐渐从学前教育、基础教育到高等教育全方位展开。同年，泰国政府通过了《国家教育计划》，再次放宽中文教育管制，中文成为国家社会与经济发展的交际语言。此外，1998 年大学司（现为高等教育委员会办公室）公布中文作为国家高考外语之一。

进入 21 世纪的世界倡导文化多元化，泰国政府十分重视语言政策的制定，出台了相当多有利于中文教育发展的政策。2001 年的《国家基础教育课程大纲》成为 21 世纪中文教育的主要依据，中文正式确定为国家的第二外语③。2005 年泰国

---

① 赵惠霞，鲁芳. 泰国的汉语教育政策变迁与汉语教育的发展[J]. 河南理工大学学报（社会科学版），2019，20（1）：67-73.

② Worrachaiyut S. 浅析泰国语言政策与汉语教育政策[J]. 海外华文教育，2012（1）：105-110.

③ 谭晓健. 泰国多元化外语教育的演变、特征及其走向[J]. 东南亚纵横，2015（2）：63-68.

教育部制定了一份促进泰国中文教学的五年战略规划《泰国促进汉语教学，提高国家竞争力战略规划》（简称《五年规划》）。该规划作为泰国中文传播整个体系的发展计划，从国家竞争力的层面阐述了中文教学的地位和意义，成为 21 世纪初期泰国中文教学的纲领性文件。2006 年，泰国政府批准"促进中文教学预算案"，计划在 2006~2010 年增拨 5.29 亿泰铢，用于提高泰国的中文教学水平。①

2007 年泰国皇家学术院开始起草国家语言政策，2010 年向泰国总理提交了《泰国语言政策（草案）》，并获得了批准。该草案主要涉及六个方面：①针对泰国人民和学生的泰语政策；②对泰国傣语系以及其他语系语言的政策；③对经济用语、邻邦国家的语言和职业语言的政策；④对在泰国就业和工作的外国人的语言政策；⑤为有视力和听力障碍的公民制定的语言政策；⑥对于语言翻译、口译和手语翻译的政策。②该草案作为泰国语言政策的纲领性文件，获得了很大成效，同时也造成了一些问题，具体成效与问题将于下文详述，在此不多赘言。

纵观这个时期泰国的语言政策，在国家内部语言层面，1997 年后泰国语言政策以"多元化"取代"同一泰国"理念，从打压少数族群语言到较为宽松的语言政策，但不变的是标准泰语在国家语言政策中的压倒性地位，少数族群语言发展依然受限。③在国家外语层面，泰国的外语政策主要基于国际关系、国家经济、传统文化传承等因素，逐渐形成了以英语、中文为主的外语政策，标志着泰国多元化外语政策的成熟。④在中文教育政策层面，中泰建交后的政策走势为：开放商业院校中文课程—成为一门外语—成为大学入学考试选考科目—国家的第二外语—中学必修课—提高泰国学生竞争力的工具，由此可见国家在政策层面开始突出中文的工具性。⑤

第二节　泰国语言政策与规划的现状和特点

随着全球化进程不断加快，世界进入了一个多元文化共存的全球化时代。世界各国在政治、经济、文化、教育等方面相互合作、密切联系。泰国顺应时代潮流，在维护泰语的主导地位的同时，相应地采取了多元化的外语教育政策。正如上节梳理的泰国语言政策与规划的历史演变，泰国外语教育语种数量呈上升趋势。

① 吴应辉，龙伟华，冯忠芳，等. 泰国促进汉语教学，提高国家竞争力战略规划[J]. 国际汉语教育，2009（1）：39-47.
② 韦丽娟. 泰国汉语教育政策及其实施研究[D]. 上海：华东师范大学，2012.
③ 谭晓健. 泰国基础外语教育的特点及启示[J]. 学理论，2015（26）：119-121.
④ 易红波. 泰国语言政策对我国外语教育政策的启示[J]. 成都师范学院学报，2017，33（3）：50-54.
⑤ 赵惠霞，鲁芳. 泰国的汉语教育政策变迁与汉语教育的发展[J]. 河南理工大学学报（社会科学版），2019，20（1）：67-73.

近年来，泰国的语言政策重点更多在于实施多元化的外语教育政策，故而本书将用更多的篇幅集中讨论泰国所实施的外语教育政策的现状与特点。

一、关注周边语言到凸显国际语言教育

泰国立国后，外语教育仅限于高棉语、巴利语、梵语等东南亚国家的语言。阿瑜陀耶王朝，外语语种扩展到中文、马来语等其他亚洲国家语言。近代西方在全球掀起了资本主义浪潮后，外语教育增设了葡萄牙语、西班牙语、英语、法语、德语等西方国家语言。二战后，作为国际通用语的英语成为泰国中小学中唯一一门外语必修课[①]。1990 年泰国进行了基础教育课程改革，泰国中小学已经开设了 9 门外语选修课。其中，小学五至六年级开设了英语和中文课，初中开设了英语、法语、日语、阿拉伯语和中文课，高中则在初中的基础上增加了德语、西班牙语、意大利语和巴利语，共有 9 个语种的课程[②]。2010 年泰国政府批准通过的《泰国语言政策（草案）》指出，各级各类学校教育应使各类毕业生熟练地掌握母语及母语文化，同时掌握用于广泛交际的一门或多门语言及其文化[③]。同时，泰国政府在《2010 年国家教育条例》中明确规定，在保证教育政策统一性的同时，将"教育权力分散到各教育区、教育机构及地方政府机构"[④]，允许各地的中小学校在遵循国家教育政策的原则下，结合当地的发展需要和实际情况，灵活地设置除英语以外的其他外语课程，自主遴选教材和组织教学。

1992 年泰国把中文纳入国民教育体系，作为国际语言开始在小学开设。目前，英语之外的其他西方语言则被作为选修课在中学中开设。由此可见，泰国多元化外语教育涉及的语言范围由东南亚逐渐拓展至全世界。

二、英语在外语教育中占主导地位

泰国政府尤其重视英语教育。英语作为全球通用语言，在泰国的外语教育中一直占据主导地位。1892 年暹罗政府颁布了第一个官方英语课程大纲，1909 年《普通现代教育课程大纲》规定英语为中小学阶段的必修课程，英语第一次成为小学阶段的正式课程。1948 年颁布的《大学课程标准》将英语纳入大学必修课程，有学者认为 20 世纪 50 年代后，泰国唯一的语言教育媒介是标准泰语，唯一重要的

---

① 王进军. 泰国多元化外语教育政策的发展特征及趋势[J]. 比较教育研究，2011，33（9）：69-72.
② 冯增俊，李志厚. 泰国基础教育[M]. 广州：广东教育出版社，2004：71-79.
③ 引自泰王国政府门户网站.
④ 潘素英. 泰国中小学汉语课程大纲研究[D]. 北京：中央民族大学，2011.

语言科目是英语。1996 年英语成为泰国唯一一个 12 年基础教育阶段的必修语言课程，2002 年泰国在幼儿园和中小学推行双语教学，同时在高等教育领域开展国际合作教学，开设以英语为教学语言的国际课程。2008 年的《基础教育核心课程》规定所有学校都须开设英语课程，英语成为泰国高考唯一的外语必考科目。虽然泰国的外语教育政策更替频繁，但英语教育一直是唯一受政府资助的外语教育。整个泰国社会，从国家到普通民众都高度重视英语教育，政府认为"英语是学术和职业场合中使用最广泛的国际语言"，学生将其视为求职或继续深造能否成功的重要砝码[①]。

三、中文成为第二外语

泰国是东南亚第一个将中文纳入国民教育体系的国家，泰国教育部官方数据显示，目前开设中文教学的学校已经达到 2000 多所。自 1975 年中泰建交后，华校教育逐渐恢复，其他形式的中文教育和中文推广也正在兴起。泰国的中文教育机构形式多种多样，涉及基础教育的中小学、高等教育的国立和私立大学、语言培训机构、孔子学院和孔子课堂等。截至 2020 年，泰国设立了 16 所孔子学院和 11 个孔子课堂，中文在泰国的传播范围和影响力逐渐扩大。

泰国中文教育经历了自由发展、控制发展、放宽管制、鼓励发展的时期。2001 年泰国教育部制定的《国家基础教育课程大纲》，中文被正式确定为国家的第二外语，是泰国 21 世纪中文教学的主要依据。2005 年颁布的《泰国促进汉语教学，提高国家竞争力战略规划》，规定泰国所有的基础教育学校在 2012 学年之内都要在初中、高中开设中文课，让全社会认识到学习中文的重要性和必要性[②]。该文件成为 21 世纪初期泰国中文教学的纲领性文件，使泰国中文教学更加科学化和规范化。2010 年通过的《泰国语言政策（草案）》呼吁加强外语的多元发展，中文位列其中。2014 年颁发的《中文教学改革政策》成为"一带一路"倡议下中文教学的指导方针。这一系列的政策文件颁发，体现了泰国对中文教育的重视程度。

21 世纪以来，尤其是 2013 年习近平总书记提出"一带一路"倡议后，中泰两国深化合作，在经济、文化、政治、教育等领域携手共进。语言越来越成为促进政策沟通、设施联通、贸易畅通、资金融通、民心相通不可缺少的战略元素，中文作为泰国的第二外语在中泰两国间的交流发挥着越来越重要的作用。

---

① 易红波. 泰国语言政策对我国外语教育政策的启示[J]. 成都师范学院学报，2017，33（3）：50-54.
② 吴应辉，龙伟华，冯忠芳，等. 泰国促进汉语教学，提高国家竞争力战略规划[J]. 国际汉语教育，2009（1）：39-47.

四、强调外语教育的工具性价值

泰国政府一直重视外语学习，强调外语的工具性。目前，泰国政府把外语列为基础教育的 8 类基本课程之一，提供学生必修和选修的外语课程种类达 10 多种，其中，英语、法语、德语、日语、中文、巴利语和阿拉伯语 7 种语言成为高考选拔的必考或选考科目（英语为必考，其他为选考）。2008 年泰国教育部颁布的《基础教育核心课程》规定，外语学习要使学生达到的目标是"掌握外语知识、技能、态度和外语所涉及的文化，能进行交流，能寻求知识并以其作为求职的手段"[①]。由此可见，泰国政府把外语作为求职的手段之一，不仅强调外语是生活中进行交流和学习知识的工具，更强调了外语是工作的重要工具，凸显了外语教育的工具性价值。

第三节 泰国语言政策与规划的成效和问题

泰国不同时期的语言政策都是在特殊的政治经济背景下的产物，每个发展阶段的语言政策都有一定的成效和问题。

一、泰国语言政策与规划的成效

以泰国最新的语言政策为例，2010 年泰国政府批准通过的《泰国语言政策（草案）》进一步明确了泰国的语言政策，该政策为泰国的语言发展带来了如下成效。

（一）促进了标准泰语的普及

20 世纪 10～50 年代，泰国实行的是单一的民族语言及其教育政策。在当时严格的同化政策下，每一个公民逐渐都能熟练地使用标准泰语。2010 年泰国政府批准通过《泰国语言政策（草案）》，其中明确要求，教育要使学生"具有数学和语言的知识与技能，注重泰语的正确使用"，标准泰语的主导地位得到进一步确认和强化。[②]《泰国语言政策（草案）》成功地促进了标准泰语的普及，不仅提高了国民对"泰国公民"身份的认同感，而且还增强了国民对语言和文化的认同感。

---

① 潘素英. 泰国中小学汉语课程大纲研究[D]. 北京：中央民族大学，2011.
② 贺志雄，西天锡. 泰国北部山地民族历史与现状探微[M]//赵廷光. 云南跨境民族研究. 昆明：云南民族出版社，1998.

（二）维护了方言和少数民族的语言文化

该草案在着重强调维护和促进标准泰语国语地位的同时，也强调维护本国的方言，明确指出境内各少数民族的语言是"国家瑰宝"，支持少数民族语言进入学校课程。[①]

（三）更好地应对全球化发展

该草案完善了泰国的外语教育和外语的职业教育，刺激了泰国学生学习外语的积极性，提高了泰国学生的国际交流能力和国际竞争力。另外，该草案还提到在泰国就业和工作的外国人的语言政策，泰国政府致力于为母语非泰语的少数民族青年和来泰国寻求就业岗位的外国人提供接受双语或多语教育的机会。[②]这些方针政策在不可避免的全球化发展趋势中显得十分必要。

（四）奠定了语言多元化的发展方向

泰国的语言政策强调外语的工具性，要求"更加关注英语、中文和周边国家的语言"，这是泰国顺应经济全球化和世界多极化潮流的举措，在呼吁语言多元化发展的同时还提高了中文作为泰国外语的地位。这表明，泰国的语言规划与发展正朝着更加包容、多元并存的方向发展。

二、泰国语言政策与规划的问题

泰国语言政策在维护国家语言、发展外语的过程中取得了一定的成效，但同时在政策实施过程中也存在一些问题。需要特别指出的是，泰国的中文教育政策从放宽限制到鼓励发展，对泰国中文教育发展起到了巨大的推动作用，但是，由于缺乏针对完善中文教育发展的规划方针，泰国的中文教育发展至今仍存在一些问题。

（一）外语语种多元化，但教学质量不高

在泰国多元化的语言政策领导下，英语在泰国的地位一路飙升，中文得以被重视，日语、德语、阿拉伯语、法语、西班牙语、意大利语、巴利语都跻身泰国中学选修课程。然而泰国的外语教学质量却并不理想。泰国大学事务部（Ministry

---

① 谭晓健. 19 世纪中叶以来泰国语言教育政策嬗变[J]. 云南师范大学学报（对外汉语教学与研究版），2015，13（1）：71-79.

② 同①。

of University Affairs）部长在 2000 年的一次讲话中谈到，在亚洲范围内泰国考生参加 TOEFL 考试的成绩和蒙古国差不多，仅仅高过朝鲜和日本[①]。以中文教育发展情况为例，"中文热"席卷泰国以来，泰国开设中文课程的学校和教育机构数量呈井喷式增长，但是伴随着激增的数量的是模糊的教学计划、落后的教材、不足的师资，且这些问题在中文教育被不断完善的过程中日益明显，中文教学质量堪忧。分别身为泰国第一、第二大外语的英语和中文的教学质量尚且如此，其他外语语种的教学质量也不容乐观。

（二）缺乏外语教育的统筹机构

从泰国制定的外语教育政策中可知泰国政府非常重视外语教育，在小学、中学、大学的全国学校都开设了外语课程，但是各个阶段的教学内容和教材使用的衔接性比较差。很多在中学阶段的基础知识在大学阶段还不断重复出现，大学生的外语学习不能与学生的专业知识相结合等。这种情况造成了国家和个人在人力、财力上的浪费。目前泰国的外语教育不管是在横向上还是在纵向上都处于"各自为政""各行其是"的状态，在教学思想、教材编制、外语测评体系等方面很少互相协调。泰国外语教育的相关问题，泰国尚未有全国性、权威性的顶层设计机构对这些问题进行协调和统筹[②]。由此可见，因泰国缺乏顶层设计机构对外语教育进行规划，泰国外语教育水平和外语高质量人才培养难以得到保障，外语教育的深入发展受到阻滞。

（三）中文教学阶段缺乏连续性

2001 年泰国教育部制定的《国家基础教育课程大纲》中，规定中文作为外语教学科目，但在实际的 12 年制基础教育阶段中，中文教学缺乏连续性。经常会出现在新的教育阶段又从零起点开始中文教学的情况，有些外语教学大纲并不能在中文教学中得到很好的实施。该问题在 2005 年制定的《泰国促进汉语教学，提高国家竞争力战略规划》中得到重视，该文件提出制定从小学到高中的连续性教学大纲和中学零起点的中文教学大纲，优化从中学到大学的中文教学大纲[③]。但是具体到学校层面，高中和大学的中文教学大纲并未能实现连续性教学。经实地调查得知，基于大学入学的学生水平不一致，清迈大学和曼松德昭帕亚皇家师范大学的中文系在教授本科一年级的学生时都是从零基础开始。鉴于泰国没有确定统一

---

① Wiriyachitra A. English language teaching and learning in Thailand in this decade [J]. Thai TESOL Focus，2002：1-15.

② 黄德永. 泰国汉语作为外语教育政策制定的全球视野比较研究[D]. 北京：中央民族大学，2014.

③ 吴应辉，龙伟华，冯忠芳，等. 泰国促进汉语教学，提高国家竞争力战略规划[J]. 国际汉语教育，2009（1）：39-47.

的教学大纲，这种中学到大学阶段中文教学缺乏连续性的情况，在泰国高校中比较普遍。

（四）缺乏有效的中文教材

泰国的中文教材问题概括起来可以说是"难、繁、偏、旧"，这些问题积弊已久。首先，大多数教材是从中国和新加坡等引进的，大部分教材内容陈旧、词汇老化，在当今泰国中文教学中的适用性比较弱。其次，随着中泰两国"一带一路"合作的不断深化，中文职业教育在泰国的发展势头越来越猛，但是目前针对中文职业教育的教材却很少，且大部分都是引进自他国，不符合泰国本土教学需求。

（五）缺乏高质量的本土中文师资

目前，泰国中文教育市场需求旺盛，而中文师资处于相对匮乏的状态，且教师水平参差不齐。造成高质量本土教师匮乏的原因有很多。第一，上文说到泰国的中文教材存在很大问题，很多学校的中文教师使用的都是教师自己编制的教材，编制教材加重了中文教师的负担，与其他学科的教师相比，中文教师的工作量更大，且薪资并不算高，这也致使不少中文教师另谋他业。第二，目前在中文学校任教的一些中文教师多生于泰国，在泰文学校学习 4~5 年中文后便留校任教中文教师，他们自身中文基础比较薄弱，中文教学质量必然受到影响[①]。

第四节　总结和启示

语言政策的制定与国家的政治、经济、社会、文化等方面密切联系，泰国的语言政策随着时代和社会的发展一直在作出调整和改变，总体来说对泰国的政治、经济、社会、教育等方面起到了积极的促进作用，对我国语言政策的规划发展也有启示意义。

一、维护国家标准语，加强中文文化教育

我国推广普通话的工作可以说比较成功，但是也仍有诸多不足之处。例如，虽然国家规定以普通话为教学语言，但是在一些乡镇和边远地区的学校中，教师

---

① 陈记运. 泰国汉语教学现状[J]. 世界汉语教学，2006（3）：128-132.

用方言授课的情况屡见不鲜。如何在推广成功之后进一步普及普通话这一国家官方用语仍是需要我们关注的问题。另外，也要加强对中文文化的教学，让学生充分认识到中文所承载的文化之美，树立文化自信的意识。

二、重视少数民族的语言及方言

进一步普及普通话一定要温和、循序渐进，不可像 20 世纪上半叶泰国政府对泰南地区实行的激烈的同化政策一样禁止少数民族使用其民族语言，以免引起少数民族的不满和抵抗，避免发生不必要的冲突。中国的少数民族语言和方言都是国家历史和文化的产物，共同酝酿了这个国家的文明，都值得我们传承下去。因此，在普及普通话的同时也要注重对少数民族语言和方言的保护。

三、推动以英语为主体的多元化外语教育发展

人类命运共同体视域下，我国多年来存在的外语教育单一化问题日益突出。不仅基础教育中只有英语一门外语的教学，而且高等教育阶段的外语专业建设也存在英语专业一家独大的现象。中国与世界各国的往来日益密切，尤其是"一带一路"共建国，我们需要精通世界各国语言的人才，单一的外语教育显然已无法满足我国发展的需求。因此，如何推动以英语为主体的多元化外语教育发展值得引起更多关注。

四、注重学生的兴趣及语言交际能力的培养

泰国的外语教育倡导通过培养学生的兴趣来发展其运用外语进行交际的能力。泰国教育部颁布的《基础教育核心课程》就明确指出，中小学生学习外语的目标首先是"让学习者对外语学习产生良好的欲望"，然后才是培养学生"能用外语进行各种场合的交际"等[①]。我国的外语教育，由于过于注重考试而忽视了学生的兴趣和外语的交际性功能，很多学生学的是哑巴英语。未来，外语教育应当更加注重提升学生运用外语进行交流对话的能力。另外，转变外语教学模式不仅要改革教学，更要改革单一的学习评估方式，推行综合性语言学习评估模式。

---

① 潘素英. 泰国中小学汉语课程大纲研究[D]. 北京：中央民族大学，2011.

五、继续加强中文教育交流合作

　　从当今泰国的语言规划与发展中我们可以看到，中文在泰国的外语教育中已经占有重要地位，成为泰国的第二大外语。我们应重视泰国中文教育中面临的问题，积极与泰国各级各类进行中文教育的学校和机构交流合作，帮助泰国解决中文教育的一些顽固问题，从而更好地在泰国传播中文。

第十章 东帝汶语言政策与规划研究

东帝汶是东南亚最年轻的主权国家,于2002年5月独立。对于一个面积15 007平方公里,且人口仅约134万人(2022年)的国家而言,东帝汶的语言历史和生态非常复杂。独立后,该国复杂的语言地图由葡萄牙语和德顿语(Tetum)两种官方语言、印度尼西亚语和英语两种工作语言,以及国家公认的数种土著语言(包括德顿语)组成。学术界关于东帝汶土著语言的分类和数量一直没有定论,最可靠的数据介于15~20之间。[①]

第一节 东帝汶语言政策与规划的传统和沿革

东帝汶近代史的大部分时间里,负责语言规划的政府当局都没有孤立地看待语言政策。相反,长期以来,语言政策与规划一直被认为是东帝汶社会和政治转型战略的重要手段,这些不同的语言政策与规划对东帝汶的语言生态产生了重大影响。[②]东帝汶的语言政策与规划可以分为以下几个不同阶段,每个阶段都与当时的特定历史与政治背景相关。

一、被殖民前东帝汶的语言生态

东帝汶和西帝汶分别位于帝汶岛的东部和西部,在分别沦为葡萄牙和荷兰的殖民地之前,共有三次大规模的人口迁入,给帝汶岛带来了丰富的语言遗产。[③]

据研究,三次大的移民活动最早始于公元前40 000~前20 000年,这些移入帝汶岛的居民是维多-澳大利亚人(Veddo-Australoid),类似于锡兰的吠陀人

---

① Hajek J. Language planning and the sociolinguistic environment in East Timor:Colonial practice and changing language ecologies[J]. Current Issues in Language Planning,2000,1(3):400-414.

② Curaming R A,Kalidjernih F. From sentimentalism to pragmatism? Language-in-education policy-making in Timor-Leste[M]//Sercombe P,Tupas R. Language,Education and Nation-building:Assimilation and Shift in Southeast Asia. London:Palgrave Macmillan,2014:68-86.

③ 郑蔚康. 东帝汶的语言问题及其对教育的影响[J]. 东南亚研究,2009(2):87-92.

（Vedas）；而第二次移入的居民为美拉尼西亚人（Melanesian），他们与目前生活在巴布亚新几内亚和一些太平洋岛屿的人相似，大约于公元前 3000 年到达；最后，是那些可能被归类为来自北印度支那等地区的原始马来人，他们在公元前 2500 年左右抵达。14 世纪，贝鲁部落（Belu tribe）统一了帝汶中部地区，以广泛使用的德顿语作为通用语。到了 16 世纪，当今东帝汶的语言结构基本成型，岛上至少有 16 种属于两个语系的不同语言。学者赫尔（Hull）的研究指出，东帝汶的 16 种语言中，有 12 种语言属于南岛语系（Austronesian group），因此与印度尼西亚语/马来语（Indonesian/Malay）、他加禄语（Tagalog）、马达加斯加语（Malagasy）和萨摩亚语（Samoan）有关，另外 4 种语言与巴布亚新几内亚发现的跨新几内亚语系（Trans-New Guinea group）有关。[①]

与许多其他前殖民社会一样，使用多种土著语言似乎是东帝汶的常态，特别是在 20 世纪 20 年代葡萄牙的文化适应政策开始对当地语言生态产生侵入性影响之前，人们使用其邻近地区其他民族群体的语言是常见的。尽管后来葡萄牙登上该岛后开始进行葡萄牙语的传播，但其传播范围仍有限，多语制现象很大程度上持续到当代。[②]

二、葡萄牙殖民时期的语言与语言规划（16 世纪至 1975 年）

葡萄牙与东帝汶最早的接触可追溯到 16 世纪初，但直到 1912 年博阿文图拉（Boaventura）起义遭到镇压后，葡萄牙才实现了对首都帝力（Dili）郊区的完全控制。由于缺乏对帝汶岛的控制权，加上 20 世纪前，葡萄牙对东帝汶的兴趣不大，在漫长的时间里，葡萄牙语对东帝汶的本土语言生态影响较小，二战以前，几乎没有太多证据证明葡萄牙对东帝汶进行有意识的语言规划，并且，除了帝力之外，其他地方很少有人使用葡萄牙语。

20 世纪 50~60 年代，葡萄牙开始将注意力转向东帝汶的社会发展，致力于扫除文盲和建立学校。因此，1953~1974 年，进入小学的儿童人数比以往增加了 11 倍，入学率达到 77%。在葡萄牙当局看来，他们的主要目标是"教化"（civilize）当地居民，以便根据葡萄牙法律，将他们培养成为拥有充分公民权利的葡萄牙公民。这一目标意味着，东帝汶人必须完全接受葡萄牙人的生活方式，包括信奉天主

---

① Hull G. The languages of East Timor: Some basic facts[R]. Díli: Instituto Nacional de Linguística, Universidade Nacional Timor Lorosa'e，2002.

② Curaming R A，Kalidjernih F. From sentimentalism to pragmatism？ Language-in-education policy-making in Timor-Leste[M]//Sercombe P，Tupas R. Language，Education and Nation-building：Assimilation and Shift in Southeast Asia. London：Palgrave Macmillan，2014：68-86.

教和正确掌握葡萄牙语。有意识地进行长期的语言规划成为葡萄牙政府的目标。[①]葡萄牙政策转变的政治动机非常明显，主要是希望语言和社会文化的融合能够抵消其广大殖民地在二战后日益高涨的反殖民情绪。这种情绪在非洲尤其明显，在东帝汶出现了初步的发展迹象。

1970 年，尽管葡萄牙人仅占东帝汶人口的 0.2%，但葡萄牙语却被正式规定为教堂、政府和学校使用的官方语言。具体语言使用情况如表 10-1 所示。[②]

表 10-1　不同场合的语言使用规定

机构	使用语言情况
教堂	牧师们使用葡萄牙语作为礼拜语言
学校	规章制度使用葡萄牙语；如果学生被发现使用德顿语或土著语言，会受到体罚
政府	帝力的政府机构只使用葡萄牙语，并开始在军队推广葡萄牙语

三、短暂的东帝汶民主共和国——现行宪法的雏形（1975 年）

1974 年 4 月 25 日，葡萄牙爆发"康乃馨革命"，推翻了独裁政权，葡萄牙开始民主化和非殖民化进程。1975 年葡萄牙政府允许东帝汶举行公民投票，实行民族自决。主张独立的东帝汶独立革命阵线（简称"革阵"）、主张同葡萄牙维持关系的民主联盟（简称"民盟"）、主张同印度尼西亚合并的帝汶人民民主协会（简称"民协"）三方之间因政见不同引发内战。民族主义左翼"革阵"于 1975 年 11 月 28 日单方面宣布东帝汶独立，成立东帝汶民主共和国。在语言方面，"革阵"有一个明确的语言政策，其中，葡萄牙语为官方语言，德顿语为国家语言。推行扫盲教育和德顿语识字活动也是"革阵"受欢迎的原因之一；此外，"革阵"在其创始宣言中亦表示将研究和培养土著语言。

四、印度尼西亚占领时期的语言同化政策与规划（1976～1999 年）

快速的"印度尼西亚化"是此时期殖民政府的首要目标。印度尼西亚殖民政府通过一系列措施全面推行印度尼西亚语以及传播其意识形态，例如控制大众传媒、通过教育输入意识形态、实施种族屠杀性的军事行动、经济植入、控制人口迁徙、安排大规模印度尼西亚居民迁居至东帝汶等，上述行动造成了东帝汶内部

① Hajek J. Language planning and the sociolinguistic environment in East Timor: Colonial practice and changing language ecologies[J]. Current Issues in Language Planning，2000，1（3）：400-414.
② 郑蔚康. 东帝汶的语言问题及其对教育的影响[J]. 东南亚研究，2009（2）：87-92.

多种语言使用者的流离失所和多种语言的地位危机。此外，印度尼西亚政府禁止葡萄牙语在东帝汶的使用，规定葡萄牙人和印度尼西亚人都不允许在课堂上讲德顿语或本地语言，将这些语言降到很低的地位。[①]

在印度尼西亚当局的勉强默许下，德顿语在东帝汶仍然得到了一点发展空间。由于禁止葡萄牙语在所有公共领域使用，印度尼西亚当局预期印度尼西亚语将取而代之，成为天主教会活动中的主要使用语言，而教会活动也能成为推广印度尼西亚语的有效工具。但是，从1981年起，东帝汶当地的教会成功地将德顿语提升为一种完整的礼拜语言，并尝试以其微薄的资源在其他领域推广德顿语。虽然政府学校所有课程的教学都使用印度尼西亚语，但帝力教区的天主教小学允许有限使用德顿语。[②]

印度尼西亚统治期间东帝汶主要机构语言使用情况见表10-2[③]。

表 10-2　印度尼西亚统治期间东帝汶主要机构语言使用情况

机构	使用语言情况
公共场合	采用印度尼西亚语/马来语作为东帝汶的通用语言 利用军队残酷镇压使用葡萄牙语、德顿语和本地语言的人，平民因恐惧而开始使用印度尼西亚语和马来语，不同年龄段的人交流减少；对东帝汶人口进行重新安置，分化使用本土语言的人群；从爪哇和巴厘岛往东帝汶移民，进一步分化使用本土语言的当地居民
教堂	1980～1981年，禁止使用葡萄牙语作为教堂语言 从1981年起，使用德顿语代替葡萄牙语作为礼拜语言
教育	以印度尼西亚语/马来语作为唯一的教学语言

五、自决公投后及联合国介入时期（1999～2002 年）

自1975年底印度尼西亚入侵东帝汶后，联合国大会就不断要求印度尼西亚撤军，并通过决议，反对印度尼西亚对东帝汶的统治。此后的十多年间，联合国秘书长开始与印度尼西亚和葡萄牙进行多次会谈。随着20世纪90年代后期印度尼西亚逐步放宽对东帝汶的控制，哈比比总统于1999年1月27日发表公开声明，考虑让东帝汶独立，最终，东帝汶在1999年8月30日进行国际认可的自决公投，安南秘书长9月3日宣布赞成独立的投票结果。[④]

然而，早在印度尼西亚同意举行全民投票之前，东帝汶独立的支持者在1997年就已经开始正式公开脱离印度尼西亚殖民的计划。1998年，被监禁的领导人夏纳

---

① Taylor-Leech K. The ecology of language planning in Timor-Leste[J]. Development Bulletin，2005（68）：116-120.
② Hajek J. Language planning and the sociolinguistic environment in East Timor：Colonial practice and changing language ecologies[J]. Current Issues in Language Planning，2000，1（3）：400-414.
③ 郑蔚康. 东帝汶的语言问题及其对教育的影响[J]. 东南亚研究，2009（2）：87-92.
④ 刘新生. 东帝汶史纲[M]. 广州：世界图书出版广东有限公司，2019：93-100.

纳·古斯芒（Xanana Gusmão）所领导的、赞成独立的东帝汶全国重建大会党（Congresso National de Reconstucao Timorense，CNRT）通过了一份名为《大宪章》（Magna Carta）的文件，该文件被认为是独立后东帝汶宪法的基础，并特别考虑了未来东帝汶的语言政策与规划的问题。该文件正式指定葡萄牙语为东帝汶的官方语言，德顿语为其国语。1999 年 4 月在墨尔本举行的全国过渡委员会战略规划会议也审议了语言政策问题，以制定东帝汶独立后行政和发展的正式政策。例如，作为教育部门逐步转变的一部分，预计将在 10 年内逐步取消使用印度尼西亚语作为教学媒介语言，葡萄牙语和德顿语将取而代之，英语也将获得一些空间（当时仍有待敲定）。毫无疑问，逐步从所有公共领域消除印度尼西亚语将是一个长期目标。

出乎 CNRT 预料的是，在宣布赞成独立的公投结果后，东帝汶的安全局势开始迅速恶化，到 1999 年 9 月 20 日联合国部队开始部署时，至少 80% 的现有基础设施被摧毁，约 80%～90% 的东帝汶人口流离失所。全民公投以来发生的事件已经超过了 CNRT 对东帝汶有秩序地实施语言政策与规划的设想。鉴于印度尼西亚行政人员、军事人员和移民几乎完全离开，以及印度尼西亚大部分教育部门的教师一夜之间消失，教育系统必须从头开始重建。事件发生后，印度尼西亚语在东帝汶遭受巨大打击，相反地，此事对葡萄牙语则是一个福音。包括夏纳纳·古斯芒在内的 CNRT 领导人多次重申，根据《大宪章》，葡萄牙语和德顿语将分别成为东帝汶官方语言和国语，对此，葡萄牙和其他葡萄牙语国家立即作出了积极反应，大力支持将葡萄牙语重新引入东帝汶。

但是，此时期的联合国虽然由主要讲葡萄牙语的巴西主导，却选择将英语作为东帝汶官方语言，这让许多正在寻找工作的东帝汶人感到沮丧。实际上，联合国被迫在一定程度上使用所有四种语言，并出版所有四种语言的材料，供当地和非当地人使用。联合国控制的多国军事力量一般都以英语作为指挥语言，有大量说英语的士兵。除了联合国文职和军事人员外，东帝汶当时还有许多国际援助人员，这些人员主要使用英语或是葡萄牙语与当地的东帝汶人交流，很少人会使用德顿语。[①]

六、东帝汶独立后（2002 年至今）

东帝汶国际部队的部署随着军事指挥权移交给联合国而于 2000 年 2 月结束。东帝汶最终于 2002 年 5 月 20 日正式独立，并于 2002 年 9 月 27 日成为联合国的会员国。

---

① Hajek J. Language planning and the sociolinguistic environment in East Timor：Colonial practice and changing language ecologies[J]. Current Issues in Language Planning，2000，1（3）：400-414.

东帝汶独立后，语言成为构建国家身份的重要方式之一，2002 年 3 月 22 日，东帝汶制宪议会通过并颁布《东帝汶民主共和国宪法》（Constitution of the Democratic Republic of Timor-Leste），宪法第 13 条规定：①德顿语（Tetum）和葡萄牙语（Portuguese）是东帝汶民主共和国的官方语言；②德顿语和其他民族语言应受到国家重视以及发展。此外，宪法第 159 条规定，采用印度尼西亚语和英语作为工作语言，只要认为必要时，在公务中与官方语言一起使用。①

第二节　东帝汶语言政策与规划的现状和特点

独立后，东帝汶的语言生态形成了德顿语、葡萄牙语、土著语言、印度尼西亚语和英语共生的局面，②政府针对各种语言也提出了相应政策与规划。

一、独立后东帝汶的语言政策与规划

（一）面向官方语言的语言政策与规划

东帝汶政府成立后，作为顶层设计的宪法为后续语言政策与规划提供基本指导原则。在语言问题的一系列规划中，最重要的应数 2004 年东帝汶政府颁布的第 1 号法案《德顿语标准正字法》（Government Decree No. 1/2004 of 14 April 2004），其政策的颁布是为了明确德顿语作为官方语言以及国家象征语言的地位。除了该法案以外，在其他如 2008 年第 14 号法令《教育系统框架法》（Law No. 14_2008 Education System Framework Law），2010 年制定的《东帝汶国家教育战略规划 2011—2030》（National Education Strategic Plan 2011—2030），以及独立后各届宪政府纲领中，都不断强调德顿语的地位及重要性。而针对共同官方语言葡萄牙语，2004 年第 1 号法案中同时规定，公共图示和标志应优先使用官方德顿语和葡萄牙语，英语和印度尼西亚语作为简单的工作语言，不得用于公共图像和标志，除非附有明显的德顿语和葡萄牙语文本。由此可见，作为官方语言的德顿语和葡萄牙语的地位远远高于作为工作语言的印度尼西亚语和英语。③

---

① Constitution of the Democratic Republic of Timpr-Leste [EB/OL]. （2002-03-22）[2019-03-31]. http://timor-leste.gov.tl/wp-content/uploads/2010/03/Constitution_RDTL_ENG. pdf.
② 王亚蓝，杨涛. 基于语言规划观的东帝汶语言政策研究[J]. 安庆师范大学学报（社会科学版），2018, 37（2）：52-56.
③ 蓝博，陈美华. "一带一路"背景下中国与沿线国家合作的语言选择思考：以东帝汶为例[M]//许钧. 翻译论坛（2018.2），南京：南京大学出版社，2018.

（二）面向土著语言的语言政策与规划

东帝汶是个多语言的国家，除了宪法中所规定的官方语言以及工作语言外，各个区域还有许多不同的土著语言。目前，学术界普遍认为东帝汶共有 17 种土著语言，其中德顿语为全国的通用语，其他 16 种则为少数民族语言，包括马姆巴伊语（Mambai/Mambae/Manbae）、马卡萨伊语（Makasai/Makasae）、泰力克德顿语（Tetum Terik）、拜奇诺语（Baikenu/Baikeno）等，它们都在宪法中得到承认。根据全球濒危语言地图，东帝汶有 6 种濒危语言：阿达贝语（Adabe）、哈布语（Habun/Habu）、凯鲁伊-米帝基语（Kairui-Midiki）、马库瓦语（Makuv'a）、瑙艾特语（Nauete/Naueti）和崴马阿语（Waima'a）。[①]因此，语言政策的实践上，政府开始推广"基于母语的多语教育试点学校计划"（Mother Tongue Based Multilingual Education Pilot Schools Program），除了更好地提供循序渐进的语言教育，也得以通过这样的教育方式保存东帝汶其他的本土土著语言。2010 年，国民议会颁布 20 年长期发展规划《东帝汶发展战略规划 2011—2030》，强调在基础教育阶段使用母语——土著语言作为教学媒介语的重要性。

（三）面向工作语言的语言政策与规划

由于过去受到印度尼西亚 20 多年的统治，成长于该时期的东帝汶年轻一辈及其后代在生活中的主要用语为印度尼西亚语。《2010 年东帝汶人口和住房普查》调查显示，在东帝汶，有 84.9%的人口能讲德顿语；44.2%的人口能讲印度尼西亚语，位居第二，高于能说官方语言葡萄牙语的人口比例（30%）。非政府组织阿罗拉基金会创办人，同时也是东帝汶独立后首位第一夫人、教育亲善大使科斯蒂·斯剑·古斯芒（Kirsty Sword Gusmão）在 2014 年澳大利亚墨尔本大学的演讲中同样提到，阿罗拉基金会成立之初（2001~2002 年），基金会的内部书信及文件都使用印度尼西亚语，因为基金会工作人员各自的母语不同，他们发现只有用印度尼西亚语才能做相互之间的沟通。东帝汶独立后，于 2002 年 7 月和印度尼西亚建交，东帝汶奉行务实平衡、睦邻友好的外交政策，十分重视与印度尼西亚等国的关系，且已实现与印度尼西亚双方人员往来互免签证。[②]因此，即便印度尼西亚语已被撤除官方语言地位，但仍被规划为工作语言，在公务上使用。

在《东帝汶民主共和国宪法》中，英语同样列为工作语言。自 1983 年起，基于东帝汶与印度尼西亚、葡萄牙之间的问题，联合国开始介入交涉。正式独立前

---

① 张治国. 东帝汶语言生态及语言政策研究[J]. 语言政策与规划研究，2020（2）：65-77，114.
② 引自《对外投资合作国别（地区）指南：东帝汶（2019 年版）》。

联合国安理会授权成立以澳大利亚为首的多国部队进入东帝汶维持当地局势稳定，成立联合国东帝汶过渡行政当局（简称"联东当局"，The United Nations Transitional Administration in East Timor，UNTAET）帮助东帝汶完成独立，有多达 15 个联合国机构和 122 个国际非政府组织在东帝汶活动，其中许多组织使用英语作为他们的工作语言。直至现今，东帝汶的许多建设还需要在联合国的各组织帮助下完成。因而，英语成为东帝汶与国际组织和各个援助国交流沟通的主要语言。在《东帝汶国家教育战略规划 2011—2030》中，对于基础教育（basic education）的愿景是"所有六岁学龄儿童都可以接受基础教育。完成九年的学业后，他们将擅长两种官方语言并学习英语以作为他们的第一外语"，[①]能看出东帝汶在英语规划上，重视度正在逐步地提升。

二、东帝汶独立后语言政策与规划的实施及阶段性特点

语言政策是国家语言政策和规划的主要表现形式及实施方式。根据托尔夫森（Tollefson）所述，语言教育是国家语言政策的真实面目，因为它可以提供获得经济和政治权力的机会。[②]在独立后十年间，东帝汶语言政策的特点是涉及不同语言背景的持续影响，特别是涉及澳大利亚和葡萄牙语言学家和教育工作者。[③]根据澳大利亚学者泰勒·利奇（Taylor-Leech）的研究，东帝汶独立后的十年间主要有三个政策实施阶段，其中 2006～2007 年发生政治危机，处于政策停摆期。2012 年之后，东帝汶语言政策趋于更加包容多元的规划。现将东帝汶语言政策与规划的实施以及特点归纳为如下阶段。

（一）1999～2004 年：UNTAET 和 CNRT 斗争不断，政策形同虚设

1999 年 10 月 25 日，联合国安理会通过了一项决议，成立了 UNTAET。正如布雷思韦特（Braithwaite）等学者所解释的那样，UNTAET 并不是为了支持东帝汶政府而成立的，而是要成为政府，同时建立一个替代政府。[④]这样的事态导致 UNTAET 与 CNRT 之间的关系紧张。此外，UNTAET 因其殖民主义风格[⑤]和移交给地方行政当局的过程缓慢而受到广泛批评[⑥]。在教育部门方面，直到 2001 年东

---

① 引自东帝汶教育、青年和体育部官方网站。

② Tollefson J. Planning Language，Planning Inequality[M]. New York：Longman，1991.

③ Da Silva Sarmento J. Lusophonization Returns? The Condition of Language Policy and Planning in a Post-Colonial Plurilingual Timor-Leste[D]. Hamilton：The University of Waikato，2013：27.

④ Braithwaite J，Charlesworth H，Soares A. Networked Governance of Freedom and Tyranny：Peace in Timor-Leste[M]. Canberra：ANU E Press，2012.

⑤ Chopra J. Building state failure in East Timor[J]. Development and Change，2002，33（5）：979-1000.

⑥ 同④。

帝汶才建立了完全自治的教育、青年和体育部。①

在 2002 年向正式独立的过渡期中，教育部门决策者的重点是在 2000～2001 学年逐步取消印度尼西亚语并逐步使用葡萄牙语作为教学语言。葡萄牙语是小学一至六年级的法定教学语言，并且每周作为一门课程教授 4 小时。印度尼西亚语已从学校课程中撤销。但实际上，印度尼西亚语课程的修改版本仍在整个教学系统中使用，并且印度尼西亚语教科书是相当长一段时间唯一可用的教学资源。此外，教育部门领导无视教师的葡萄牙语掌握程度，坚持要求教师使用葡萄牙语教学，使得政策实施举步维艰。而对于国语的使用并未在政策文件中提及。正如学者尼科莱（Nicolai）所指出，在这一时期，东帝汶政府的重点在于物质基础和行政体系的重建，这就意味着教育政策及课程发展的停滞。②然而，与此同时，关于教学语言的公开辩论仍有增无减。③

（二）2004～2006 年：倾向葡萄牙语的过渡性双语制教学

此阶段教学语言受《2004—2008 年教育政策框架》的制约，其中德顿语和葡萄牙语被认为是共同官方语言。然而，尽管政策允许德顿语的使用，但对于双语在课程中的地位和价值尚不明确且犹豫不决。奎因（Quinn）也指出，虽然政策声明德顿语应该被正式教授，但它只限于在某些学科领域使用。④政策框架继续着重于重新引入葡萄牙语，但允许开发葡萄牙语/德顿语的双语教材，并为德顿语在低年级段作为一门科目分配教授时间。⑤

2005 年，课程开始转向双语平衡制。在小学一至二年级时，每周分配给葡萄牙语和德顿语作为教学科目授课的时间分别为 3 小时和 5 小时；三年级时，葡萄牙语及德顿语各 4 小时；到了四年级，葡萄牙语 5 小时，德顿语为 3 小时；最后到了五、六年级为 6 小时的葡萄牙语和 2 小时的德顿语。七至九年级的课时分配是葡萄牙语每周授课 5 小时、德顿语每周授课 3 小时。但由于缺乏德顿语教学资源，德顿语基本没有在学校教授。⑥至于如何将两种语言用作教学语言也没有明确的指南，尽管允许教师将德顿语用作口头上的"教学辅助语言"，但这仅限用于

① Nicolai S. Learning Independence: Education in Emergency and Transition in Timor-Leste Since 1999[M]. Paris: International Institute for Educational Planning, 2004: 115.

② 同①。

③ Taylor-Leech K. Finding space for non-dominant languages in education: Language policy and medium of instruction in Timor-Leste 2000—2012[J]. Current Issues in Language Planning, 2013, 14 (1): 109-126.

④ Quinn M T. The challenge of realising language and literacy goals in East Timor's schools[M]//Kingsbury D, Leach M. East Timor: Beyond Independence. Melbourne: Monash University Press, 2007.

⑤ 同③。

⑥ Da Silva Sarmento J. Lusophonization Returns? The Condition of Language Policy and Planning in a Post-Colonial Plurilingual Timor-Leste [D]. Hamilton: The University of Waikato, 2013.

与环境科学、社会科学、历史和地理有关的学科。①

（三）2006～2007 年：政治危机和政策僵局

2006 年，东帝汶发生政治危机，法律和秩序严重崩溃。危机的起因是来自西部地区的士兵声称自己在军队受到歧视，这一行动导致他们被驱逐出军队并引发抗议活动，造成严重的政府危机。此次抗议活动主要集中在首都帝力，社区陷入暴力中，并导致平民大规模流离失所。虽然语言本身并不是引发抗议事件的问题，但是暴力的犯罪者却以族群认同（ethnic identity）为借口，利用关于殖民地的种族刻板印象，造成西部地区和东部地区人们之间的分歧。政治危机以及随后的选举和政府更迭意味着所有政策计划都陷入僵局。②

（四）2008～2012 年：双语并重发展，开放土著语言政策与实施空间

这场危机揭示了东帝汶作为一个新国家的脆弱性，因此，新政府认识到迫切需要建立全国人民的国家意识，在授权教育改革任务的同时，为教育部门划拨了更多的资金。2008 年，一项重要的立法改革了教育系统的结构。《基础教育法》的颁布保证所有公民都能享受九年的免费义务基础教育（即一至九年级），并且优先考虑扩大学前教育的范围。该法案标志着对语言教育观点的重大改变。在以前的政策文件中，葡萄牙语一直处于优势地位，而德顿语为辅助语言。《基础教育法》的颁布扭转了两种语言地位的不平等，第 8 条就明确规定，东帝汶教育系统的教学语言是德顿语和葡萄牙语。此外，2011 年 6 月，部长会议还批准了将两种语言作为课程科目的教学计划。根据葡萄牙米尼奥大学（Universidade of Minho）和波尔图大学（Universidade of Porto）制定的课程表，德顿语优先在小学一至三年级作为一门学科科目教授（每周 3～4 节课），而葡萄牙语的教学按照年级逐渐增加，到了七至九年级每周有 5 节葡萄牙语课程。此外，《基础教育法》正式将英语指定为"第一外语"，根据学校的能力，可以在五六年级阶段或者七年级开始教授英语。

除了开始重视德顿语及葡萄牙语的同步发展，东帝汶政府首度将土著语言纳入语言政策与规划中。《东帝汶发展战略规划 2011—2030》是实现联合国千年发展目标（MDGs）的一套战略社会政策，这包括 2011～2030 年的教育发展规划。该计划中的两项声明对语言教育有重要的影响。第一项，"为了改善受教育的机

---

① MECYS. Primary Curriculum Implementation Plan: Timor-Leste 2004—2009[A]. Ministry of Education，Culture Youth and Sport，2004：11.

② Taylor-Leech K. Finding space for non-dominant languages in education：Language policy and medium of instruction in Timor-Leste 2000—2012[J]. Current Issues in Language Planning，2013，14（1）：109-126.

会，并为未来葡萄牙语和德顿语的识字和算术奠定坚实的基础，在基础教育的头几年，将使用本地语言作为教学中的语言，按照东帝汶基于母语的多语种教育政策的建议，顺利过渡到东帝汶官方语言"。虽然重点仍然是尽早过渡到共同官方语言，但这却是第一次看到官方承认土著语言在教学中的作用。第二项声明是考虑到，平时在家不使用官方语言的儿童若是在学校里使用这些语言，可能会使他们处于不利地位。因此宣布，"鉴于东帝汶国家和地方语言的多样性，国家教育委员会已开始对东帝汶基于母语的多语种教育进行研究。这些研究旨在确保儿童不受不利影响，并确保所有人都有平等的受教育机会，从而为向东帝汶官方语言的学习提供一个平稳的初始过渡"。这些声明标志着人们针对土著语言在教学中使用的看法的转折。为所有人带来普及的、免费的基础教育的立法行动是变革的动力，并使新的替代政策成为现实。①

（五）2013 年至今：德顿语与葡萄牙语共同稳步发展

教育、青年和体育部根据各种评估，启动了第一次全国性学前教育以及小学课程修订的教育改革，最终确定了两个框架的课程文件，一个用于学前教育，一个用于基础教育的第一学段和第二学段（小学一至六年级）。在此之后，教育、青年和体育部通过了关于学前教育的政策框架和建立国家基础课程的两项法令，于 2015 年 1 月发布，两项法令为 2015 年第 3 号法令和第 4 号法令。法令提出德顿语将作为一年级和二年级识字（阅读和写作）的主要语言，葡萄牙语仅在这些年级作为口头会话引入。从三年级开始，逐渐以清晰且系统化的方式转移到葡萄牙语的识字技能学习，葡萄牙语的教学时间逐渐增加，以便在六年级结束时达到双语熟练程度。做这样的语言转换教学，是经过了科学研究以及学校教育实践验证的，同时也是根据东帝汶语言的实际情况来设计的。根据 2015 年人口普查结果，30%的 5～9 岁的东帝汶儿童将德顿语作为第一语言，而少于 0.1%的儿童将葡萄牙语作为第一语言。

第三节　东帝汶语言政策与规划的成效和问题

国家的诞生常常充满矛盾，宪法的颁布看作是化解这种矛盾的一个重大尝试，但遗憾的是，有时反而会导致这些矛盾进一步加剧。当利益相关者之间的权力关系遵循的准则并不单独有利于一个群体或压制另一个群体时，就会发生这种情况。《东

---

① Taylor-Leech K. Finding space for non-dominant languages in education: Language policy and medium of instruction in Timor-Leste 2000—2012[J]. Current Issues in Language Planning，2013，14（1）：109-126.

帝汶民主共和国宪法》中关于语言问题的规定可能是一个很好的例证。[①]

一、关于葡萄牙语作为官方语言的争议

东帝汶自独立以来，语言政策与规划就一直受到国内外相关学者的关注，批评声时有出现，其最大争议点为葡萄牙语作为官方语言的决定。

从政策制定层面来看，由于受到不同时期殖民历史因素的影响，东帝汶政府将葡萄牙语定为官方语言的做法立即使国内外的观察者和利益相关者出现两极分化的观点。讲葡萄牙语的老一辈东帝汶人，特别是那些结束流亡生活回国并在新政府中担任政治职务的人，他们更愿意葡萄牙语作为官方语言。接受过印度尼西亚语教育的年轻一代认为，葡萄牙语作为官方语言不仅不能建构国家认同，还使他们在自己的国家成为边缘人。观察者普遍认为，葡萄牙语的高地位是基于感情因素。作为只有大约5%的人能讲的语言（联合国开发计划署2004年人口普查数据），并且可能只有20%的东帝汶人口可以理解的语言，批评人士看不出将其提升为官方语言的实际价值，更不用说该语言作为东帝汶国家象征的语言。[②]

从政策实施现实情况来看，葡萄牙殖民时期的同化政策实施力度及地区有限，印度尼西亚殖民时期全面禁止葡萄牙语的使用，东帝汶独立后严重缺乏精通葡萄牙语的教师，最后不得不引进来自葡萄牙语国家（如巴西和葡萄牙）的教师。[③]此外，课程也是与葡萄牙大学的教育工作者合作设计的，教材则由葡萄牙出版。由于这些来自不同机构的提供者之间缺乏协调，使得政策实施进展令人担忧。[④]

二、关于德顿语作为官方语言存在的问题

2004年，东帝汶政府法令正式通过了由国家语言研究所（Instituto Nacional de Linguística，INL）开发的《德顿语标准正字法》，回顾这项法令的条款，除了推广新的拼写法之外，它还强调了德顿语的地位及其在国家建设中的作用。该政策文件指出，"德顿语因其作为官方和国家语言的双重身份，必须以一致的方式在国家和其他机构以及大众媒体中使用。德顿语是建立国家和确认东帝汶身份的重

---

① Curaming R A，Kalidjernih F. From sentimentalism to pragmatism? Language-in-education policy-making in Timor-Leste[M]//Sercombe P，Tupas R. Language，Education and Nation-building：Assimilation and Shift in Southeast Asia. London：Palgrave Macmillan，2014：68-86.

② 同①。

③ 同①。

④ Da Costa Cabral I，Martin-Jones M. Traces of old and new center-periphery dynamics in language-in-education policy and practice[J]. AILA Review，2017，30（1）：96-119.

要因素"。然而，尽管这类政策声明对德顿语的地位和作用给予了积极的肯定，但在监督教育政策和实施发展的人群中仍存在相当大的话语矛盾。例如，2005 年，教育、青年和体育部针对一年级和二年级推行的 2004～2009 年小学教育新课程框架中，就出现关于德顿语的差别陈述。在该政策文本的一个部分中声明"葡萄牙语和德顿语是教学语言"，课程目标包括"在相互充实的过程中同时发展两种语言"。然而，在同一文本的另一部分中阐述了对德顿语的不同看法，声明"由于德顿语处于发展的初级阶段，因此将优先采用葡萄牙语，德顿语可以作为与环境科学、社会科学、历史和地理有关的学科教学的助手"，将德顿语置于辅助语言地位。①

三、土著语言政策与规划不确定性较强

东帝汶的语言规划模式在世界上许多殖民国家中屡见不鲜。政策制定及规划者可能对土著语言资源的价值或维持语言多样性的价值了解不多，在大多数情况下，土著语言都不被重视。

在殖民时期，由于语言政策与规划是根据当权者利益所制定，它们完全不会关心或担心这些土著语言的消失。东帝汶独立后，首次正式认可了其中一种土著语言，即德顿语。但批评人士仍然指出，对土著语言生态没有采取整体保护及发展的措施，土著语言生态还能继续并生存多久不得而知。②

四、国内外政治局势影响语言政策与规划的稳定性

东帝汶面临的一个问题是儿童在教育系统中普遍缺乏成功的经验。低入学率、高辍学率和高年级复读往往是教育经历的特征。无论公平与否，教学语言都会受到一定程度的指责。教师的葡萄牙语水平通常较低，精通印度尼西亚语的父母在孩子们的葡萄牙语教育上感到艰难。

基于上述政策实施的失败经验，相关学者的研究认为在全球化背景下，许多年轻人更倾向于学习能为他们带来经济效益的英语。因此，葡萄牙语未来在东帝汶是否还能继续发挥作用则有待观察。其中，有一些因素可能会影响当前的语言政策。首先，新一代政治领导人的出现。他们与反对印度尼西亚占领的领导人相

① Da Costa Cabral I，Martin-jones M. Traces of old and new center-periphery dynamics in language-in-education policy and practice[J]. AILA Review，2017，30（1）：96-119.
② Hajek J. Language planning and the sociolinguistic environment in East Timor：Colonial practice and changing language ecologies[J]. Current Issues in Language Planning，2000，1（3）：400-414.

比，对葡萄牙语不那么依赖；其次，联合国和非政府组织等选择英语作为工作语言的外部机构继续在东帝汶发挥作用；最后，但也是重要因素之一，就是东帝汶自独立以来一直积极加入东盟的意愿。东盟的通用语是英语，被认为是共同体成员之间交流的"重要和不可或缺的工具"。因此，在制定语言政策方面，区域因素可能比与一个前殖民国家的历史联系的影响更强，无论该前大国在决定语言政策方面的意愿如何。[①]

第四节　总结和启示

东帝汶于 2002 年独立，被称为亚洲最年轻的国家，同时，它也是一个典型的多语言国家，经过多年的语言植入和语言融合，东帝汶现存的语言有很多，常用的至少有 17 种，对于大多数东帝汶人来说，语言混乱是他们不得不面对的问题。在独立之前，东帝汶遭受了很长时间的殖民统治，长期被殖民的经历必然会对政治、经济、文化产生深远影响。就经济而言，东帝汶是世界上最贫穷的国家之一，基础设施落后，经济结构单一。经济基础决定上层建筑，落后的经济因此也限制语言文化的发展。

总之，语言影响着国家发展的各个方面，东帝汶作为一个极其年轻的国家，其语言政策的重要性不容小觑。历史悠久、丰富多样的语言可以成为为国家服务的强有力工具，然而，如何利用好这种工具，则需要结合国家的经济、政治等各方面的现实条件进一步研究。根据上文提到的东帝汶语言政策与规划的相关内容，本书认为可以总结为以下几点启示。

一、官方语言与土著语言相结合，建立统一的语言要求

在东帝汶国家内部，目前使用的语言种类丰富，这种情况在其他殖民国家也很常见，即土著语言与前殖民语言相结合的多元化语言政策，目的是既保留本土的民族语言，又发挥殖民语言的优势。然而在实际实施过程中并不是那么理想，比如说语言发展不稳定，语言政策的调整使得教育系统也要随时变动，甚至需要重构。教育本身具有系统性和连续性，这样更迭频繁不利于教学活动的进行。因此，东帝汶国家方面应该出台相对统一的语言政策和要求，积极地应对各方面的挑战，努力实现多种语言共同作用为国家服务，有效地发挥每一种语言的作用。

---

① Macalister J. English language education policy in Timor-Leste[J]. English Language Education Policy in Asia，2016：333-343.

二、积极应对政权更迭和全球化进程，更新语言政策

在上文也提到了政权的更迭及全球化影响将造成东帝汶语言政策与规划的未来变数。全球化经济发展的背景下，英语被认为是与世界接轨的工具，因此东帝汶应该加强国际通用语的教学，这样不仅能够适应东帝汶各地语言多样化的现状，也能够更好地适应经济全球化的进程。除此之外，语言政策作为一种意识形态，在某种程度上会受到国家政权更迭的影响，本书认为东帝汶应该思考的问题是如何建立一个稳固的语言政策框架，当受到某种不可抵抗力的影响时，能够尽可能地在大框架下进行调整，而不是去推翻一个政策，重建另外一个政策，毕竟，从头再来的成本过于昂贵。

三、把握"一带一路"良好时机，加强中文教学

东帝汶作为太平洋的一个岛国，在习近平主席提出"一带一路"倡议后，全力支持并参与。语言作为"一带一路"互联互通的基础，东帝汶与中国的合作要想顺利开展，语言问题不可忽视。考虑到东帝汶刚独立不久，国内教育水平较低，我国要鼓励东帝汶学生来华留学，并提供奖助学金解决经济上的困难，同时在东帝汶建立华语学校，为当地的华人和对中文感兴趣的东帝汶人提供学习中文的机会。

第十一章　马来西亚语言政策与规划研究

马来西亚是东盟一个多元的国家,在建设更为紧密的中国-东盟命运共同体进程中,马来西亚是我国的重要合作伙伴。对此,在建设中国-马来西亚互联互通的进程中,加强我国与马来西亚的交流与合作具有战略意义。语言是民心相通的重要保障,对马来西亚语言政策与规划进行研究,有助于了解该国的语言生态,为两国间深入合作提供良好条件。

第一节　马来西亚语言政策与规划的传统和沿革

马来西亚属于国情文化较为特殊的国家,多元化种族造就语言和文化的多元融合,人民接受文化差异的态度也变得更为从容,语言习得的速度较快,多种语言使用较为频繁。马来西亚政府制定政策的初衷皆以增强国家经济、巩固国家地位及团结各民族为主要目标,因此政策制定经历多次改革,尤其在语言政策领域。总的来说,马来西亚语言政策的沿革可分为五个阶段:①英国殖民时期;②早期独立时期;③新经济政策时期;④新发展政策时期;⑤21世纪信息科技时期。

一、英国殖民时期的语言政策与规划

16世纪起马来西亚相继被葡萄牙、荷兰、英国等国占领,20世纪初完全沦为英国殖民地。在英国殖民时期,马来西亚奉行英语至上的原则,将英语视为最重要的语言,大力追捧和推广英语教育。英国殖民政府为了取得与马来贵族的合作以巩固统治,特别支持帮助马来人建立起一套具有统治威权的政治制度。殖民政府对以英语、马来语为媒介语的学校,甚至一些方言学校,都表示支持,对华语及泰米尔语学校的规划和建设却并不积极。

1951年发布的《巴恩报告书》(Report of the Committee on Malay Education,亦称《马来文教育委员会报告书》)提出一个激进的建议:所有现有的学校都应该转变为国民学校(national school),让不同种族的孩子通过学习马来语和英语来接

受教育。报告中提出："华人和印度人要逐渐取缔他们自己的语言学校，把他们的孩子送到只教授马来语的国家语言学校。原则上，我们建议结束几个种族社区独立的本地学校，代之以一种共同的小学。"建立国民学校制度，即以英语或马来语作为国民学校中的教学媒介语，取代其他语言，而将华语和泰米尔语归为一般性教学科目。该报告中更是提出，马来西亚国家建设的动力和目标就是建成"马来人的家园"（The Malay Home），换句话说，除马来人以外的其他族裔人口都被视作外来人口。推行这一政策更多是在为国家的统一做准备，但却为马来西亚不同语言的发展奠定了基调。该报告书提到，"在任何时候，马来学校的一个主要功能是保护马来语的身份和地位。然而，我们并不是说，学校中的生活都应该分成只能说马来语的时间段和只能说英语的时间段，并且要为了英语而牺牲说马来语的时间"。

但是，此政策受到非马来人的极力反对。同年《方吴报告书》（Fenn-Wu Report）提出：马来语作为一种当地语言值得马来西亚居民学习，英语是商业通用语言，应该将该语言作为教学的科目，但是华语也是强势语言，受众甚多，华语教学应该成为马来西亚联邦教育中的重要一环。经过讨论之后，政府以《巴恩报告书》和《方吴报告书》为基础颁布了《1952 年教育法令》，设定英语和马来语为国民学校的必修课，华语及泰米尔语列为第三语文，需要 15 名或 15 名以上的学生提出要求才能教授。但是，这份法令并没有得到真正的实施，一是因为反对声浪依然强烈，二是政府经费告急。

1956 年，马来联邦政府发布《拉扎克报告书》（The Razak Committee）。该报告规定在承认三种语文源流学校并存的情况下主推马来语教学，英文学校也逐渐转变为马来学校，英文成为学校的必修科目。这份报告书的第三章对国语做出如下规定："政府的目的就是让马来语成为这个国家的国语，我国教育政策的最终目标必须是将所有种族的儿童都纳入以国语为主要教学媒介语的国民教育体系中去。因此，在这样的规定之下，所有学校必须学习马来语。我们提议，马来语的教与学应当是政府为学校提供资助的条件。"此外，《拉扎克报告书》还提出，为了推动国民学习马来语，应当建立一所语言学院（language institute），用于培训教师，开展相关研究；应当制定马来语学习的科目；应当让马来语成为政府公务员考试的标准，以此鼓励大家学习马来语。[①]

二、早期独立时期的语言政策与规划

从英国统治时期到马来西亚独立后初期，马来西亚由于经济移民而形成了一

---

① Zainuddin S A. Language needs of ICT students in Malaysian polytechnics[J]. Advances in Language and Literary Studies，2012，3（2）：23-40.

种多民族景观。根据马来西亚有关部门的统计，在 20 世纪 60 年代，马来西亚人口呈现了复杂的民族人口分布，其中马来人 45.9%，华人 35.9%，印度人 9.6%，非穆斯林本土人 6.6%，其他人口 2.0%。[①]在议会中，非马来人代表也几乎和马来人代表势均力敌。这样一种民族人口结构事实要求相应的语言体能够满足不同种族的教育需要，以及处理殖民语言文化的影响，因此也形塑了独立初期马来西亚语言政策的环境。

1957 年，马来亚联合邦宣布独立，占主导地位的马来族被以下问题所困扰：谁是国家的主人？国家身份的象征是什么?这个国家的历史意味着什么？解答这些问题的第一步就是确定国语。因此，1957 年《马来亚联合邦宪法》第 152 条规定，马来语应为国家的国语。与此同时，宪法也声明了不应禁止任何人为公务以外的目的使用任何其他语言。

宪法对马来语国语地位的法律身份确认使得马来西亚政府可以继续推行单元化的语言政策，对不同语言的发展附加了更多限制。《1957 年教育法令》（The Education Ordinance，1957）指出，"联邦教育政策的目的是建立一个让所有人都可以接受的教育系统，满足不同群体的需求，并推动国家的文化、社会和经济等方面的发展。同时，还将使马来语成为国语，并将保护和推动在本国居住的非马来人的语言及文化的发展。"马来西亚华人公会和马来西亚印度人国大党都接受了这个法案。[②]此后，马来语作为国语和官方语言超越英语成为马来西亚的首要语言，巫统（马来民族统一机构）也按照约定承认了一部分华人和印度人的公民身份，少数族裔语言学校由此获得了生存空间，但在国家法律地位上仍不明朗。从上述规定中可以看出，以马来语为国语的"单元化"取向，开始在实际上不仅构成了语言政策的主要取向，而且影响到了教育体系的构建与发展。随后的政策，包括 1960 年的《拉曼达立报告书》（Report of the Education Review Committee，亦称《1960 年教育评价委员会报告》）、《1961 年教育法令》（Education Act，1961）、1967 年的《国语法案》等政策法规和大规模的研究报告，都在为"单元化"语言政策提供佐证材料。

然而，不管是 1951 年的《巴恩报告书》，还是 1956 年的《拉扎克报告书》都遭到了各族裔社区的强烈抗议，尤其是"最终目标"的提议。最终，这一建议被放弃，《拉扎克报告书》被修改为"建立一种能被所有联邦人民接受的国民教育体系，以满足作为一个国家促进其文化、社会、经济和政治发展的需要，马来语是

---

① 引自马来西亚政府门户网站。
② 芭芭拉·沃森·安达娅，伦纳德·安达娅. 马来西亚史[M]. 黄秋迪，译. 北京：中国大百科全书出版社，2010：334.

国家的国语,同时保留和维持居住在该国的其他少数族裔社区的语言文化"①。由此,少数族裔语言学校得以保存,马来西亚的语言教育政策从"单元化"过渡到了"相对单元化"。过于强调马来语地位的各项政策,如果仅从马来西亚政府执政者的角度来看,是无可厚非的,是国家和平统一的必要手段和工具。《拉扎克报告书》和《拉曼达立报告书》奠定了现代马来西亚语言教育政策的基础,这两份报告都考虑到前几份报告提出的各项建议。马来西亚政府希望通过共同的教学语言和教育内容灌输共同的价值观和人生观,最终打造一个新的一体化国家。②然而,长期推行"单元化"语言政策,将"马来语作为唯一的教学媒介语"作为"最终目标"的情况,实际上不仅影响到马来西亚内部不同族群使用本民族语言的权利,造成族群之间在教育等方面的不平等现象,而且也影响马来西亚对外交流与合作,对马来西亚的整体国家利益或有消极影响。即使"相对单元化"的语言教育政策给予了少数族裔语言学校一定的生存空间,但"最终目标"没有改变,也就没有从根本上解决马来族和少数族裔之间的矛盾,在马华关系上,其矛盾的爆发点便体现在 1969 年爆发的"马来西亚五·一三事件"③中。

1961 年颁布的教育法令为了巩固马来语,以国家发展为由强制要求"国语必须成为教学媒介语",随后更以此项法令作为依据限制其他语言的发展,例如法令内容所规定的:"任何时候,教育部部长认为某间国民型小学适合转为国民小学,部长可以直接命令有关学校改制为国民学校。"④直到 1996 年新的教育法令颁发时,这条规定才被删除。1967 年 9 月马来西亚国会通过《国语法案》。法案宣布马来语是马来西亚的官方语言,除了婆罗洲岛上的两个州:沙巴州和砂拉越州。然而,该法案赋予了国王继续在官方场合使用英语的权力。同样,在得到允许的情况下,英语仍然可以在议会、州议会和法院中使用。此后,马来语教育地位大幅度提升,英语则成为第二位。为了巩固马来语的地位,政府使用强制手段在教学和考试中大幅度推行马来语的使用。从建国前的有关政策中可以看出,马来西亚政府已经在为推行"单元化"政策清除障碍。

三、新经济政策时期的语言政策与规划

独立后的头 20 年,围绕着议会选举,各族群政治势力开启了竞争局面。与二

---

① Ministry of Education Federation of Malaya Kuala Lumpur. Report of the Education Committee 1956[R]. Government Printer Federation of Malaya,1956:27.

② Hassan A. Language planning in Malaysia:The first hundred years[J]. English Today,2005,21(4),3-12.

③ 1969 年 5 月 13 日,马来西亚大选中发生的种族冲突事件。

④ Tan Y S,Teoh H S. The development of Chinese education in Malaysia,1952—1975:Political collaboration between the Malaysian Chinese Association and the Chinese educationists [J]. Journal of the History of Education Society,2015,44:83-100.

战后柬埔寨、越南、老挝等东南亚国家遭遇的境遇不同，马来西亚完全取得了反殖民主义战争的胜利，并毫无保留地扫除前宗主国的殖民文化影响。因此，马来西亚建立民族国家拥有较为稳定的内部环境，也使这种日益加剧的竞争态势没有受到殖民政府的干预和国际社会的斡旋。

此外，由于马来西亚境内马来人、华人、印度人的人口基数都较大，且在英国政府"分而治之"的管理模式下在不同领域有着各自的优势，形成可以互相抗衡的几股势力。竞争局面以少数族裔语言教育为主要冲突点，族群政治登上历史舞台，塑造了马来西亚独特的政治生态。有学者认为："族群政治是马来西亚当代史的核心，是解析马来西亚的钥匙。"①语言教育政策作为政治意识形态的外化，如果没能均衡各方利益，将激发族群矛盾扩大化。

而独立初期语言教育政策基于威权政治的"单元化"价值取向的确将种族政治斗争推进了一个新阶段。"华教"问题开始成为马来西亚华人内部最具动员性、煽动性和敏感性的议题。华人保卫母语教育的世纪运动从此开始，以至于到了 20 世纪 70~80 年代，华人社会仿佛只剩华教一件大事，华教议题可谓一呼百应，动辄万人空巷。②比如，1969 年大选之际发生了种族冲突事件后，巫统将单语政策推至巅峰状态。为了"减少并消弭具有经济功能色彩的种族认同"，政府规定马来语为各学校的主要教学用语，英语为第二语言。为了缩减城乡之间教育机会的落差，另一个说法是为了照顾人口占多数的马来人的利益，新经济政策实施"族群配额制"，根据此项制度，国立大学的新生录取比例为马来土著 55%和非土著 45%。这间接影响了优秀的华人子弟跻身国立大学之门，印度人及其他族群更是无缘申请。政府极力打造的"国家文化"是马来人主导的文化，仅为马来语制定完整的教育体系，这为往后马来西亚语言政策带来长期的持续影响。

四、新发展政策时期的语言政策与规划

随着国际形势的发展，1990 年马来西亚为了更好地与国际接轨，建设进步繁荣的工业国，开始推行新发展政策。政府开始意识到英语和其他种族语言的重要性，并进而加强这些语言的地位，尤其是英语的地位得到显著提升。20 世纪 90 年代以后，面对全球化、贸易、科学和技术进步方面的国际交流与合作，马来西亚在这一时期提出了三项具体的国家发展计划：一是要将马来西亚发展成为一个符合 2020 愿景的工业化国家；二是在马来西亚建立多媒体超级走廊；三是将马来

---

① 范若兰，李婉珺，廖朝骥. 马来西亚史纲[M]. 广州：世界图书出版广东有限公司，2018：287.
② 王晓平，张昕. 20 世纪 90 年代以来马来西亚华文教育与华族文化认同的危机与转机[J]. 东南亚研究，2021（5）：114-133，157-158.

西亚建为东盟区域教育中心。这三项国家发展计划使马来西亚语言教育政策发生了一定的变化，其中最重要的一点便是重新肯定了英语教育在马来西亚教育体系中的地位。①1991 年，马来西亚时任首相马哈蒂尔·穆罕默德（Mahathir Mohamad）牵头为该国制定了"2020 愿景"，提出让该国在 2020 年成为发达国家，其重要改革计划之一即是提升国民的语言竞争力（language competence）。②为此，马来西亚政府开始增强英语在语言教育中的地位。但是学生接触英语量的大幅下降被认为是马来西亚实现"2020 愿景"目标雄心壮志的一个挫折。③

《1996 年教育法令》明确规定了英语作为必修科目和教学媒介语的主要地位，提出在国民学校（national school）、国民中学（national secondary school）、国民型学校（national-type school）将英语作为教学中的必修科目，并且将英语作为小学和中学的核心科目。《1996 年教育法令》对公立国民中小学、华校和泰米尔学校以及私立中小学三类学校的英语教学做了详细的规定：在公立国民中小学中，以马来语作为教学媒介语，并将英语列为必修科目；在华校和泰米尔学校中，允许以华语和泰米尔语作为教学媒介语，但前提是需要有 15 名及以上学生提出有关母语教学的要求，并且马来语和英语作为必修科目；在私立中小学中，可以自由选择教学媒介语，但马来语和英语也必须是必修科目。除此之外，《1996 年教育法令》首次承认了马来西亚的私立教育机构，将其纳入国家教育体系，并取消了《1961 年教育法令》中规定的教育部部长可以将华文小学和泰米尔小学（二者都属于国民型小学）改成国民小学的特权。④马来西亚政府采取的一系列"文化开放"政策也是为了配合中马关系的实质性发展。

与此同时，马来西亚私立高等教育的发展也促进了英语地位的提升。1996 年马来西亚教育部出台了《私立高等教育机构法》（Private Higher Educational Institutions Act 1996）。该法案主要是对马来西亚境内私立大学的设立以及境外办学的相关情况作了规定，但在该法案中也体现了英语在高等教育领域如何使用的问题。比如，该法案规定马来西亚私立大学可以采用英语作为教学语言，并鼓励通过教学实习、实践等多种方法提高大学生的英语技能。公立大学则依然使用马来语作为教学媒介语，但在研究生课程教学中可以使用英语。⑤为了进一步加强高

---

① Kirkpatrick A，Liddicoat A J . The Routledge International Handbook of Language Education Policy in Asia[M]. London：Routledge，2019：261-262.

② Mahathir B M. Malaysian：The Way Forward （Vision 2020）[EB/OL]. [2022-04-02]. https://policy. asiapacificenergy. org/sites/default/files/vision%202020. pdf.

③ Kirkpatrick A，Liddicoat A J . The Routledge International Handbook of Language Education Policy in Asia[M]. London：Routledge，2019：257-258.

④ 郭彩霞，张治国. 马来西亚中小学语言教育政策研究[J]. 长春教育学院学报，2015，31（21）：63-66.

⑤ Gill S K. Shift in language policy in Malaysia：Unravelling reasons for change，conflict and compromise in mother-tongue education[J]. AILA Review，2007，20（1）：106-122.

等教育领域学生的英语水平，教育部在 1997 年进一步宣布把"1119 英语考试"列为马来西亚高等教育文凭考试的必考科目，并规定从 2001 年开始，申请进入当地大学的先修班、参加文凭课程及马来西亚高级教育文凭（STPM）考试的学生必须参加马来西亚大学英语测验（Malaysian University English Test，MUET）。[①]此外，还需要注意的是，《私立高等教育机构法》促成了马来西亚私立高等教育的发展，尤其是推进了国外高校在马来西亚的发展。例如，澳大利亚莫纳什大学即在该法案发布后于马来西亚成立了海外分校。这一分校作为马来西亚第一所获得政府认可的大学海外分校，对促进马来西亚该时期的语言教育政策向英语转换具有重要作用。此后，与之类似的大学海外分校成为马来西亚教育体系中英语教育发展的重要力量。

五、21 世纪信息科技时期的语言政策与规划

政府在这一阶段开始提倡复兴英语，宣布进行教育改革以提高英语水平，2003 年出台的"以英语教授数理科"（English for Teaching Mathematics and Science，ETeMS）政策将英语作为教授数学和科学的媒介语，进一步提升了马来西亚英语的教学地位，双语教育并重的趋势初现端倪。[②]但马来西亚社会对使用母语以外特定语言的看法不尽相同。一些人对使用其他语言（如英语）持积极的看法和态度，而另一些人持相反的观点。对于大多数马来人来说，马来语是他们努力想要取代英语作为教学媒介的语言，因为马来语作为母语是国家民族身份的象征。对于华人来说，华人社团对英语作为教学媒介语也持反对态度，他们希望能在马来西亚继续传承华文教育，保留中华文化的根本；但一部分长期受英语教育的华人对英语的态度则比较积极。印度人对英语的整体看法趋于积极，因为在印度人中有很多人认为泰米尔语缺乏足够的经济价值；此外，他们之间的交流主要是用英语。[③]但是随着国际国内形势的不断变化，以及英语地位的不断提升，马来西亚教育工作者和政治家陷入了是否应该重视英语的两难境地，尽管在这之前已经出台许多促进英语教育的措施，但这期间遭到持有"马来语至上"理念的群体和当地华人等移民群体的反对。再加上学生英语水平并没有较大提升的现实，最终在多方势力的角逐下，英语并没有进入到马来西亚社会的中心，该政策在实行 6 年之后也被迫取消，改为推行"巩固马来语和强

---

① 黄集初. 马来西亚华文教育体系的省思[D]. 武汉：华中师范大学，2016.

② Rashid R A B，Rahman S B A，Yunus K. Reforms in the policy of English language teaching in Malaysia[J]. Policy Futures in Education，2017，15（1）：100-112.

③ Shah P M，Ahmad F. A comparative account of the bilingual education programs in Malaysia and the United States[J]. GEMA Online Journal of Language Studies，7（2），2007：63-77.

化英语"（Memartabatkan Bahasa Malaysia Memperkukuh Bahasa Inggeris，MBMMBI）政策。马来西亚政府决定从 2010 年开始分阶段实施 MBMMBI。2013 年，马来西亚政府发布《2013—2025 年马来西亚教育蓝图》（Malaysia Education Blueprint 2013—2025）。该政策涵盖马来西亚从基础教育到高等教育的各个阶段。该政策明确提出将提升学生的双语能力作为重要目标，即要基础教育阶段每个学生具备使用马来语作为国语和团结民族语言的能力，以及英语作为国际沟通语言的能力。①

MBMMBI 旨在推动马来西亚教育系统进一步维护本国语言作为其文化遗产的地位，以及掌握国际主要交流语言——英语，以便在经济、商贸和科学技术中获益。②可以说，努力维护国语，加强英语教育，以产生一个能够有效沟通、建立一个具有国际竞争力的社会是该国语言教育政策的新重点之一。

关于 MBMMBI 的内容和主要原则，有研究者指出该政策的实施主要是坚持国语，强化英语。其中，坚持国语的策略包括在中小学使用国语作为科学和数学的教学媒介，以及改善国语的教与学。它进一步定义了将国语置于民族语言的地位。强化英语掌握的策略包括改进英语课程、提供充足的师资以及高质量教材；提高学生的英语水平是教育部最紧迫的任务；在使学生熟练运用马来语和英语方面，提出了若干措施，比如通过优质的英语课程和将英语作为一门学科来提高英语水平，增加英语作为一门学科的学时、将 CEFR 作为所有语言的基准以及规定马来西亚教育系统的语文评核标准等。③MBMMBI 赋予国语和英语两种不同属性，国语具有文化属性，它是马来西亚文化和民族的象征，是马来西亚所有民众都需熟知和掌握的语言。而英语具有经济价值属性，它在马来西亚实现科技进步、经济发展以及国际交流方面发挥着重要作用。

政府还制定了一些策略来推进 MBMMBI 的实施，比如引入混合式学习模式，提高学生英语水平。针对国内大多数因英语能力有限而难以掌握数学和科学科目的学生来说，还推出了一份英文周报计划，旨在帮助推进位于偏僻农村地区的中小学英语教育。④除此之外，另外一个策略就是提高马来西亚英语教师的素质。提高教师质量非常重要，因为它与学习者的成就相联系，提高教师素质的策略包括提高教师知识水平、增加英语教师人数、对教师知识和教学实践进行监控和评价等。⑤总的来说，MBMMBI 的实施为马来西亚双语教育的发展奠定了基础，极大

---

① 引自马来西亚政府门户网站。
② 熊文新，王克非. 世界语言生活动态（一）[M]. 北京：商务印书馆，2018：126.
③ Iber G. English language teaching in Malaysia：The case for a dual track English curriculum[J]. Advances in Language and Literary Studies，2014，5（4）：68-71.
④ 同②.
⑤ Kepol N. Quality Malaysian English language teachers：Examining a policy strategy[J]. Malaysian Journal of Learning and Instruction，2017，14（1）：187-209.

地促进了马来西亚对英语的重视。随着马来西亚经济社会的国际化发展，对发展英语的反对声也明显弱化。

为推动英语和马来语的发展，《2013—2025 年马来西亚教育蓝图》中有一项关于提升中小学学生英语水平的倡议，即"双语课程计划"（Dual Language Programme，DLP）。"双语课程计划"规定相关学校除了使用马来语授课以外，还允许使用英语或马来语来教学科学、数学、信息通信技术和设计与工艺四门科目。①该计划于2016 年开始实施，计划以 300 所学校作为试点学校，被选中的学校可以向小学一年级、四年级和中学一年级的学生提供该课程。在该政策的推行中，学校有权利选择是否加入"双语课程计划"，但是根据马来西亚教育部的规定，一旦参与"双语课程计划"，学校将不再有权退出。②据统计，截至 2017 年，共有 1214 所中小学参与了"双语课程计划"，其中 67%的学校位于城市地区。③

"双语课程计划"在实施过程中遭遇了两种截然不同的声音，持支持态度的人认为采用英语教授一些科目有助于提高学生的英语学习能力，从长远来看，这将解决他们在就业过程中因为欠缺英语能力而惨遭淘汰的问题。④持反对态度的人则担心"双语课程计划"会像之前所实施的"以英语教授数理科"政策一样，未经全面调研就匆匆实施，最后学生的英文水平并未因为用英语学习学科知识有任何明显的提升，反而还影响了学科知识的学习，最终以失败告终。尤其对于华校来说，抱着以华语作为教学媒介语的决心，他们认为双语课程的实施会大幅缩减华语的教学空间，使华校失去其特色。因此，"双语课程计划"出台后便遭到马来西亚华人七大社团抵制，并发起万人签名运动，呼吁全国所华小董事会、家教协会站稳立场，坚决拒绝接受参与教育部实施的"双语课程计划"。⑤

通过回溯马来西亚语言政策的发展与沿革，并结合调研过程中所了解到的情况，可以发现马来西亚政府在语言政策上持有较为鲜明的立场，对于国家的统一和发展而言，马来语作为国语的地位是不可撼动的，但是在不影响国家统一与和平发展的前提下也允许多种语言的存在。马来西亚的语言政策可以称为"相对单元化"语言政策，并在此背景下，单元化和多元化的对垒持续推动马来西亚语言政策及相关领域的发展。

---

① Chin S C，Rajaendram R. Success with the DLP[EB/OL]．（2017-11-12）[2023-06-30]. https://www.thestar.com.my/news/education/2017/11/12/success-with-the-dlp/.
② 段寻，吴坚. 马来西亚"双语课程计划"探析[J]. 世界教育信息，2018，31（19）：67-71.
③ 同③。
④ Pillai S，Ong L T. English(es) in Malaysia[J]. Asian Englishes，2018：147-157.
⑤ 邹春燕. 马来西亚华语传承：从语言意识形态到实践[J]. 语言政策与语言教育，2018（2）：21-32，116-117.

第二节　马来西亚语言政策与规划的现状和特点

一、马来西亚语言政策与规划的现状

当前，马来西亚的语言政策仍然强调国家层面的单元化取向，政府所追寻的依然是"建设民族国家"和单一国语的目标，但受全球化的挑战及国内外环境变迁的影响，其语言政策也出现了一些新的变化。总的来讲，语言政策的新变化主要表现为对外语持较为开放的态度，扩大英语等国际语言的应用程度，在教育领域允许教学媒介语的多样化和开放性选择。

正如上文所言，因全球化浪潮和国内有关力量的推动，马来西亚政府对外语和外语教育的态度正在发生转变。建国后的近40年时间内，马来西亚政府对英语的态度是矛盾的，一方面是迫切想要走出殖民主义的阴影，建立起独立统一的民族国家，另一方面，受现实国际政治格局和经济全球化的影响，马来西亚政府又不能跟英语及其背后现存国际体系划清界限。在这一时期，非殖民化的需求使政府始终与英语保持着谨慎而适当的距离。到了20世纪90年代局面才发生明显转变，先是时任首相马哈蒂尔·穆罕默德极力推行"数理英化"政策，即以英语教授数理科目。随后，经历了1997年亚洲金融危机等左右全球格局的经济影响后，马来西亚政府开始逐步拉近与英语的距离，在随后的《2006—2010年教育发展大蓝图》和《2013—2025年马来西亚教育蓝图》等国家中长远规划中，提升了对英文的重视程度。2016年发布的"双语课程计划"更是实质性地提高了英语作为教学媒介语的地位。

值得注意的是，马来西亚政府同时也在逐步放松对国际学校与私立学校的控制，在教学媒介语政策上给予这两类学校更大的自主权和选择权。根据有关政策规定，政府不要求国际学校和私立学校像国民学校和国民型学校一样必须以马来语作为教学媒介语，但为了学生未来的学习和生活之需，学校同时也会开设马来语课程，如果是由华人团体开设的国际学校或私立学校则还会开设相应的中文课程。例如，雪兰莪州的华夏国际学校（Hua Xia International School）就属于这一类型的学校。调研过程中发现，这所学校目前正在开展双语乃至三语教学，扮演着多语人才培养基地的角色。

相比之下，语言政策中给予中文的发展空间在近年来才开始呈现逐渐扩大的趋势。随着中国经济实力和国际地位的提升，中国为解决全球发展问题贡献

出越来越多的经验、智慧和方案，而"一带一路"倡议更是在"构建人类命运共同体"的过程中发挥着关键作用。在这一背景下，马来西亚政府对中文的态度已经出现了积极的变化，中文和中文教育获得了较大的发展空间，非华人族群的"中文热"日趋增温。在过去的二十年中，在马来西亚悄然上升的"中国热"不再局限于华人圈子。越来越多的非华裔父母将孩子送入华文小学。2009 年，各个地区的华文小学有近 7 万名非华裔学生就读。大多数华文小学非华裔学生约占 10%～20%。在马来西亚的玻璃市州、吉打州、槟城州、沙巴州和砂拉越州，一些华文小学中，非华裔学生甚至超过了华裔学生；马来西亚的国立学校规定的教学语言是马来语，他们最初的要求是要有足够的华裔或印度裔学生来开设母语课程，但现在鼓励国立学校学习中文，并将中文课作为第二语言纳入国立学校的常规课程。高校学习中文也成为一种趋势。除设有中文系的大学外，相当多的大学提供中文选修课。比如在玛拉工艺大学，几乎每学期有 8000 多名学生将中文作为选修课。另外，在马来西亚越来越多的语言中心、培训机构或国际学校也开始向人们提供中文课程。马来西亚的华文小学数量也有明显的提高，马来西亚华校教师总会发布的调查报告显示，截至 2021 年 2 月，全马来西亚有华文小学 1301 所，华文小学学生 507 177 人。华文小学的学生组成不仅仅包括华裔子弟。随着中文在马来西亚吸引力的不断增强，非华裔子弟选择上华文小学的数量也越来越多了。《第五届国际华文教育研讨会》提供的最新数据显示，截至 2021 年 12 月，马来西亚全国共有 65 万余名小学生和 5.5 万余名中学生将华文作为必修课，列入正规教育。

综上所述，马来西亚语言政策尽管依然围绕以建构马来人为主导的民族国家的核心，但是对外语的态度正在发生转变，对英语教育持开放态度，对中文作为外语的态度也趋向正面，虽仍持谨慎的态度，但也允许中文教育在一定范围内存在。这种单元化之下的多样性调整催生了学校教育中的双语和三语学校，推进了教学媒介语在不同类型学校中的多样化存在。

二、马来西亚语言政策与规划的特点

（一）持续性

马来西亚语言政策实施的持续性指的是一以贯之地推动马来语作为国语的地位。尽管在近年来发生了一定的变化，但是马来西亚政府对于建设"民族国家"仍抱有热情。民族情结使得长期以来由马来人主导的政治力量对政策制定和实施的过程具有直接和绝对的话语权与影响力，而政府的语言政策一直以来在不断强调马来语作为国语和官方语言的地位。21 世纪以来，全球化浪潮加快了马来西亚多语言多文化的发展。在多语环境下，马来语作为马来西亚的国语和官方语言在与其他语言博弈过程中一直是政府重点支持和确保国家独立统一的重要标志。所以说国语的持续性发展是马来西亚政府制定和实施语言教育政策的出发点和落脚点。

多语环境下，马来西亚政府一心想要恢复马来语作为国语的实际地位。而这样一种民族情结，在政治格局相对稳定的情况下，为马来西亚语言政策注入了稳定的元素，以马来语和英语为主，并突出马来语地位的语言政策一直是其语言政策制定和实施过程中的重点。

（二）对待外语态度的变化性

马来西亚语言政策的变化性主要指其语言政策对外语的态度出现了变化。总体来看，东南亚国家中被西方殖民者统治过的国家都具有这样的心理，即在独立之后想要急切摆脱殖民者的影响。殖民统治的影响，从政治机构和国家统治权上来说，是比较容易改变的，但是经历长期文化殖民后留下的印记却是难以消弭的，尤其在教育、语言、文学等方面。英语在国际交流合作中的地位和作用，以及在经济等领域的价值，使马来西亚在推进国家现代化与参与国际化发展的过程中，不得不逐步改变独立初期对于英语的态度和定位。

近年来，随着中国的经济发展和全球影响力的提升，马来西亚也在转变对于中文和中文教育的看法，态度趋向于支持和积极。马来西亚华人社团研究中心图书馆主任竺静珍女士在受访的过程中说道，"从近些年的政策可见，大马政府对华文教育的限制也逐渐放宽，允许华文教育完整地存在"。然而，我们需要谨慎对待这种变化性，因为其中还夹杂着明显的功利性，无论是从处理好国家关系的角度，还是从影响民间交往的角度来看，都需要把握好这种变化性。

（三）开放性和包容性

马来西亚语言政策对于外语的开放性和包容性呈上升趋势。马来西亚政府正在逐步扩大语言的开放程度，相应地，外语和外语教育迎来了更大的发展空间。从目前的发展来看，最明显的例子是马来西亚政府改变了对私立学校和国际学校发展的规定，容许其自主选择教学媒介语。例如，私立高等院校新纪元学院在 2017年正式升格为新纪元大学学院（New Era University College），具备授予学士学位权利和开办研究生课程的资格，办学的层次显著提升。2017 年，华夏国际学校获准创办，该校的两大特色就是英文教学与华文教育。近年来，类似的私立学校和国际学校的发展态势都十分喜人，提升了外界对马来西亚政府语言政策和有关政策的开放性及包容性的信心。

另外，政府也会通过调整政策来鼓励国民学校提供中文学习资源与条件。马来西亚华校董事联合会总会的"沈慕羽教师奖"获得者，杨靖耀先生在2018年接受访谈时说道，马来西亚所有国民型中学都会在正式课表外开设母语课，为学生提供母语教学（主要是华语和泰米尔语）。由杨靖耀先生发起并正在极力推广的中华文化传播活动甚至吸引了来自中国的爱好者。一名接受访谈邀请的马来人现正在新纪元大学学院教授中文，她这样说道："我从小学就开始学习中文，我父母觉得是很好的，我并没有觉得学习中文有什么不好的，现在我还在这里找到了工作。"另一名印度裔的受访者则提到，"我女儿现在就在中学教中文，我从很早开始就让她学习中文"。

（四）复杂性

马来西亚语言政策的复杂性在于涉及复杂的文化历史问题和现实利益问题。尽管马来西亚语言政策对马来西亚整体国家和社会经济发展带来了一定的效益，但是由于语言往往牵涉多个民族或利益集团的利益，马来西亚语言政策在权衡中必然需要顾全自身阶层的利益，从而对其他族裔语言发展产生不利的影响。以中文教育为例，《2013—2025年马来西亚教育蓝图》政策对教学语言给予了规定。马来西亚在倡导多源流教育的同时，教学语言却有所选择。马来语作为马来西亚的官方语言是首选，英语作为国际语言是第二选择。例如，政策提出增加马来语教学时间，每周由原来的180分钟增加至270分钟。这一规定受到马来西亚董教总的极力反对，最后在权衡中，定为每周240分钟。虽然华人是马来西亚的第二大族群，但是在马来西亚政府眼中，其地位却不是那么高，至少在语言教育教学中常常被忽略。马来西亚政府比较重视作为教学语言的马来语和英语，而中文作为教学科目常常被排除在外。面对这一问题，马来西亚华人据理力争。历年来，华人为了争取中文在马来西亚的地位和推进中文的发展，饱经风霜，尤其是每一次语言政策或教育政策出台后，只要不利于中文教育教学发展，不利于华族语言传承与发展，不利于华族在内的各族群团结的语言政策或教育政策，华人各阶层都会据理力争。《2013—2025年马来西亚教育蓝图》政策出台自然也不例外。华人在争取中文语言权益上，多次受到马来西亚政府的打压，甚至好几次主要华人领导或带头人都被关进监狱，但他们依旧不屈不挠。可见，马来西亚语言政策已经不仅仅是语言或教育的事情，关乎整个华人群体的利益和地位问题，反映了马来西亚政府对中文教育的态度和价值取向。

尽管近年来马来西亚政府逐步放松对于中文教育的限制，但是中文作为一门外语的地位依然较低，整体发展也欠缺支持。

语言不仅具有交流的功能，还成为马来西亚社会种族归属的划分标准，外语和外语教育问题如果处理不好，很可能会演变为影响国家团结的问题。在马来西亚，中文不仅仅是华裔学生将其作为母语的华文教育，更为重要的是中文要作为第二语言教育或外语教育对非华裔学生进行教育，鼓励非华裔学生学习中文。政府也确实在一段时期内通过修改华文教材来控制华人母语教育的发展，以推动民族融合、统一的目的，但也因此引发了新的问题。而从现实利益和未来发展的角度来看，马来西亚政府已经不得不正视推动中文和中文教育发展的影响力，可是从哪里推动，如何推动，却牵涉诸多因素。

第三节　马来西亚语言政策与规划的成效和问题

马来西亚是一个典型的具有本土土著语言（如马来语、伊班语等）、前殖民宗主国语言（如英语）、移民语言（如华语、泰米尔语）和宗教语言（如阿拉伯语）的国家。独立 60 多年来，马来西亚的语言政策变化不断，其中主要是围绕英语的地位和功能展开，马来语和少数族群语言的规划相对比较稳定，但规划力度差异很大。

马来西亚的语言政策的变化，反映了政策制定者对语言资源以及语言价值的认识。当政策制定者认识到某种语言的资源属性及价值时，与之相关的语言政策就会更加倾向它，并使得该种语言资源的价值得到充分地发掘和利用。相反，如果某些语言资源的价值没有得到充分的认识与利用，则会造成一定程度的资源浪费。[①]

一、马来西亚语言政策与规划的成效与优势

（一）发展外交和商业

语言资源的外在价值首先体现在宏观的国家安全、外交、军事战略中，马来西亚多元化的语言政策在外交上发挥了重要作用。马来语是与印度尼西亚、文莱沟通的工具，英语是与新加坡和其他东盟国家交流的工具，华语（包括粤方言和闽南方言）是与中国、新加坡联系的纽带，泰米尔语是与印度（尤其是印度南部）共同的语言。

语言资源的商业价值指的是与语言和语言使用相关联的经济价值。英语是前

殖民地语言，在国际事务和对外贸易中有非常重要的作用。如今，中国在世界的商品贸易经济中占据重要地位，华语的商业价值也随着中马贸易额的增长而日益提高。

（二）传承多样文化

马来西亚语言政策与规划很好地起到文化传承的作用。语言是文化的载体，肩负着传承文化的责任。马来西亚是文明的聚集地，国内三大语言（马来语、华语和泰米尔语）背后是世界三大文明，即伊斯兰文明、中华文明和印度文明。①把这些语言纳入语言政策和教育政策使这些文明得以保存和延续。

（三）促进种族和谐

维护语言多样性就是维护文化多样性，促进种族和谐。马来西亚的国语为马来语，强调"一个国家，一种文化，一种语言"以期打造一个统一国家的形象。但马来西亚在实施"单语制"政策的同时，并没有忽视其他语言，反而把其他种族语言纳入语言政策和教育政策，使每一个种族都得到相对平等的对待。对国内语言资源的充分利用和充分尊重，可以促进种族关系的和谐，促进不同种族之间互相学习彼此的语言，增进彼此间的相互理解、包容沟通。

二、马来西亚语言政策实施中的问题

（一）政府如何平衡不同种族之间的利益冲突

马来西亚语言政策的总体特点可以总结为"相对的单元化"，也就是说其政策本身就存在着内在的矛盾冲突，而实施的过程又掺杂着不同种族之间的政治利益、经济利益和文化认同等因素，甚至有的时候还会被掺入宗教的因素，出现所谓的"教育政治化""公共事务宗教化"等现象，严重影响了语言政策的实施。此外，语言政策主要影响的还是学校教育，而国民学校、国民型学校、私立学校、国际学校的水平参差不齐，由经济水平等决定的学校选择以及由此决定的社会流动渠道，客观上都将牵涉到不同种族的利益，在这个过程中如何平衡利益冲突，是一个棘手的问题。育华小学的校长曾庆龄先生就说道："你们看到我们的条件了，很艰苦的，对面是国民小学，完全不一样。我们这里基本上都是大班教学，你看教室里就知道（平均人数在35人以上）。现在马来族和印度族的父母开始觉醒了，

---

① 王晓梅. 多语背景下的马来西亚语言规划历程与思考[J]. 语言战略研究，2021，6（2）：76-85.

知道我们的教育质量好,都开始往我们这里送学生了,但是我们一般不收,首先要服务我们自己的学生。那这个也很正常,我们的校舍、物资,好多都是我们自己赚钱买来的,那肯定要先服务华人的学生啊。"

在近几届政府中,与马来西亚语言政策实施密切关联的教育部的领导机构就很好地说明了情况。从构成上看,马来西亚教育部的部长无疑都是马来人,但副部长几乎都是一位华人和一位印度人。这一措施自然是为了释放出重要的信息,安抚民心,让不同民族的群体知道有人在维护自身的权益。然而问题在于这样的设置往往并没有很好地解决不同民族之间的问题。而相比之下,印度人比华人群体的数量更少,势力更弱,很多时候不具备应对政治和社会变革的能力。在加影国民中学(SMK Jalan Bukit)内,一名校长是印度人,信仰的是印度教,但是出于个人职业发展等多方面的考虑,他不得不改信其他宗教,以谋求更好的发展。类似的不同民族间的矛盾冲突及其相应的后果还很多,都很好地展现出语言问题与民族问题的交织和互动。而正是上述这位校长说道,国民学校得到的政府资助并没有想象中的那么好那么快,"我们不像育华那么有钱(相对这所学校而言,育华中学和小学的条件稍好,但是还是不如多数国民学校),我曾经在那里工作。你会发现他们有很大的图书馆,而我们没有。如果向政府申请资助,需要花很长的时间。我们以前有一棵树倒在了餐厅的房顶上,而政府三个月之后才给我们回复。然后就没有下文了,那棵树还在。此外,我们还申请维修厕所,但是这足足花了6个月的时间。或许你们会认为我们像很多国民学校一样有钱,但事实并非这样。全国有上千所国民学校,而政府不得不分配资助"。

对于马来西亚这样一个种族结构多样的国家而言,语言政策制定上需要特别注意把握好不同种族之间的利益诉求,尽可能地为弱势群体给予支持。

(二)马来西亚华人对语言政策的多样化和开放性持消极态度

近年来随着中国的崛起,马来西亚学习华语的人确实在增加,但不容忽视的是,华人与马来人之间的权利博弈,华人团体内部的斗争,这些都影响整体推广的效率,需要"谨慎地、批判地思考中国崛起对马来西亚华人和华文教育发展的意义"。毋庸置疑,马来西亚现行语言政策正在逐步开放对外语和外语教育发展的限制,但是对中文教育还是基本处于压制的状态,就算有松口的时候,也大多是因为国内政治大选时拉拢选民的需要,或者是为了发展与中国的经济合作与文化交流放开相关的限制,实地调查结果显示,当地华人坦言这种特殊时期的开放往往是难以落实的。当地华人对此常有不满,或者形成以消极态度看待政府开放政策的习惯。

马来西亚语言政策多样性与开放程度的提升,总体上对马来西亚华人而言是一件好事，马来西亚华人应当采取开放包容的心态，积极参与到新的全球发展进程中，不能因为与马来语和马来西亚本土文化的冲突而阻碍了自身的发展，应发挥自身在中文教育上的优势和特点，在更大范围内谋求发展。

第四节　总结和启示

一、研究结论

（一）马来西亚语言政策的现状："变与不变"

"不变"的是仍然坚持马来语为唯一的官方语言，并在教育等领域严格执行马来语为官方语言的政策规定。而"变"则主要是在作为教学媒介语层面上，对非官方语言的限制有所松动，并根据国际化发展动向与国家经济社会发展的需要，允许英语、华语等非官方语言在教育系统等场域中作为媒介语加以应用。

（二）马来西亚语言政策的实施或应用典型地体现于教育领域

在教育领域，马来语仍然是国民学校和国民型学校教学和考试的官方语言，在升学或办学等领域仍具有"独尊"的地位和作用，而在私立学校和国际学校中，非官方语言的使用在相当程度上是被允许的，从而形成了多语教育或多语教学的局面。换言之，在语言政策实施层面上，马来西亚是允许多语作为教学媒介语存在并加以使用的。

（三）华文教育在马来西亚学校教育中存有较好发展的空间

多种现象表明，华文在马来西亚语言政策的实施中具有举足轻重的地位。总体来看，马来西亚的华文教育系统完善，主要分为两套系统，一套由政府主导，另一套则为华人团体主导。华文教育同时存在和生长于马来西亚不同类型的学校教育中。马来西亚的华文教育一直走在东南亚国家前列，目前已经建立起了从小学到大学的完整华文教育体系。

（四）马来西亚语言政策，总体上是趋于宽松的

相较于过去的"独尊"马来语和英语，马来西亚政府在制定和实施语言政策时，已逐步放松控制范围和力度，总体上呈现出宽松的趋势。就读于华校的马来

族和印度族等族裔的学生数量不断增加，在由当地华人社团创办的国际学校中华文和华文教育成为一大特色，华人创办的高等学府也获马来西亚教育部批准进而得以升级和转型。

二、对策建议

为推动中马两国在"一带一路"新时代的多方交流与合作，本书抱持这样的主张：在中文和中文教育领域，中国和马来西亚应共同探索"双轨道多主体的合作机制"。"双轨道"指的是不仅要开展政府和政府层面的合作，更要加强民间层面的交流；"多主体"则强调在合作过程中要包含不同的主体，尤其是专业组织、社会企业、非政府组织的力量。具体来说，在接下来的一个时期内，可重点关注如下的工作。

（一）专业稀缺领域的师资培养

"一带一路"倡议在东南亚的落地必须要上升至专业合作层面，而不仅仅是一般性语言教育，即使马来西亚拥有除中国以外最完善的华文教育体系，但师资专业水平饱受争议，从实际情况来看也需要大量专业培训。在这方面，我国可发挥专业教师教育方面的特长，尤其是在落实《关于全面深化新时代教师队伍建设改革的意见》的新背景下，发挥我国教师教育的优势，为马来西亚提供专业领域的师资培养，帮助马来西亚培养卓越的本土师资，建设现代化的华文教育教师队伍可以成为"新师范"建设中的一项重点工作。

（二）国际中文教育新标准的制定

制定新的国际中文教育标准，需要特别注意两个问题：一个是马来西亚华文教育的基础水平不同于其他国家，不可一概而论；另一个是"制定新标准的指向是什么"，这是一个需要慎重考虑的问题，马来西亚华校的华人中小学生有不少选择放弃学习中文，既有家庭成员的影响，也有出于实际升学和就业的考虑。尽管在调查中有学生不断表露出自己是出于文化认同和继承的心理而选择学习中文，但是不能忽视实际就业和生活的影响。因此，新标准的制定要注重其适用性和实用性。

（三）国别教材和通用教材的编写

编写新的国别教材可为马来西亚华文教育的推广注入新血液，在这一过程中不仅要注重国别教材的特色，也要注重通用教材（尤其是职业中文教材）的可推广性。而华南师范大学东南亚研究中心已经启动了相关工作，召集学校相关学科的力量和东南亚研究基地本土力量（马来西亚新纪元大学学院、印度尼西亚亚洲国际友好学院、泰国曼谷大学等），开展华文教育现有教材的调查和新教材的编写工作。

（四）中马合作办学培养急缺人才

为进一步推动"一带一路"倡议下中马两国间的合作，必须思考如何通过合作办学来更高效地培养具备国际竞争力的创新人才，在新时代背景下，这对于铁路和贸易等领域的发展具有最直接的益处。

（五）完善资金支持渠道和加大支持力度

实地调查发现，资金渠道单一是亟待解决的问题，为促进资金的有机发展和良性循环，需扩展资金支持渠道，加大资金支持力度。

（六）继续资助"一带一路"中文学习研究课题

由于"一带一路"共建国跨不同区域、不同文化圈、不同经济和教育发展水平，表现出高度复杂、异质性特点，语言在推进"一带一路"互联互通建设中具有先行性、基础性作用，因此各级政府应继续加强对共建国家的中文学习研究的鼓励和资助。

（七）积极开展教育文化交流，扩大中文魅力的对外辐射域

设立"'一带一路'共建国学校交流基金"，引导中外各级学校开展多层次、多类型的教育交流，以教育为桥梁搭通各国民心，增进彼此的文化认同感，让中文课程能真正铺开到各国主流教育体系之中；以孔子学院等办学机构作为中文文化传播平台，定期举办研讨会、博览会与主题论坛，向各国主流社会展现中文文化魅力。

（八）完善奖学金体系，吸引更多外国高端人才研习中文

政府对"一带一路"共建国留学生的奖学金制度，应适当向高学历人才倾斜，加大对学历生研习中文的经费支持，减少面向语言生的奖学金项目，发挥奖学金的最大激励效用，留住来华的优质学生资源。

（九）探索中文师资联合培养、双向流动的新路径

中国与"一带一路"共建国可开展中文师资联合培养项目，充分利用中外优质教学资源，摆脱封闭式的本土培养模式，允许合作国双方的优秀师范生自由跨

境进修、支教,在不同环境中积累理论知识与教学经验,培养一批具备国际化教学素养的中文教师;中方优秀师范生赴外支教,能作为一种外来师资的输入,有效缓解当地师资的紧缺,而外方师范生进修回国后同样为当地的中文教育注入新血液,在双向流动下拓宽了中文师资的来源渠道。

（十）联合中外专家,编写面向国际的中文系列教材

基于全局视野,综合考虑从中文基础到中文专业化、职业化的各层次学习需求,编订一系列实用性与趣味性兼备的中文通用教材,把握不同群体对中文学习内容的关注点,合理调整语音、词汇、语法等学习内容的比例结构,使各国从"无教材可用"转变为"有教材可选",同时通用教材本身能作为范本,为国别教材的撰写提供参考素材与方向指引。

（十一）加强大学国际化的战略规划,更新中文课程的设置理念

被来华留学生冷落,地理位置欠优越的大学更应重点发展有针对性的国际合作办学,深挖自身的办学特长;具备地缘优势的大学,找准自身国际化的战略定位,提高软硬件实力,满足留学生对高水平师资、良好学习环境的需求。面向留学生的中文课程,应兼有主修与辅助性课程,避免困囿于乏味的课堂教学,让留学生走进生活情境中练习、运用中文;大学中文课程不应局限于中文教育的知识领域,应大力开设以中文为载体的职业类课程,突出中文的专业化用途,国内高校可与国外名校共建中文商业化应用专业（如偏向酒店管理的商务中文）,成立学分互认的合作项目。

第十二章　老挝语言政策与规划研究

　　老挝，位于中南半岛上，是东南亚地区唯一的内陆国，与我国云南接壤。1997 年加入东盟，是东南亚地区仅有的两个社会主义国家之一。老挝国土面积不算大，但却是一个民族多样、宗教多元、语言复杂的国家。在当今老挝社会中，民众使用的语言主要有老挝语、国内各民族语言，还有英语、泰语等外语。由于历史和现实等诸多原因，语言政策与规划一直是老挝一个比较敏感的问题。21 世纪以来，伴随"一带一路"倡议的提出与推进，中老关系持续繁荣。语言对推进中老两国人文交流和民心相通具有重大意义。在此背景下，开展老挝语言政策与规划研究，有助于我们加强对老挝国家概况、语言状况、语言政策及语言规划发展等方面的了解，预测老挝语言发展前景，深化有关中老语言交流合作问题的认识，为更好地调整老挝中文教育和中华文化在老挝的传播策略提供有益的参考。

第一节　老挝语言政策与规划的传统和沿革

　　老挝语言政策与规划与其国家主权变化、经济社会、教育文化发展等因素息息相关。随着老挝国家历史的演变其语言政策与规划也大致经历了古代时期、殖民地时期、建国后三个主要发展阶段，并形成了不同的发展形态。

一、老挝古代时期的语言文字状况（1353～1893 年）

　　老挝历史悠久，但因缺乏史料，目前学术界对 14 世纪前的老挝历史仍有较多争议。1353 年孟斯瓦国王子法昂建立老挝历史上第一个统一封建国家"澜沧王国"。1707 年，澜沧王国陷入分裂。此后至 1893 年，老挝这片土地上王朝更迭频繁。按照当前史学界的定义划分，史前至 1893 年属于老挝的古代时期。在此期间，老挝尚没有成文的政策来规定和约束民众对于语言的选择和使用，宗教文化及后来泰国的入侵对当时老挝社会语言文字发展产生深刻影响。

法昂统一老挝之后，老挝人民掀起了尊崇佛教热。随着佛教的兴盛，梵语、巴利语日益融入老挝民众生活当中。大量的梵语、巴利语词汇也逐渐融进原始老挝语词库中。如来自梵语的有"季节、医生、哲学"，来自巴利语的有"首都、语法、时代"等。起源于梵语的老挝文字和来源于巴利语的经书文字也成为澜沧王国时期老挝国内主要使用的两种文字。前者主要流通在世俗的民间与官方，后者主要作为僧侣们在寺庙中使用的宗教语言。随着 1778 年老挝沦为暹罗（今泰国）的附属国，兼作教学场所的寺庙里有关佛经、佛法的书籍基本都用泰语编写。泰国占领期间老挝人被迫学习泰语。因此，一定数量的泰语词汇也逐渐渗透到老挝语中。

由此看来，古代时期老挝的语言文字发展情况与其所处的社会环境，受宗教文化影响甚大。同时，朝代的频繁更迭也使老挝语言政策未能制度化和书面化。所以，严格意义上来说，此时的老挝没有专门的语言政策，主要呈现零散的多元语言和文字并存的形态。

二、老挝殖民地时期的语言政策与规划（1893～1975 年）

（一）法属殖民地时期（1893～1954 年）

1893 年 10 月 3 日，法国和暹罗双方在曼谷签订了《法暹条约》（又称《曼谷条约》）。此至 1954 年，老挝由暹罗的属国变为法国的保护国，并入法属印度支那联邦。这一段时期是老挝沦为法国殖民地阶段。此阶段，法国殖民政府在语言问题上的态度和具体做法给老挝语言政策带来了深刻的影响。这种影响一直延续至今。

1. 确立官方语言、国家语言

1904 年，法国传教士夸兹在《法暹词典》基础上编写出版了《老法词典》，法国殖民政府当即宣布法语作为老挝官方语言。同时，为了培养老挝人的亲法思想，殖民当局要求老挝人学习法语，允许小学一至三年级学老挝语，四年级以上以及中学课程都必须用法语讲授。二战后，老挝人民刚从日本法西斯手里夺得政权，法国殖民者就卷土重来，重新占领老挝。于是，法国实行新的殖民统治，同意老挝语和法语两种语言都是老挝官方语言。1947 年，法殖民政府在《老挝王国宪法》中将老挝语定为国家语言，在学校里允许学生学习老挝语和法语。

2. 组织开展老挝语标准化工作

20 世纪 30 年代，殖民政府出于强化自身的殖民统治，加快分离老挝与暹罗关系的目的，开始重视提高老挝语地位，以期强化老挝民族意识、避免泰化。为此，发起了老挝语标准化运动，进一步确立老挝语在老挝本土各民族语言中的地位和作用。1931 年，法国在金边设立佛教学术研究委员会，负责老挝语的书写和字母的整理工作。1935 年，殖民政府设在金边的佛教学术研究委员会以巴利语和梵语编写出版了《老挝语语法》（*Grammaire Laotienne*）。这是老挝历史上第一部较成体系的语法书，但由于当时的法属老挝有一半以上的人口并不信仰佛教或者根本不讲老挝语，故这种拥有复杂拼字法和语法体系的老挝语并不被民众普遍接受。经过激烈讨论后，1939 年殖民当局确定不保留巴利语和梵语借词，以发音作为基础的拼字法。然而，这种老挝语的拼字法也未能固定下来。当时老挝中部和南部的寺院仍旧使用檀语书来写经书，琅勃拉邦的寺院则是继续使用泰北、琅勃拉邦及掸邦地区的书写系统。①20 世纪 40 年代初，法国殖民当局发起了老挝语标准化运动。1948 年 8 月，王室第 67 号法令成立老挝语文字委员会，该委员会补充了老挝语辅音字母；1949 年，老挝政府签署了关于国家语言的法令，再次规定了根据老挝语词汇读音的老挝语书写原则，舍弃许多从巴利语和梵语衍生出来的单词。②

可见，法国在殖民老挝时期实施了有力的语言政策，包括编写老挝语法书、成立老挝语文字委员会、签署国家语言法令等措施，并根据老挝当地民众的语言文字的基础和条件加以改进，发起了老挝语标准化运动，以加强其殖民统治。历任殖民宗主国中，尤以法国殖民时期的语言政策给老挝带来的影响至深。

（二）美国入侵时期（1954～1975 年）

1954 年，法国在奠边府战役中失败，被迫签署日内瓦协议，承认老挝独立并撤军。但不久后，老挝遭遇美国入侵。同一时期，美国、泰国所支持的老挝王国政府万象政权同苏联、越南支持的老挝爱国阵线（巴特寮）展开内战。在此期间，万象政权在 1948 年老挝语文字委员会的文字规则基础上延续着其既有的语言政策。而老挝爱国阵线则在解放区里对老挝语开展了语言体系梳理工作，包括发起文字改革、简化文字的使用及拼写等，进一步完善了标准老挝语。1967 年，老挝爱国阵线的富米·冯维希的《老挝语语法》问世，这为老挝语言文字的统一做出了巨大贡献。

三、老挝建国后的语言政策与规划（**1975 年至今**）

1975 年，老挝宣布废除君主制，成立老挝人民民主共和国，老挝政府具备了

---

① 林菱. 泰国和老挝语言政策比较[J]. 四川民族学院学报，2016，25（3）：56-60.
② 温科秋. 老挝的多语现象与语言政策[J]. 东南亚纵横，2010（1）：64-68.

推行持续有效的语言政策与规划的客观条件，开始实行一系列语言和教育改革。

（一）宏观语言政策与规划行为

随着老挝人民民主共和国宣告成立，老挝的语言政策与规划也开启了新的历史纪元，开始独立自主地制定并实施语言政策与规划。1975 年 12 月 2 日，老挝召开第一届全国人民代表大会，会议确定老挝语是老挝人民民主共和国的国语，老龙族的语言和改革后的老龙族文字是官方语言及文字。这一决定意味着标准老挝语几乎取代了其他民族语言，遂遭到了少数民族的反对。1990 年，老挝信息文化部文化研究所召开了"老挝语言政策圆桌会议"，诸多学者，司法部长，国家最高议会议员，教育体育部和信息文化部的官员，以及佛教组织的代表等都参加了该会议，共同就"官方语言和老挝传统文化遗产的关系""标准老挝语作为官方语言和其他少数民族语言的关系"两个问题进行讨论。这次会议最终认为老挝应成立专门的语言研究所去研究国家的语言政策，同时允许使用标准老挝语以外的民族语言和文字来出版关于文化和宗教的书籍。为推广官方语言，促进老挝语发展，老挝政府的首要举措就是制定官方老挝语的标准。1991 年 8 月 15 日，《老挝人民民主共和国宪法》（Constitution of The Lao People's Democratic Republic 1991）通过，以立法方式确定了标准老挝语、老挝文国家通用语言和文字的地位。

（二）语言教育政策

1975 年建国后，受教育权成为老挝公民的一项重要权利。教育是老挝改革发展的一个重点。在独尊老挝语的单语制语言政策下，普及推广老挝语教育成为老挝语言教育政策厘定的主线。与此同时，老挝也支持外语教育的开展，而对于少数民族语言发展则不甚关注。

1. 老挝语教育

2000 年 4 月 8 日发布实施的《老挝人民民主共和国教育法》（The Education Law of Lao PDR）（以下简称《教育法》）中明确规定老挝语是所有学校和教育机构教学的官方语言和文字。[①]第 17 条规定小学要确保学生具有听、说、读、写老挝语的能力；第 18 条规定初级中学中老挝语是主要的基础知识教学科目。职业教育和高等教育方面，则根据各专业的教学需要开设相关的老挝语课程。2007 年老挝修订《教育法》，重申各级各类学校均应使用老挝语开展教学，规定不管学生平时使用

---

① Faming M. Lao as a touch stone：Language use among ethnic minority students in Laos[J]. Journal of Asian Pacific Communication，2013，23（1）：119-143.

哪种民族语言，都应该认真学习和使用老挝语。①

2. 外语教育

20 世纪 80 年代后，老挝政府重新调整了语言政策，允许学生自由地从一系列外语（即俄语、法语、英语）中选择一门进行学习，并主动实行了一系列有利于英语推行的政策。很多学生被送到新加坡、澳大利亚、泰国等国家学习英语。2000 年《教育法》中明文规定和鼓励学校开展外语教学，第 17 条规定：小学三年级开始学习外语；第 18 条规定初级中学中外语是主要的基础知识科目。②2003 年，老挝政府将英语课程列入中学课程。2015 年《教育法》（修订版）第 41 条新增规定提出：教育机构可以组织外语教学活动，其中，英语为必修科目，从小学三年级起开设英语课程。至于其他语言，由教育机构根据实际情况及条件采取选择性教学。③

第二节　老挝语言政策与规划的现状和特点

一、老挝语言政策与规划的推行现状

建国以来，老挝政府视语言政策为基本国策之一，实施了一系列措施推动其贯彻执行。多年来，老挝语言政策与规划的实施对老挝社会发展产生深远影响，在其主要社会生活领域中塑造出不同的语言景观。

（一）日常生活领域

老挝语自建国之初被确立为唯一的官方语言后，也成为国家各机关单位的主要工作语言。老挝语是老挝主体民族语言，使用者主要分布在老挝境内的平原地区、湄公河两岸的支流领域，使用民族主要是老族（Lao）、普安族（Phuan）以及普泰族（Phuthay）等。

老挝有 50 个民族，分属老-泰语族系、孟-高棉语族系、苗-瑶语族系、汉-藏语族系。结合民族语言、文化特征和民族意识，可分为老-泰语族、孟-高棉语族、苗-瑶语族、藏-缅语族、越-芒语族和贺语族六大语族。少数民族语言使用人数超过 100 000 人。④

① 王辉. "一带一路" 国家语言状况与语言政策（第二卷）[M]. 北京：社会科学文献出版社，2017：52.
② 王辉. "一带一路" 国家语言状况与语言政策（第二卷）[M]. 北京：社会科学文献出版社，2017：53.
③ 张德祥，李枭鹰. 越南、老挝、泰国、柬埔寨、缅甸教育政策法规[M]. 大连：大连理工大学出版社，2019.
④ Kosonen K. Vernaculars in literacy and basic education in Cambodia, Laos and Thailand[M]//Liddicoat A J. Language Planning and Policy：Issues in Language Planning and Literacy. Clevedon：Multilingual Matters，2007：122-142.

（二）教育领域

老挝人民民主共和国成立后，提出要求学校开设老挝语课程，以老挝语为教学语言，规定各种方言背景的学生都应该认真学习和学会使用老挝语。迄今为止，老挝语一直是老挝各层级学校和教育机构使用的教学语言。

老挝在推行官方老挝语标准化的过程中也允许各种外语的存在，且在"革新开放" 政策实施后，外语政策愈发宽松。法语、英语、中文在老挝教育系统中都占有一席之地。其中，法语、英语均已正式列入小学课程。英语还是老挝初中和高中教育中的第二语言，在大学和技术学校设立英语必修课。此外，国家还成立了英语培训中心，培养了一大批英语教师。在大学和技术学校，英语是必修课程。[①]中文目前尚未进入老挝的国民学校，但默许华校开设中文课程，只是华校必须教授老挝中小学全部必修课程。

此外，在老挝一些民族学校中，存在"老挝语+民族语言"的类似双语教学现象。在课堂里使用一种叫作"集中的语言接触"的方法，为少数民族学生提供老挝语作为第二语言的课程。[②]并以第二语言读写能力教学为基础，以自创的拼写来书写方言或民族语言。

（三）媒体领域

老挝纸媒产品的语种包括老挝语、法语和英语。有声媒体方面，老挝国家广播电台采用老挝语广播，对外用越南语、柬埔寨语、法语、英语、泰语广播。老挝全国各地的广播节目往往具有很强的地区针对性。老挝国家电视台有两个频道播放老挝语节目。部分地区的无线电台和电视台的节目使用的是民族语言，如苗语和柬埔寨语。

在各种外语类书籍、影视产品中，泰语类产品在老挝市面上最受欢迎。由于老挝与泰国仅有一河之隔，加之泰族和老族同根同源，泰国的语言文化得到老挝很大的认同，观看泰语节目成为老挝人很重要的业余生活。近年来，随着中老关系的日益紧密，中文媒体在老挝也有了新发展，原中国国际广播电台、中央电视台第四和第九频道已经在老挝落地；原中国国际广播电台与老挝国家广播电台合办的广播孔子课堂已于 2016 年底揭牌。

---

① 郑淑花. 从殖民地语言政策到民族独立的语言政策——老挝语言政策研究[J]. 广西教育学院学报，2004（6）：135-137.

② 刘泽海. 试论少数民族语言在读写能力和基础教育中的作用——以柬埔寨、老挝、泰国为例[J]. 民族论坛，2016（1）：75-79.

二、老挝语言政策与规划的突出特点

（一）通过采用单语制培养国家认同感和向心力

采用老挝语的单语制来培养国民的国家意识和认同感，提升国家向心力是老挝语言政策与规划的重要考量和突出特点。老挝建国之初，国家面临的第一要务就是树立独立国家的形象，以此来凝聚民心，增强国家凝聚力，争取国民对新政权的支持。为此，政府在综合考虑了老挝语是国内主体民族语言、相较其他民族语言已具有比较完整的语言体系、殖民时期曾被用作教学语言而得到过一定程度的推广等因素，决定采取独尊老挝语的单语制政策，以立法的形式快速将老挝语提升为国家和官方语言。除了法律手段以外，政府还大力开展标准老挝语扫盲教育，促进标准老挝语的传播和普及。这一系列行为背后的一个重要目的就是充分借助和发挥语言的作用来促进民族团结和国家统一意识的培养。

（二）缺失对少数民族语言文化发展的重视

有学者在系统分析了老挝民族政策后提出，在老挝的政策话语体系中，民族文化和语言被按照由权力决定的价值等级进行分类，关于民族团结、平等的话语被掩盖在老挝民族中心地位的话语之下。[①]可以说，正是源于这种对主体民族中心地位的尊崇，使得老挝语言政策与规划呈现出在独尊老挝语的同时忽视保护少数民族语言文化的特点。

到目前为止，老挝尚未采取任何重大或有效的主动行为来确定少数民族语言的地位或进行本体规划，少数民族语言发展一直未得到老挝国家层面应有的重视和保护。老挝建国之初，新成立的共产党政权十分重视民族团结建设，并试图通过增加少数民族地区学校数量和呼吁在国内最大的两个少数民族群体——苗族和克木族中开展双语教育的方式来促进各民族团结。然而，对于这一有关双语教育的呼吁，政府未采取任何措施来实施此类计划，[②]老挝《教育法》及其历次修订版对此也都未有提及。如今，由于缺少老挝官方的主动关注和保护，如泰泐、红泰、泰诺等泰族支系的语言文字正濒临灭亡，对老挝语言文化多样性造

---

① Cincotta-Segi A R．"The big ones swallow the small ones"．Or do they？Language-in-education policy and ethnic minority education in the Lao PDR[J]．Journal of Multilingual and Multicultural Development，2011，32（1）：1-15．

② Benson C．Language-in-education policy and practice in Southeast Asia in light of the findings from Ethiopia[M]// Peter Plüddemann，Skutnabb-KangasIn．Multilingual Education Works：From the Periphery to the Centre．New Delhi：Orient Blackswan，2010：134-163．

成损害。

（三）呈现多语化发展趋势

1986 年，老挝政府颁布"革新开放"政策，提出"我们随时准备扩大与各国的经济合作，在平等互利和相互尊重独立与主权的基础上，首先考虑与泰国和东南亚各国发展经济贸易关系"。伴随"革新开放"政策的推行，老挝政府日渐认识到国民只懂一种语言不能满足全球化深化发展的趋势要求以及国家深度融入全球经济的迫切需要，在语言政策上做出了相应调整，外语市场呈现出新的气象。泰语、英语、中文等外语在老挝的语言地位出现明显上升。泰语方面，20 世纪 90 年代以后，老挝取消了禁止泰文出版物在国内出售的规定，泰文报纸、杂志等出版物可在老挝的市面上公开出售，广泛流通。到 21 世纪，老挝 90%以上的万象人懂得泰语，30%以上的人会说和写泰语。[①]英语方面，20 世纪 90 年代中期，英语民办学校在万象及湄公河沿岸的一些城市中蓬勃发展。1997 年老挝加入东盟后，英语作为东盟的工作语言更加受到老挝的重视。一时间全国上下涌起一股学习英语的热潮，不仅国家机关人员迅速加强英语学习，很多企业也加快英语翻译人才的培养。中文方面，20世纪 80 年代末中老关系恢复后，老挝中文教育发展复苏。近十年来，随着中老两国各领域交流合作的持续深化，中文正在超越英语、越南语、韩语、日语等其他语种，成为老挝政府及民众首推、首选的外语。[②]

老挝语言多元化发展新时期的开启与 20 世纪 80 年代国家实施的"革新开放"政策密不可分，后者客观上为外语在老挝的发展带来了更加宽松的环境。而如果从更为宏观的视角来看，老挝语言实践中所呈现出的这些多元化发展趋势亦与全球化潮流紧密相关，同时也是这一时期东南亚各国和世界各国语言政策发展的大势。

第三节　老挝语言政策与规划的成效和问题

一、老挝语言政策与规划的成效

（一）提升了老挝整体国民素质

法国确立在老挝的殖民统治地位后，在文化上采取"愚民同化政策"。在法国

---

① 黄素芳. 现代老语的形成与老挝的语言政策[J]. 东南亚，2003（3）：46-48.
② 李步军，潘玉华. 老挝中文教育现状、困境及发展策略[J]. 云南师范大学学报（对外汉语教学与研究版），2022，20（3）：54-62.

殖民者统治期间，老挝文化衰落。直至 1954 年，老挝全国只有 1 所中学、5 所小学，95%的老挝人是文盲。①老挝建国后，根据全面推广官方老挝语的语言教育政策与规划要求，标准老挝语扫盲运动作为这一时期普及老挝语的首要任务在全国开展起来。为此，老挝政府开办了许多乡村一级的小学，并重视中等教育，尤其是在少数民族居住区，兴建了一批县级和省级中学。老挝第一个五年建设计划（1981～1985 年）在教育上的重要任务就是扫除 15～45 岁成年人中的文盲。1985 年，老挝已正式宣布在全国范围内基本扫除文盲，在当年全国 765 435 人的文盲中，扫除了文盲 755 870 人，扫除文盲率达 98.75%。②可以说，老挝语言教育政策以及老挝语的本体规划及发展为全国扫盲运动奠定了基础，为提高老挝国民素质和文化水平做出可观贡献。

（二）促进了国家政治经济建设

老挝语言政策与规划主动配合国家建设，成为助力国家政治和经济政策成功的重要推力。在政治方面，对于多民族国家而言，"民族统一构设"是国家建构中需要面对的一个核心问题。民族统一构设是指为促进民族一体化而制定的诸项政策之和，其中包含积极推动一种权威性语言标准化的过程。老挝建国后基于现实国情实施了独尊老挝语的单语制政策并开展了系列规划行动。现实证明，该政策为推动当时老挝语言政策上的去殖民化运动以及培养老挝民众的国家统一意识做出了重要贡献，作为民族统一构设的抓手对维护民族认同、促进国家团结起到积极作用。

在经济方面，从历史发展视角来看，老挝语言政策和语言规划演进的走向与老挝社会经济发展相一致，也与老挝融入经济全球化进程的步伐一致。20 世纪 80年代是老挝重要的经济发展时期，语言政策和语言规划适时做出了多元化的调整转向，重视外语教育发展。相关语言政策、规划的制定与实施过程为老挝民众创造了大量外语学习机会。国民外语能力及才智和文化素质的全面提升加快了老挝融入全球经济的进程，赋予了国家经济建设新的活力。

二、老挝语言政策与规划面临的挑战

老挝建国后，各种语言政策与规划尽管取得了显著成效，但在深入推进过程中仍面临一些阻力和问题。

---

① 王辉．"一带一路"国家语言状况与语言政策（第二卷）[M]．北京：社会科学文献出版社，2017：51．
② 张良民．老挝的教育概况[J]．东南亚纵横，1993（4）：54-58．

（一）民众对于单语制存在抵触心理

老挝是一个多民族、多语言且几大语族间分歧较大的国家。虽然老挝政府声明将老挝语定为官方语言，但民间社会里呼吁重视民族母语的声音从未止歇。在老挝的许多地区，尤其是少数民族地区，民众对于单语制一直抱有抵触心理，他们更加希望和习惯使用本民族母语，也在依然坚持使用地方方言、民族母语作为主要交际语，尤以苗族为最。在老挝，苗族喜爱聚族而居，内部关系团结紧密。地理位置、民族感情等因素都影响着苗族聚居寨里的人们对老挝语的接纳。苗语自然成为交际用语，如果不会说苗语还会被耻笑为是"假苗族"。这种抵触心理的长期存在，直接影响到标准老挝语扫盲政策在少数民族地区的执行成效。此外在一些地区中，少数民族语言使用范围更广，甚至表现出一定程度的标准化。

（二）国家通用语言文字推广普及不平衡

目前，老挝国家通用语言文字推广普及仍不平衡、不充分，尤其是在少数民族地区，相关工作开展难度大、成效不佳。在如今一些少数民族地区的乡村学校里，大部分学生在上学前并未接触老挝语，学生在学校也没能学到足够的老挝语。出现这种情况的原因是多方面的，可以从内部因素与外部因素两个层面加以分析。从内部因素上讲，诚如上文所述，一些少数民族地区民众对于单语制政策、国家通用语本身就存在抵触心理。在这些地区中，学校老师自然坚持使用地方方言或是民族母语进行教学。从外部因素上看，国家经济条件限制是主要原因。这包括国家意志和政策文件因通信和交通系统落后而很难及时传达到地方，以及政府为确保地方教育实施官方指定课程的资金资助有限等。此外，媒体作用发挥也不够充分。印刷媒介作为标准老挝语宣传推广的重要载体，在社会流通层面存在局限性，未能如期发挥效力。此外，泰文化的影响也使标准老挝语在全国范围内的推广进展缓慢。

第四节　总结和启示

多族群、多文化、多语言的社会环境导致了老挝国家语言生态的多样性，也造成了老挝国家语言政策与规划的复杂性和多变性。深入全面调查研究老挝语言政策、语言规划的相关问题，可以使我们更加深刻地理解我国坚定不移地推广普及国家通用语言文字、贯彻实施国家通用语言文字法，以及积极推进外语教育改革等政策措施的内在精神。同时，对于帮助我们了解老挝国情，更好地面向老挝建设语言服务市场也具有一定启发性意义。

（一）全面推广普通话须同科学保护少数民族语言并举

老挝语言政策中对少数民族语言发展保护的忽视值得我们警醒。根据马克思主义共性和个性的辩证关系原理，任何事物都是共性和个性的统一，共性寓于个性之中，个性体现共性。在我国语言工具体系中，普通话标准化程度和交际效率最高，具有通用、统一的共性；少数民族语言凝结着少数民族文化特色和地域人情，具有独特、差异的个性。普通话和少数民族语言天然一体，没有离开各民族母语的普通话，也没有离开普通话的各民族母语。也就是说，推广普通话与科学保护少数民族语言二者应是有机统一的关系，不可或缺、不可偏废。

基于我国语言文字多样性和语言使用情况复杂性这一基本语言国情，为协调好语言关系、民族关系，促进多元语言文化发展，必须坚定贯彻推广普通话同科学保护少数民族语言并行共举。当前，国家通用语言文字已进入到向全面普及推进的新阶段。在这一大背景下，有待投入更多人力物力财力，就推广普及国家通用语言文字与保护开发方言和少数民族语言文字协调推进的新情况、新问题、新挑战开展研究，创新路径机制，在推广普及和规范使用国家通用语言文字中更好达成传承弘扬中华优秀语言文化，铸牢中华民族共同体意识。

（二）"一带一路"建设呼唤语言政策与规划应时而变、积极调整

纵观老挝语言政策与语言规划发展历程，无论是建国初期"单语制"的确立，还是革新开放时期多元发展思维的开启，都体现出"立足现实国情、因应时代形势"的语言管理态度，语言政策与规划由此也更好地促进了国家政治经济政策的成功。从我国视角来看，"一带一路"倡议下，语言政策与规划面临着新形势、新使命和新要求，需要且应当主动配合"一带一路"倡议建设做好相应语言政策与规划的调整。

正所谓"'一带一路'，语言铺路"，"一带一路"共建国家和民族众多，语言文化纷繁复杂。"一带一路"深入推进之下，亟待培养大批通晓共建国家和地区语言文化的人才。针对这一迫切的人才需求，需要从语言政策与规划层面做好语言教育政策的调整。自 20 世纪 70 年代改革开放以来，我国外语教育始终是以英语为主，其他非通用语种外语课程开设覆盖面远不及英语。由于长期以来对非通用语种专业建设的忽视，如今已导致通用语和非通用语人才的比例失衡，这一现状显然不足以支撑我国"一带一路"建设的语言需求。因此，我国必须应时而变，应时势而动，加强对应性语言教育政策的制定与落实，引导外语教育多元化，促进非通用语种教育发展，助推国家非通用语人才的培养。

（三）老挝中文教育发展迎来历史机遇期

20 世纪 80 年代末，中老关系全面恢复和发展，以及老挝趋向宽松的外语政策使老挝境内的中文教育迎来发展新时机。近年来，中国经济的强势崛起和中老合作的走深走近使中文日益成为老挝国家及民众推动经济建设、谋求自我提升的首选外语。如今中老命运共同体建设持续推进，中老两国势必会在更广范围、领域中加强交流互动，中文也必然在中老两国全面战略合作中发挥更大作用、受到更高重视，老挝中文教育也将随之迎来全新的历史发展机遇。

毋庸讳言，我们在看到老挝中文教育发展空间广阔的同时，也必须正视其依然处于初期阶段。老挝中文教育发展规模还不是很大，且缺乏普遍性系统性的教学大纲引领，课程类型还比较单一，"三教"资源在数量、质量及本土化程度上都不足以满足教学需求。面向未来，从利用老挝语言政策与规划推动中老中文教育合作的角度考虑，宜抓住老挝政府外语教育政策趋于宽松、对中文教育不加干涉等有利契机，结合老挝的单语制政策，探索推进同老挝各级相关教育部门的交流合作，如共编中老双语教材、共建中老双语教学试点等，共同推动老挝中文教学大环境的建设，助力老挝中文教育事业的本土化、可持续发展。

第十三章　十一国语言政策与规划
对国际中文教育的影响

第一节　菲律宾语言政策与规划对国际中文教育的影响

菲律宾独立后语言政策与规划经历了由"独尊英语"到"英菲并重"再到"基于母语的多语教育"的发展过程。透过菲律宾语言政策与规划的变迁可以发现菲律宾语言政策与规划影响着国际中文教育的实施与发展，使国际中文教育在菲律宾既存在机遇，也面临着一些挑战。

一、菲律宾语言政策与规划为国际中文教育带来的新机遇

菲律宾语言政策与规划对华文教育的态度体现了一定的包容性，在近代史上从未禁止华文教育。1973 年马科斯总统实行菲化政策，但是政府并没有禁止国民学习华文，只是将华校转型，加强对学校的监控。因此，菲律宾的华文教育从未中断，在转型中存活了下来，也为国际中文教育在菲律宾的发展带来一些新机遇。

（一）中文学习人数将有明显增加

在世界经济全球化和中国经济高速发展的时代背景下，在中国-东盟经济一体化进程不断加快的新形势下，中文的经济功能日益凸显。菲律宾多元语言政策的实施使菲律宾人有机会学习中文。对于菲律宾华人来说，基于母语的多语教育政策为菲律宾华人学习中文提供了更多机会。华人以 150 万～200 万人口（约占菲律宾人口的 1.5%～2%）成为菲律宾的少数民族。但由于菲律宾语言政策重视英语和菲律宾语，中文在华人群体中也没有得到足够的重视。基于母语的多语教育政策的实施，为政府领导、管理和规范"华人母语教育"提供了可能。除此之外，外语特别项目政策使中文被纳入菲律宾国民教育体系。一种外语想要在所在国具有社会地位，首先就得被纳入所在国的教育课程体系。这不仅让

华人可以在公立学校接受中文教育，也可以使更多的非华裔人群在中学阶段接触中文学习，可以说这将极大地激发菲律宾人学习中文的积极性，通过政府的行政力和法治力为华文教育新时期的健康发展注入新的生机。[①]对于菲律宾其他族群来说，随着中国与菲律宾经贸往来愈加频繁，掌握中文正像掌握英语一样成为一项重要的就业技能，比如可以获得中资企业的青睐，或者成为中文导游、中文翻译等。

（二）增强华人的文化自信，助力中文国际传播

菲律宾华人对中华民族有着深厚的感情基础和民族认同感。在菲律宾，华人只占总人口的 1.5%～2%，而他们却掌握着 60%～70%的经济命脉。华人的社会地位高、收入高，将有助于推动国际中文教育。菲律宾华人社会已经形成了"以商养学、以学促商"的支持华文教育的风气。菲律宾华商联总会（商总）、各宗亲联合会（宗联）、晋江同乡总会（晋总）等各种华人社团为华校筹措巨资，举办华语比赛，设立奖（助）学金，重资聘请中国的华文教师，甚至还为华校学生、教师提供学习或实习经费。

二、菲律宾语言政策与规划对国际中文教育发展的挑战

（一）菲律宾政府对华校支持力度较弱

菲律宾最新的语言政策支持依据母语学习多种外语，但是并没有特别强调中文；中文在公立学校也仅仅与西班牙语、法语、日语、韩语等共同列为外语选修课，并没有太多特殊地位。虽然政府对华文教育在法律上进行了限定与保护，但是华校却没有享受到国民教育成员所应有的待遇。华校属于私立学校，办学经费全部自筹，政府没有给予任何政策优惠或财政补贴。在调研过程中，时任菲律宾晨光中学校长的黄思华先生指出："政府的不支持导致了菲律宾华文教师供应缺乏，尽管中国每年外派中文教师志愿者进行支援，但是仍然有 1000 多个教师岗位空缺。另外，教师属于低收入人群，这也直接影响到教师队伍的综合素质，继而影响了华文教育质量，间接对语言政策产生不良影响。政府对华文教育既不提倡，也不反对，任其自生自灭。有些学校的中文课因为招不到学生而关闭，教育部对此不予理睬，认为只要学生学好其他科目即可。"针对菲律宾华校招生人数减少的情况，黄思华先生认为主要有三方面原因。

---

① 章石芳，范启华. 菲律宾语言教育政策的回顾与反思：兼论华文教育的新机遇[J]. 海外华文教育，2013（4）：356-361.

第一，缺乏政府政策支持。华校属于私立学校，政府不给予经费支持，大部分经费来源于朋友捐助和学生学费。而目前全球经济衰退，面对高昂的学费，很多学生转学去公立学校读书。

第二，学生缺乏国际化意识。很多学生看不到社会的需求，缺乏对中文的兴趣，认为学中文是一种负担，没有用。从课程设置上来看，中文课程只有在幼儿园到中学阶段开设，大学并没有开设中文必修课，中文成绩不作为升学要求，所以中学生学中文意愿低，而且年级越高，表现出的学习兴趣越低。大部分学生都专心学习英语。很多大学生毕业后，在社会工作中需要用到中文时，再去短期进修。

第三，少子化现象普遍，每个家庭由原来的抚养6～7个孩子变成1～2个孩子。这使得华校生源出现了不同程度的下降。此外，少子化现象也使父母更看重孩子的教育前景，渴望给孩子提供更优质的教育资源，以适应社会发展需求。

（二）菲律宾华文教育的政治立场受到质疑

中国综合国力的提升，引发了菲政府对华人华侨的疑虑和不安，不仅使海外华侨深感痛苦，也成为导致华校危机的主要原因。因此，菲律宾华人社会必须以华人的共同利益为准则，摒弃政治影响，使华人社会成为菲律宾大社会中的有机组成部分。正如菲华历史博物馆的宗旨，为了更好地融入菲律宾社会，要努力让菲律宾上层社会了解华人历史和文化，这对华人社会发展华文教育提出了更大挑战。

第二节　印度尼西亚语言政策与规划对国际中文教育的影响

印度尼西亚是全球最早发起中文教育的国家之一，印度尼西亚政府在中文教育发展中发挥着制定政策、法规的作用，语言政策与规划作为国家政策文件，影响着印度尼西亚国际中文教育发展的态势。

一、不同历史时期对中文（华文）教育的影响状况

（一）华文教育的兴办时期

印度尼西亚是全球最早发起中文教育的国家之一，其中文教学最早起步于1690年创办的名诚书院。1899年，仅在爪哇和马都拉地区就有义学217间，有学

生 4452 人；其他地区有义学 152 所，学生 2170 人。[1]1900 年以前，印度尼西亚的中文教学一般都以义学形式进行，学生多是华侨子女。1901 年巴城中华会馆华侨学校的创办标志着印度尼西亚近代中文教学的开端。据统计，1908 年，全印度尼西亚的华校已达 44 所；到 1911 年，更达 100 多所。[2]

（二）华文教育的快速发展时期

1911 年，华人华侨成立了荷印华侨学务总会，主要负责协调全印华校，协助解决师资、经费及设备等问题。据报载，属总会的学校，1912 年，爪哇有 65 所，学生 5451 人；到 1926 年爪哇岛华校发展到 173 所，学生 17 440 人。同时，外岛的华校也有较大的发展：1914 年，外岛有华校 65 所，学生 3916 人；到了 1926 年发展到 140 所，学生达 14 001 人。[3]此外，这一时期，荷印政府采取同化华人的政策，通过支持荷印学校的发展来抑制华校的发展。1905 年，荷印政府将华文教育纳入其教育轨道，并倡导建立有利于政府控制的荷华学校。[4]当时荷印政府鼓励华人办学，但是要用荷兰语教学，没有开设中文、中华文化课。自 1908 年荷印政府建立第一间荷华学校起，到 1928 年荷华学校已发展到 100 多间，形成了与华校并存的发展格局。[5]

（三）华文教育的受挫期

1930～1942 年日本占领印度尼西亚之前，荷印政府在这一时期打压印度尼西亚华文教育的发展。1927 年以后中华民国政府加紧对海外华文教育的控制，并于 1928 年在中华民国大学院内特设华侨教育委员会，并制定了华侨学校相关立案条例。国民政府的条例招致了荷印政府对华校的不满和警惕。荷印政府于 1932 年颁布《取缔私立学校条例》，规定："其学校之经费全部或一部分非当地政府补助或津贴者，概认为私立学校。"华校被关闭，华文教师被取消任教资格。此外，荷印政府还加大对华文教科书的审查力度。[6]1935 年，荷印政府也禁止华校使用的语文、历史、地理、常识等教科书进入印度尼西亚。

---

① 周聿峨. 东南亚华文教育[M]. 广州：暨南大学出版社，1995：309.

② 乐天. 东印度华侨国民教育概论[N]. 新报（二十五年周年纪念刊），1935.

③ 耿红卫. 印度尼西亚华文教育的历史沿革与现状[J]. 云南师范大学学报（对外汉语教学与研究版），2007（3）：67-70.

④ 同③.

⑤ 周聿峨. 东南亚华文教育[M]. 广州：暨南大学出版社，1995：313-330.

⑥ 同③.

（四）华文教育兴盛期

1942~1945 年，日本占领印度尼西亚，华文教育遭到破坏。从 1945 年印度尼西亚独立后到 1957 年，华文教育迎来了蓬勃发展时期。此时期，印度尼西亚新政府对华文教育实行较为宽松的政策。1950 年印度尼西亚政府开始停止资助华校，但仍然允许华裔印度尼西亚籍学生在华校就读。1952 年颁布《外侨学校监督条例》，规定华校必须在文教部登记，从三年级起每周至少开设 4 小时的印度尼西亚语课，但对华校的教科书、师资及学生没有监管。1952~1953 年，在印度尼西亚文教部登记的华校有 1371 所，学生 254 730 人。[①]1957 年华侨办的各类学校（包括幼儿园、小学和中学）多达约 1800 所，学生 40 多万人。[②]

（五）华文教育的衰弱期

1957 年 11 月以后，印度尼西亚华文教育由兴盛期转入衰弱期。印度尼西亚政府于 1957 年 11 月 6 日颁布第 989 号军事条例，即《监督外侨教育条例》对华文教育的发展产生了很大的影响。条例规定"从 1958 年起，所有外侨学校禁止招收印度尼西亚籍学生就读，限制外侨教育的进一步发展，缩减现有的外侨学校，加强监督外侨学校的活动"[③]，所使用的教科书必须经文教部批准等。政府还将 1100 所华校改为印度尼西亚国民学校，学校课程的设置与政府办的学校相同，中文可以作为一个科目来讲授。并由印度尼西亚国际协商会接管改制学校，专门招收印度尼西亚籍华人学生。这种做法将华人从华侨中分离出来，致使华人子女迅速当地化，使得华校数量大减。1959 年 1 月，华侨学校只剩 510 所，外侨学生（多为华侨学生）减至 12.5 万人，华校继续实行中国教育制度。[④]1959 年 9 月，印度尼西亚各地出现排华事件，仅一年时间，72%的华校被迫停办。

（六）华文教育的低谷期

从 1965 年"9•30"事件发生到 1990 年是印度尼西亚华文教育发展的低谷期。1966 年印度尼西亚政府下令关闭所有华校，禁止在各种场合使用华语华文，禁止所有中文书刊流通。[⑤]1968 年 1 月，政府颁布了总统 B12 号法令，允许私人团体在华人社会办"特种计划国民学校"，它规定此类学校基金会的负责人必须有 60%的印度尼西亚籍人士，外侨学生不得超过 40%，开设的课程与国民学校相同，使

---

① 黄皇宗. 港台文化与海外华文教育[M]. 广州：中山大学出版社，1992：152.
② 温广益. 1967 年以来印尼华文教育的沉浮[J]. 华侨华人历史研究，1997（3）：56-59.
③ 黄昆章. 印尼华文教育的回顾与展望[J]. 八桂侨刊，1998（2）：4-7.
④ 同③.
⑤ 陈荣岚. 全球化与本土化：东南亚华文教育发展策略研究[M]. 厦门：厦门大学出版社，2007：17.

用印度尼西亚文授课，每周只开设若干小时的华语课。此类学校深受华侨欢迎，但引起了印度尼西亚政府的不满。印度尼西亚政府于1974年3月取缔了此类学校，并将其改制为普通的印度尼西亚学校。此外，印度尼西亚政府还试图在印度尼西亚消灭中华文化，从1966年起，当局禁止在公共场所讲华语、禁止进口中文期刊、提倡华人改印度尼西亚姓名等。

（七）华文教育松动时期

印度尼西亚政府于1990年同中国恢复了断绝了23年的外交关系，促使印度尼西亚政府对当地华文教育政策的松动。2001年初，印度尼西亚总统瓦希德在庆祝华人新年发表演讲说："那些被迫更改华人姓名的人，现在可以恢复他们原来的名字。"[①]

1994年以后，印度尼西亚政府放松了对华文教育的限制：①国立大学和私立大学可以开设中文系和中文专业。②获印度尼西亚政府批准的各地旅游院校可以开设中文选修课程，西加里曼丹、廖内、苏北、巴厘等地区将华文列为中小学的主要选修课程。而在雅加达华人开办的圣光学校及其他地方的华校都将华文列为必修课程。③鼓励华人举办各级各类华文补习班。④举办各类华文培训班，如师资、商业、贸易、旅游、银行、酒店等专业培训班。[②]

印度尼西亚总统瓦希德在1999年接受《亚洲周刊》专访时指出："全球华人必须效忠他们所出生或成为公民的国家，但绝对不能放弃中华文化。"[③]还于2001年春节前夕颁布了2000（6）号法令，"撤销行之30多年限制华人文化与宗教生活的第14号政令，华人自此可以自由过春节"[④]。

（八）中文教育发展新时期

2000年以后，随着印度尼西亚国内政治形势的改变，中文教学呈现出良好的发展趋势。2001年印度尼西亚教育部与中国签署了在本国举行HSK的协议书，2006年正式将中文纳入国民教育体系。2007年在印度尼西亚首都雅加达成立了印度尼西亚第一所孔子学院，标志着印度尼西亚中文教育进入新起点。时至今日，印度尼西亚中文教育事业已经有了迅猛发展，很多印度尼西亚中小学甚至将中文作为必修课和热门选修课。

---

① 颜天惠. 印尼华文教育的新发展[J]. 东南亚研究，2001（4）：72-76.
② 黄昆章，陈维国. 关于印尼发展华文教育的几点思考[J]. 东南亚纵横，2002（12）：46-49.
③ 蔡仁龙. 印尼华文教育刍议（上）[J]. 海外华文教育，2000（4）：65-68，44.
④ 耿红卫. 印度尼西亚华文教育的历史沿革与现状[J]. 云南师范大学学报（对外汉语教学与研究版），2007（3）：67-70.

二、新时期印度尼西亚语言政策与规划对中文教育的影响

（一）新时期国际中文教育发展环境相对宽松

中国经济的崛起，中国同印度尼西亚国际关系在新时期的良好发展以及印度尼西亚政府的现实需求——促进经济发展，保障社会稳定，实现社会整体受教育水平的提高，提供公共服务的需要等都使得新时期印度尼西亚语言政策与规划为国际中文教育的发展创造了一个相对宽松的环境。印度尼西亚政府在中文教育发展方面的角色由苏哈托时期的"阻碍者"转变为"支持者"，但"支持"力度有限。1999 年 5 月 5 日，哈比比总统发布第 4 号总统训令，正式以法令形式允许在学校的学生选修华文课程。2006 年印度尼西亚政府正式将中文纳入国民教育体系。虽然还不是必修课，只有高中阶段有相应的课程大纲、考试题库，但是确立了其合法性，一些国民公立高中开始开设中文选修课。从 2006 年开始，学生高一可以选修华文并把华文作为国考的科目。印度尼西亚新时期较为宽松的语言政策也在一定程度上促进了中文教育的发展，截至 2023 年 7 月，印度尼西亚中文教学的办学形式集中表现为：孔子学院、大学、国民公立中小学、私立三语学校和课外培训机构。目前印度尼西亚开设了 8 所孔子学院，29 所高等教育机构开设了与中文相关的专业。据印度尼西亚文化部 2010 年统计："在印度尼西亚开设中文课程的幼稚园、小学、中学共有 82 家，其中首都雅加达开设了 32 家，廖内群岛开设了 12 家，巴厘开设了 10 家，西努沙登加拉开设了 15 家，北苏拉威西开设了 2 家、万丹开设了 6 家、泗水开设了 2 家、万隆开设了 3 家。"[①]此外，孔子学院、大学、私立三语学校和课外培训机构主要提供相对高水平的中文教学，课程的实用性较强，只有少部分国民公立高中开设了中文选修课。2001 年 5 月 13 日印度尼西亚、中国两国教育部签署了关于在印度尼西亚举行 HSK 的合作协议书，截至 2018 年，印度尼西亚全国有 21 个纸笔分考点，21 个网考分考点，每年 4 次纸笔考，平均每一到两个月举行一次网考。截至 2018 年印度尼西亚全国超过 12 万人次参加过 HSK ［含中小学生汉语考试（YCT）、汉语水平口语考试（HSKK）]。

（二）各方对中文的支持力度有限

虽然新时期印度尼西亚政府作为印度尼西亚教育的顶层设计者兼管理者，在21 世纪对中文教育的政策从禁止转为"支持"，但缺乏实质的明确的政策、法律

---

① 傅碧达. 印度尼西亚高中汉语教学研究[D]. 长春：东北师范大学，2010.

保障，印度尼西亚政府给各级各类学校的中文教育发展提供的资金支持非常少，对中文教师也没有定期的常规在职培训，只有偶尔委托华文教育组织进行的师资培训项目。按雅加达华文教育协调机构执行主席的说法，"印度尼西亚政府对中文教育发展的态度是支持的，但是有待加强"；而中国政府作为印度尼西亚中文教育发展的协助者，从外部提供了师资、教材、资金、项目等支持，比如在印度尼西亚孔子学院从教的中文教师通常为中国公派教师或志愿者，2004～2018 年，国家汉办向印度尼西亚派出中文教师及志愿者总共 1035 人次，分布在印度尼西亚全国 17 个省，教授学生人数约 16.1 万。[①]

（三）中文教育与宗教传播相结合

由于印度尼西亚政府规定每个人必须有宗教信仰，大部分的华人信仰佛教，佛教经典又多是中文古籍，所以在禁华时期，佛堂对传承中华文化及发展中文教育起到了关键性的作用。从调查中可知，目前在佛堂、基督教堂、天主教堂、穆斯林的习经院学习中文的人也不少。宗教组织资金雄厚，兴建正规学校没有财政问题，如印度尼西亚的巴淡世界大学和慈容学校就是由印度尼西亚慈光基金会筹建的。不可否认印度尼西亚宗教制度及组织对中文教育发展具有积极影响。

（四）民间组织在中文教育发展中起决定性作用

在印度尼西亚中文教育发展的过程中，民间组织比印度尼西亚政府更为主动，起着决定性作用，相对来说印度尼西亚政府较为消极被动。在印度尼西亚政府中文教育职能"缺位"的情况下，民间组织自发地"补位"，积极复兴华文教育，推动印度尼西亚中文教育的发展与振兴。此外，民间组织不仅数量众多，而且角色多元，起着协调利益、沟通信息、投资办学、传承文化等作用。其中华文教育协调机构将印度尼西亚中文教育发展中涉及的各个利益相关者连成一个利益网，征集各方利益诉求，统筹协调各学校之间的利益，起着至关重要的枢纽作用；华人社团以社团利益为诉求，多出于商业目的或祖籍地情节推动华文教育的发展，多实行会员制，但不可否认其对中文教育发展的实质性的促进作用；宗教组织虽然以传播宗教义理为目的，但是在印度尼西亚中文教育被禁时期，其对语言传承和文化的保存功不可没，而当下由于宗教组织势力强大，信众众多，资金雄厚，所以无论是兴办三语学校还是开设中文课程，宗教组织不存在资金和生源的问题。

原本民间组织在语言教育的发展过程中一般是辅助者的角色，作为补充成分，促进语言教育的发展。但印度尼西亚中文教育发展过程中，由于印度尼西亚语言

---

① 数据来源：雅加达华文教育协调机构内部统计数据。

政策与规划对中文发展支持不足，而中文教育又以华文教育为主，所以民间组织不仅是协调者，还是投资者、传承者等。在中文教育发展方面，民间组织逐渐承担印度尼西亚政府的职能。但目前这种由民间组织串联各利益相关者、垄断的中文教育发展系统不利于印度尼西亚中文教育高效而长久地发展，阻碍了中文教育的传播效率。

三、语言政策与规划影响下印度尼西亚中文教育发展的建议

（一）消除种族矛盾，转变思想

由于印度尼西亚和中国历史上曾有一些矛盾和误解，再加上苏哈托时期的禁华，华人不能发展教育、中华文化，只能经商，导致印度尼西亚其他族群对中文、中华文化不了解，从而对华族产生误解和偏见，激化种族矛盾、社会矛盾。因此，印度尼西亚中文教育发展长期致力于消除"同化"威胁，消除"中文威胁论"，消除印度尼西亚本地人对中文的歧视和误解，提高全印度尼西亚人学习中文的兴趣。

随着中文从华文向全球语言转变，中文不再仅仅是华族的语言，学习中文不再是华族的特权，而是一种通用的普及性的国际交际用语，目前中文在印度尼西亚已成为继英语之后的第二大外语。从华语到中文的转变，从华文教育到国际中文教育的转变，让越来越多印度尼西亚不同民族的人通过了解中文、学习中文体会到中文的实用性和趣味性，有助于消除种族偏见，消除民族对立，促进印度尼西亚社会和谐，这构成印度尼西亚中文教育未来发展努力的方向。

（二）推动产、官、学主体的区域合作与对话

加强中国政府和印度尼西亚政府的直接合作，探索印度尼西亚中文教育发展中印度尼西亚合作新途径。目前由华人社团来承接教育部中外语言交流合作中心、国务院侨务办公室的多个项目，而华人社团协调的大多是各级各类华人私立中小学，导致中文教育发展受众有限。如果可以和印度尼西亚政府直接合作，由印度尼西亚政府出资出力在国民教育体系中推广中文，势必会极大提高中文教育推广效率。目前日本、韩国等国的教育部就是与印度尼西亚文教部直接对话，其多所大学再和印度尼西亚高等教育司直接合作。

加强区域教育国际化合作。印度尼西亚教育实行中央集权制，但是各省市教育厅仍有很大的自主权，这为区域间的教育国际化合作提供了有利条件。据印度尼西亚巴淡世界大学校长介绍，巴淡世界大学属于印度尼西亚高等教育司第十区管理。中国台湾的明志科技大学就与印度尼西亚高等教育司第十区直接合作，所

以第十区的大学都可以和明志科技大学合作。中国大陆的高校更应该抓住这一有利政策，发挥地区优势，加强地区间的直接合作，推动高校间的国际交流与合作。同时积极落实有关项目，将中国优质的中文教育资源更高效地分享给印度尼西亚。

2018年中国与印度尼西亚启动建立科技园区的合作。科技、经济等领域的合作应该促进中文教育的发展，中文教育应服务于科技、经济的发展。

（三）推动印度尼西亚中文教育本土化建设

1. 逐渐形成有特色的完善的印度尼西亚中文教育研究体系

印度尼西亚的华语经过百年的变迁与发展，已经受到印度尼西亚当地语言及文化的影响，逐渐形成了具有印度尼西亚特色的华语。目前印度尼西亚没有权威的汉学家，对印度尼西亚的华语与华人文化欠缺系统专业的研究。同时印度尼西亚政府也缺乏智囊团。中国的相关学者应努力帮助印度尼西亚完善相关方面的研究。

2. 培养印度尼西亚本土高端中文学者、本土汉学家

由于印度尼西亚缺乏本土高端中文研究型人才，目前印度尼西亚中文教育的发展只能依靠别的国家或地区，如中国、新加坡、马来西亚。但是由于印度尼西亚收入水平较低，所以印度尼西亚各大学很难直接请到中国的专家、学者。要打破这一困境，教育部中外语言交流合作中心和各高校应大力鼓励中国学者与印度尼西亚的学者一起协作研究，同时鼓励中国学者前往印度尼西亚任教并提供经费支持，积极培养印度尼西亚本土中文教育研究型人才。

3. 调整国际中文教育硕士培养方案

据印度尼西亚高等教育中文系协会主席介绍，印度尼西亚的大学对老师有三方面的要求：教学、科研、社会服务。目前印度尼西亚中文相关专业的大学教师最缺乏研究能力，他们大多毕业于中国的国际中文教育专业。我国的国际中文教育专业培养方向偏重实践，大多是专业型硕士，但印度尼西亚中文高等教育的发展，要求老师不仅需要有教学能力，更需要有研究能力。我国在培养专业型的本土中文教师的同时，也应该加强学术型印度尼西亚本土中文教育相关人才的培养。积极引导印度尼西亚本土中文教师从自己国家的角度结合本国语言、文化、现实特点做研究，建立完善的学术研究体系。

4. 加强学术期刊建设

目前印度尼西亚仍是一个以西方为主导的学术体系，在中文研究这一块依旧以西方的学术评价标准为主。我国应该加强中文教育学术建设，积极与国际接轨，实现国际学术期刊间的相互认证，也积极协助印度尼西亚建设中文相关领域的学术期刊；同时加紧学术期刊网络化建设，为印度尼西亚中文教育的发展搭建平台。此外印度尼西亚政府承认国际性期刊，中国更应积极与境外的专家学者合作，建

设有一定国际影响力的国际性期刊，特别是可以联合东南亚各国的相关专业学者成立东南亚中文研究相关方面的国际期刊，聚焦区域中文教育的共性问题，推动东南亚地区国际中文教育学术发展。

5. 重视本土中文师资培训

目前教育部中外语言交流合作中心提供的中文教师培训项目多针对基础教育阶段，而且针对性不强，不够全面。而印度尼西亚中文高等教育刚刚起步，缺乏中文专业相关的专家、学者，教师基本是从中国大陆毕业的硕士，整体缺乏教师经验。印度尼西亚政府组织的中文高等教育师资培训项目几乎没有，只能依赖于中国的资源。但由于项目少、印度尼西亚与中国大陆的假期不一致、费用等问题，很少有教师能去中国大陆参加培训。目前我国台湾对印度尼西亚提供的师资培训较多，并且经费补贴充足。教师们希望得到长期的成体系的培训，在访谈中，印度尼西亚高等教育中文系协会主席说："应印度尼西亚开设中文相关专业大学老师的要求，2019年他们向中国台湾申请的师资培训课程包括：①协作教学法；②趣味教学法；③综合课教学法；④中文研究方法。2016年在台湾培训时，已学过语音教学法、词汇教学法、语法教学法等。"

6. 编写本土化、立体化教材

基于大量的调查研究、文本研究、文化研究编写本土化教材：①编写符合印度尼西亚法律和文化的本土教材，如教材内容增加印度尼西亚语注释、中国和印度尼西亚文化对比、与印度尼西亚本土文化相结合；②编写以普通话为标准的本土化的词汇大纲、本土化的语法大纲；③编写印度尼西亚华语词典；④编写本土职业化教材。

为帮助印度尼西亚中文教育的发展，中国政府可以：①提供研究经费；②协助培养具有研究能力的中文高端人才；③组建本土教材编写团队；④编写立体化教材，全方位地调动读者的感官，同时注意交互性，提高学习者学习效率。

（四）协助华文教育协调机构转型

华文教育协调机构在印度尼西亚中文教育发展方面起到了至关重要的作用，但雅加达华文教育协调机构执行主席在接受访谈时表示，目前全印度尼西亚各省的华文教育协调机构都发展困难，有些地区的华文教育协调机构几乎面临关闭。目前印度尼西亚所有华文教育协调机构共同面对的问题有：①缺乏运行的资金。华文教育协调机构是非营利机构，任何活动不收费。项目的经费主要来自教育部中外语言交流合作中心、国务院侨务办公室；活动经费主要来自于印度尼西亚大众的捐款，主要依靠热心老华人的捐助。雅加达华文教育协调机构执行主席说："这些老华人已经捐了18年，年纪大了，无法一直支持下去，其子女也不支持。"

②缺乏后续人才干部，老一辈干不动，不想动，思想僵化；没有运营经费招不到年轻人。③印度尼西亚政府态度是支持的，但并未提供实质性的支持。一方面，印度尼西亚教育部很少提供经费，有少数委托的项目如教师培训，但是经费不充足。另一方面，中文教师志愿者缺乏，2013年印度尼西亚政府中断了中文教师志愿者项目，不再续签协议，对中文教师志愿者提出年龄、工作经验年限等要求，导致中文教师志愿者人数骤减。针对华文教育协调机构的发展困境，我国应当帮助华文教育协调机构转型，让其能够从依靠教育部中外语言交流合作中心、国务院侨务办公室、华侨捐助向自给自足转型，促进其长久的良性发展。

（五）促进中印合作办学

目前中国与印度尼西亚的合作办学数量较少，模式较单一，主要是中国大学协助印度尼西亚的大学开设中文系，如华南师范大学协助印度尼西亚棉兰市的亚洲国际友好学院建设中文系；或两校互派师生交流学习，如2016年广西外国语学院与印度尼西亚苏里亚大学合作，2016年广东外语外贸大学与印度尼西亚大学合作；或中国高校派学生赴印度尼西亚中小学教授中文，如华南师范大学每年派出数名国际中文教育专业的学生赴印度尼西亚棉兰崇文中小学或泗水崇高基督教国际学校教授中文。但中国中小学与印度尼西亚中小学直接建立合作关系的几乎没有。目前，印度尼西亚有中国台湾办的国际学校，数理化文史地都是用中文教学，但是无中国大陆办的国际学校。中国海外办基础教育的体制仍需完善，同时也要拓展海外办学的层次，丰富海外办学的模式。

第三节　柬埔寨语言政策与规划对国际中文教育的影响

柬埔寨的国际中文教育是历史上柬埔寨华人所从事的华文教育在时间上的延续和范围上的扩展。因此本节从柬埔寨的华文教育谈起。

蒂姆·弗鲁尔（Tim Frewer）指出，有关当代柬埔寨语言和教育问题的所有探讨都必须立足于两个现象：第一个现象是东南亚国家的普遍现象，即多个种族和语言群体的存在。①这些群体大都受到国家主导的低地文化（lowland culture）的统治。和其他东南亚国家一样，对待那些不信国教、不把国语设为第一语言的高地文化社区（highland community），通常政府有两种做法：其一就是与之合作，

---

① Frewer T. Diversity and 'development'：The challenges of education in Cambodia[M]//Sercombe P，Tupas R. Language，Education and Nation-building：Assimilation and Shift in Southeast Asia. London：Palgrave Macmillan，2014：45-67.

将其视作占主导地位的低地文化的亚类别；其二就是将其从国家的历史叙述中去除。在蒂姆·弗鲁尔看来，华文社区就是典型的第二种高地文化社区。第二个现象是柬埔寨独有的，即内战导致社会制度、机构的系统性破坏，以及在"发展"的标语下吸收国际援助以重建新制度、新机构的过程。[1]在研究柬埔寨华文教育时，第一种现象即要求探究柬埔寨政府对待境内华族及其教育和语言发展的态度，这种态度的直观表述即是官方颁布的语言政策与规划；第二种现象既包括了政府层面的整体战后重建，也包括了柬埔寨华人社团在 1990 年柬华理事总会成立之后的系统重构以及华文教育的复兴。华文教育在新时期的发展处在柬埔寨语言政策与规划缔造的环境中，华文教育机构自我身份建构的变化与坚守标记了华文教育的生存空间和发展逻辑。可以预见的是，2022 年《中华人民共和国教育部与柬埔寨教育、青年和体育部关于合作开展柬埔寨中学中文教育合作项目的谅解备忘录》签订后，柬埔寨国际中文教育将迎来重要的一波发展机遇。

一、对基础教育的影响：游离于国民教育体系之外

随着柬埔寨将中文纳入国民教育体系，中文将被设为公立学校的外语科目，然而柬埔寨华校始终以私立教育的形式存在着，尚未融入国民学校体系。不过华文基础教育逐渐复苏、升学需求增长是目前柬埔寨华文基础教育的主要特征。

柬埔寨 1953 年取得独立后，华文教育曾有近 20 年的"黄金发展期"。[2]境内华校达 231 所，仅金边就有华校 50 所。[3]但 20 世纪 70 年代的动乱使华文教育遭受重创，除了一些地下式家庭华文教育得以保存，学校华文教育几乎断层。90 年代以来，柬埔寨政府积极采取民族团结共同发展的政策，为华文教育的复兴奠定了基础。2022 年，柬埔寨有各类中文教学机构 100 多所，在读中文学习者超过 10 万人。[4]其中一些规模较大的华校如端华学校等，学生规模已逾万人，成为了目前中国境外最大的华校。[5]

（一）教育管理：柬埔寨华人社团承担重任

在教育管理上，历史上柬埔寨华人社团一直以各种形式承担着华校教学管理的重任。目前华校最高管理机构仍为柬华理事总会，柬华理事总会将"兴办教育，

① Sercombe P，Tupas R. Language，Education and Nation-building：Assimilation and Shift in Southeast Asia[M]. London：Palgrave Macmillan，2014：45-47.

② 林志忠. 近百年来柬埔寨华校教育发展之探讨[J]. 台湾东南亚学刊，2008，5（2）：3-34.

③ 柬埔寨柬华理事总会. 柬华理工大学项目情况[R]. 金边：柬华理事总会，2018.

④ 马国彦，黄子扬，刘振. 柬埔寨民间中文教学的新气象[N]. 语言文字周报，2023-10-25（01）.

⑤ 引自柬埔寨柬华理事总会官方网站。

培养人才"视为首要任务。柬华理事总会在华校管理方面的主要职责包括和柬埔寨政府就华文教育事务进行对接、派送和培养师资、学期任务安排、教材选购以及涉及华校重大发展事务的讨论与决断等。在华校具体的管理方面，一般由华校所属会馆及华校行政领导直接负责，如端华学校由目前影响最大的潮州会馆管理，广肇学校由广肇会馆管理，集成学校由海南会馆管理，等等。

（二）年级设置：美国式六三三学制

在年级设置上，独立前后柬埔寨华文教育随国家体制采用法国学制，目前柬埔寨华校采取美国式的六三三学制，增加了地方基础教育办学的灵活性。但受《柬埔寨私立学校开办条例》和《外侨私立学校应遵守的规则》的历史影响，华校最高只设置了相当于高中程度的职业技术专修班，设有会计、计算机和贸易等职业技能的课程。专修班相当于高中程度的中等职业技术培训班，毕业可以获得相应专业技能的证书。华校通常一般只设置幼儿班到初中三年级，在农村地区的学校甚至只设立小学。

（三）师资来源及培训：本地师资与中国派遣

在师资来源及培训上，与中国恢复外交关系之前，柬埔寨华文教育多以本地师资为主，目前本地师资已趋向老龄化，而内战造成的华文教育断代又使得本地年轻师资缺乏。这种情况下，一方面我国教育部中外语言交流合作中心、国务院侨务办公室每年都派中文教师志愿者支持柬埔寨华文教育工作，这些教师除了每年大约 250 位流向华校，还有一定数量分配到孔子学院、孔子课堂、金边皇家大学和亚欧大学中文系等；另一方面，柬华理事总会于 2018 年成立了柬华师资培训中心，首期学员有 80 名，结业后将安排到柬埔寨各个省份的华校进行任教[①]。另外，如暹粒中山学校等极少数学校也有自己培养本地教师的做法。

（四）教学制度：实行半日制学制

在教学制度上，柬埔寨华校目前仍然实行半日制学制，通常一周工作日为 6 天，因为轮班和学生来源等因素，一些学校还开设有夜校。经过多年的探索，柬埔寨华校形成了一套适合自身情况的教学制度和方法，以端华学校为例，学校教务处制定了详细的备课制度、上课制度、辅导制度、成绩考评制度、教案编写标准、作业批改制度和训育制度等。[②]

---

① 摘自柬埔寨柬华理事总会调研访谈资料。
② 来源于柬埔寨端华学校提供的内部交流资料。

（五）课程设置：中文在华校为必修课程

在课程设置上，首先，依据《柬埔寨教育法》，高棉语是必修课程，此外，在华校中文也是必修课程；在专修班，英语也是必修课程之一。除了这些语言课程，一般还设置常识、数学、历史、地理、会话、计算机等，有条件的华校还会设置美术、音乐等艺术类课程，表 13-1 为暹粒中山学校的课程开设情况。需要注意的是，根据《多语言教育国家行动计划》，诸如华校等少数民族语言学校可以在初中阶段以前采用母语教学。资料所限，本书只统计暹粒中山学校从幼儿班到小学阶段的课程开设情况，没有涉及高棉语课程。实际上，诸如端华学校、暹粒中山学校等设置有初中阶段的华校，同时也会设置高棉语课程和有专事高棉语工作的教学和行政人员，且每周高棉语课程不少于 15 个课时，作业量不少于一周 6 次。

表 13-1　暹粒中山学校幼儿班到小学阶段的一周课程开设情况　（单位：节）

课程	幼儿班	小学（一至三年级）	小学（四至六年级）	总计
中文	18	36	36	90
数学	16	30	31	77
会话	14	21	20	55
音乐	3	7	2	12
拼音	0	6	0	6
美术	3	6	2	11
造句	0	2	0	2
常识	0	30	29	59
作文	0	0	6	6
计算机	0	0	12	12
总计	54	138	138	330

资料来源：根据暹粒中山学校课程表整理。

在学生来源上，柬埔寨华校创始初期并不招收其他族裔的学生，因为华文教育承担着民族文化传承的作用，是专事华人子弟的教育。目前，柬埔寨华校普遍不再限制招生对象的种族、宗教和年龄，也没有招生门槛。[①]如在暹粒中山学校的3300 多名学生中，50%左右都是柬埔寨人和越南人后裔等，华人只占一半左右，入学也只需要报名，不需要考试，又因为学费比较低廉，许多社会青年、僧侣以及政府公务员也会来夜校报名学习。由于近来中文在柬埔寨有流行的趋势，华校

① 刘振平，贺丽君. 柬埔寨华校华文教育发展的问题及对策[J]. 北部湾大学学报，2019，34（8）：43-48.

的招生规模也越来越大，特别是首都金边的端华学校在籍学生已过万，崇正学校也有 5000 多名在籍学生。

（六）办学经费来源：学费与社会募捐为主

在学校财务上，柬华理事总会虽然设有文教师资与文教基金处，但除了采购一些华文教育资料以外，很少参与华校经济事务的具体管理，也不负责为华校筹集资金。华校的办学经费来源主要有几个方面：一是各个华校背后的会馆提供，像经济实力比较强的潮汕会馆，其负责的华校办学经费也就相对充裕；二是校友会和社会捐款；三是学费，但华校的学费普遍较低，一个学期在 60～85 美元，且教师的工资主要来源于学费，所以华校教师整体的薪资水平不高，月薪一般为 100～300 美元；四是中国和国际上的教育援助，如端华学校和崇正学校等被国侨办评选为"海外华文教育示范学校"的华校，每年会得到 10 万元人民币的资助，用于购买相应的硬件软件设备，比如电脑之类[①]。柬埔寨政府暂时没有专项资金支持华校发展。

总的来说，语言政策影响下柬埔寨华文基础教育的发展历程如表 13-2 所示。

表 13-2 语言政策影响下柬埔寨华文基础教育的发展历程示意表

时间	1970～1991 年	1991 年至今
政策类型	压制型语言政策	容忍型向推广型发展的语言政策
学校数量	几乎断层	各类中文教学机构 100 多所
教育管理	柬埔寨中华医院	柬华理事总会
学制	法国学制	美国六三三学制
课程设置	禁止开设一切外语课程	华文+综合素质课程
师资来源	本地师资	援助师资+本地师资
教学制度	地下式家庭教学	半日制向全日制过渡
学生来源	华人子弟	各族裔的学生
学校财务	帮会自筹	教育援助+自筹资金

二、对华文高等教育的影响：容忍型政策下的积极动向

（一）学历教育稀缺

目前柬埔寨华文基础教育学校毕业生接受高等教育的主要路径有四种：第一

---

① 摘自端华学校和崇正学校的调查访谈报告。

种是升入柬埔寨本地大学。此类大学多采用高棉语教学,许多华校毕业生因此选择入读中文专业,而开设中文专业的本地大学一方面数量少,另一方面申请门槛也较高。其中除了金边皇家大学和亚欧大学的中文系是学历教育以外,大多数本地大学开设的都是中文班或者中文选修课,学生无法通过修习这些课程获得相关学士学位文凭。第二种是海外留学。此种升学方式需要一定的经济成本,因此除非申请到奖学金,否则大多数华校毕业生也不会选择此种方式升学。第三种是入读由孔子学院举办的中文职业培训班。柬埔寨皇家科学院孔子学院是柬埔寨最大的孔子学院,近年与柬埔寨国家部委、省政府、军队和大学合办了许多中文教学点。华校毕业生有许多在工作之余选择继续在这些教学点接受中文职业培训。第四种是接受中资企业的职前和岗中培训。在柬埔寨,一些企业开设了企业大学,培训华校毕业职工的工作技能及中文能力。另外如柬埔寨安徽商会等机构也采用了订单式培养的方式将职工送入中国境内培训,培训期满可以取得相应的技能证书。其中后两种都属于成人高等教育形式,也属于非学历教育。由此可见,目前柬埔寨华校毕业生的升学渠道较窄,有相当数量的华校毕业生并没有选择升学和接受高等教育,而是毕业后接受一些英语教育、会计或计算机方面的培训后便直接上岗工作。

(二)高等教育机构有限

尽管柬埔寨华人社团一直都有建立华文高等教育体系的愿望,然而长期动乱导致这个愿望无法实现,直到 21 世纪初这项工作才重新被提上日程。考虑到华文高等教育迫切的发展需求,由华人社团牵头建立一所高等教育机构,在服务柬埔寨经济社会的同时,给予华人华裔及其他族裔更多接受高等教育的机会是非常有必要的,柬华理工大学应运而生。

在发展规划上,柬华理工大学由柬华理事总会与中国天津工业大学合作办学,双方已签署了《共建柬华理工大学战略合作框架协议》,并依此制定了详细的合作办学计划。根据协议,在办学目标方面,柬华理工大学初期以培养本科应用技术型人才,并提供相关技能培训为目标;在办学资质方面,柬华理工大学直属柬埔寨教育、青年和体育部,是柬埔寨政府认证的全资质大学;在办学层次方面,柬华理工大学为本科层次,学制为四年,本科毕业生将同时获得天津工业大学和柬华理工大学本科毕业证书和学位证书;在教材方面,柬华理工大学参考中国教材,并结合柬埔寨学生的学习需求选定和编制;在科系建设方面,柬华理工大学比照中国大学的科系设置并遵循柬埔寨当地教育法规设立 5 个学部和 15 个系,如表 13-3 所示。

表 13-3　柬华理工大学科系建设表

学部	开设学系
人文教育学部	心理学系、外语系、教育系
社科经济学部	商业管理系、经济学系、酒店管理系
理工学部	商业信息系、计算机科学与技术系、食品科学与工程系
工程学部	纺织工程系、机械工程系、电气工程系
建筑学部	土木工程系、建筑学系、室内设计系

资料来源：柬埔寨柬华理事总会. 柬华理工大学项目情况[R]. 金边：柬华理事总会，2018.

　　2022 年，柬华理工大学还与南京工业职业技术大学共建了柬华理工大学孔子学院，致力于培养"中文+专业技能"且拥有中柬两国认可的学历学位专业本科证书的本土人才，采用 4+0、2+2、3+1 等方式实现"中文+专业技能"的本科教育模式。柬华理工大学孔子学院同时计划开展职业等级证书培训，主要致力于学习职业技能，考取相应的职业等级证书，并与柬埔寨当地企业定向培养或"订单式"培养人才，根据当地中资企业对于员工的需求，以及柬埔寨社会各界就业方面的实际需要，开展定向职业培训。由此可见，柬埔寨华文高等教育机构的增设初显成效，有望推动学历教育发展来满足当前的市场缺口。

　　随着柬埔寨中文教育被纳入国民教育体系，其发展力量由当地华社，尤其是柬华理事总会主导，转换为华社与柬埔寨、中国政府及企业的多方合作推动。2022 年后，柬埔寨政府在促进中文教育发展方面的作用将逐渐提升。从传统上看，柬埔寨的政治局势及语言政策对于华文教育的影响较大，比如在政策压制期，华文教育遭受重创；在政策容忍期，华文教育发展则生机勃勃。目前，中柬两国政府虽然签署了谅解备忘录，但柬埔寨中文教育政策的实施细则尚未出台，配套资源也未跟上，华文教育能否融入国民学校体系也是未知数。但是正如前文所论述，我们认为柬埔寨目前国内政治状况及语言政策对于中文教育的发展总体上是有利的，我们应该把握住中文纳入国民教育体系的重大机遇，在当地华文教育奠定的良好基础上，将中文教育推进到更高层次的教育体系和更加广泛的人民群众之中。

第四节　越南语言政策与规划对国际中文教育的影响

　　中越两国山水相连，自古以来便有着密切的联系。越南和中国、日本、朝鲜同属汉字文化圈，因而在语言、文学、礼仪、制度等方面都受到汉文化的深刻影响。在越南文化的各个层面，都能看到汉文化的影子。中国的儒学传入越南并形成了具有越南特色的儒学体系，这无疑成为了中文在越南繁荣的社会基础。

一、越南中文教育的发展历程

中文教学在越南有着悠久的历史，文言文和汉字在越南的使用也有两千多年的历史。早在秦汉时期，越南作为中国的郡县管辖，越南民族学习中文，汉字开始在越南传播。随后越南建立自主国家，但也并未完全脱离中国，而是形成了宗藩关系。宗藩关系的形成与存续及中原王朝的主动控制策略从根本上确立了中文在古代越南的统治地位。这一时期，由于统治者使用儒家学说中的三纲五常、君臣尊卑等思想来维护其封建统治，故而大力推广儒家思想，并且不断完善教育体系和科举制度，这就使得中文教学在此期间获得了显著发展。但越南也想摆脱中国的影响，于是在汉字的基础上创立了独属于越南民族的字体——喃字。喃字的出现很好地弥补了汉字在表达越南人的思想、情感方面的不足。在很长一段时间，越南出现汉字和喃字并行使用的局面。

直到 1884 年，越南沦为了法国保护国，法语随之强势入侵越南，导致中文地位急剧下降。历经近百年的殖民统治之后，越南终获独立，语言上的独立也成为迫切的需要。自 20 世纪初的"新学运动"之后，越南就逐渐摆脱对以中文为载体的汉文化的依赖，并以越南罗马字作为教学用语，形成了独立的越南民族语言文化。独立后的越南政府将历史上曾出现的官方语言包括封建时期的中文、殖民时期的法语均列为外来语言，并确立了越南语作为国语的地位。此后，中文在越南一直作为外语之一被越南人民学习与使用，直至 1979 年，中越关系中断，越南中文教学也随之中断。1991 年，中越关系正常化，中文教学才得以恢复。

近 30 多年来，随着中越交流合作的稳步发展，加上"一带一路"倡议的加持，越南中文教育日益得到重视。目前，在越南国民教育中，中文教育渐成体系，小学、中学、大学和研究生四个层次都有中文教育的参与。越南中文教育体系实则呈菱形结构，或者说呈"倒金字塔"结构发展，其中大学中文教育最为发达，其他层次的中文教育发展较为欠缺。

二、对国际中文教育的影响：走向"融入型"中文教育

（一）越南"融入型"中文教育政策导向

20 世纪 90 年代以来，东南亚各国的中文教育相继进入了"本土化阶段"。

根据不同国家的情况，可分为四种类型：融入型、融合型、后发型、调适型
（表 13-4），①这也是现阶段各个国家表现出的中文教育政策导向。

表 13-4　中文教育政策导向类型

类型		特征	代表国家
融入型	全面融入	政府主导，公立学校为主要教学场所	泰国
	部分融入	政府主导，部分纳入国民教育体系	越南
	持续融入	政府主导，第二语言特征明显	新加坡
融合型		华人主导，华校为主要教学场所 根据本国国情转型，特色化发展	印度尼西亚 菲律宾
后发型		发展滞后，采取新形式融入主流	缅甸 老挝
调适型		协商对话不断调试，维系良性发展	马来西亚

资料来源：根据韩晓明《20 世纪 90 年代以来东南亚各国华文教学的本土化转型》整理而成。

越南表现为"融入型"政策导向，即由过去的华人主导转变为由政府主导，并将中文融入到越南的国民教育体系中。越南语言政策"战略观"价值取向直接影响其中文教育政策导向，"融入型"中文教育政策也体现出越南背后的战略规划，对于此问题还需从中文的角色定位是少数民族语言和外语这两方面来剖析。

首先，从少数民族语言这一定位来看，政府在 20 世纪 90 年代后放宽对中文的限制实际上是华人政策在语言教育上的映射。这一时期恰好是越南对华人从排斥到接纳的一个过程，越南政府为发挥本国华族人士的海外关系网络，以促进对外开放和引进外资，在经济层面迅速接受华人，随之也改变中越两国对抗时的中文压制政策，确保了华人学习中文的权利。越南华人学习中文的主要途径是通过附属于普通中小学校的华文中心，这一机构不属于国民教育体系，不能获得政府的财政支持。因此，实际上政府对中文教育仅限于政策上的放松限制，并没有给予实质性的帮助。同时，需要明确的是，将华文中心置于公立中小学之下也是政府监控中文发展的一种手段。

其次，从中文作为外语的定位来看，这是越南为加强中越经贸往来，实现经济发展的战略选择。中国的影响力与日俱增，越南的对外开放也需要中国的支持。越南教育培训部将中文列为外语 1 中可选择的外语类型，中文成为越南的基础教育外语（当一个国家的发展水平，可以明显有助于他国发展，甚至影响他国未来时，其语言就会进入外语国的基础教育体系，成为"基础教育外语"）②。虽然从

① 韩晓明. 20 世纪 90 年代以来东南亚各国华文教学的本土化转型[J]. 云南师范大学学报（哲学社会科学版），2017，49（2）：33-42.
② 李宇明，唐培兰. 论汉语的外语角色[J]. 语言教学与研究，2020（5）：17-30.

形式上来看，作为外语的中文在越南进入了国民教育体系中，但越南政府没有做出相应的举措来推动学校开设中文课程，中文教育仍然流于形式，中文在基础教育阶段没有得到实质性的发展。所以，综合分析来看，越南"融入型"中文教育政策体现了越南政府对中文教育"发展+限制"的矛盾心理，是一种有限发展的语言政策。

在融入型政策导向下，越南中文教育的发展又有其自身的独特性：第一，部分中文教育融入国民教育体系。越南的正规教育中，有一部分中文教育是在国家教育体系中，由政府拨款，有相应的资金保障；而另一部分，则由学校自负盈亏，自筹发展资金。第二，中文教育形式多样。越南的中文教育具有多种形式，主要有公立教育和私立教育两大类型，每一种类型之下又有多种形式。第三，"倒金字塔"特征，中文教育层次失衡。尽管越南将中文纳入国民教育体系中，但是基础教育阶段的中文教育没有得到实质重视，高等教育的中文教育发展较为突出。第四，中文教育的双重属性。越南对于中文的定位主要从两方面出发，一是作为外语，二是作为少数民族华族的母语。第五，中文教育地域特征明显。越南中文教育发达的地区集中在南部城市——胡志明市及北部与中国接壤的城市。

（二）融入型政策导向下越南中文教育发展现状

1. 国民教育体系中的中文教育发展现状

（1）中小学的中文教育

越南普通中小学的中文教育针对不同的对象有着不同的形式：一是针对华族学生而言，中文作为少数民族母语进行教学；二是针对越南裔族学生而言，中文作为学校第二外语教学。但总体来看，中小学的中文教育属于外语教育性质。

小学阶段的中文教育是作为少数民族语言文字的教学进行的，根据越南中小学课程计划可知，小学阶段的一、二年级开设了少数民族语言选修课程，采用的教材为教育培训部编制的《华语》。由于越南政府将英语定为国家的第一外语，在越南所有教育阶段进行普及，因此除在华人聚居区的小学允许将中文作为第一外语学习外，越南98%的小学都只开设英语课。①

中学阶段，2006年越南教育培训部颁布了《普及中学汉语教育课程的决定》。在该政策的指导下，越南政府在一些省市的中学展开试点，将中文设为学校的第一外语教学。教材为教育培训部编制的《中国语》。

（2）高等院校中文教育

越南高等院校的中文教育办学形式基本分为两种：一是在大学中开设中文

---

① 孙琳. 越南华文教育发展历史与现状研究[D]. 郑州：郑州大学，2020.

专业；二是兼授中文的外语中心。其中第一种形式是高等教育阶段中文教育最广泛的形式，反映了越南中文教育的最高水平。1989 年胡志明市师范大学成立中文系，1991 年教育培训部在胡志明举办首届中文初级会考，官方对中文教育日渐重视。此后，越南设置中文专业的高校不断增加，2012 年增至 38 所，办学层次也不断提高，"到 2015 年，越南高校设立了 54 个中文专业点，包括 1 个博士点，3 个硕士点，37 个本科点"①。2019 年开设中文专业的大学数量没有变化，但硕士点增至 5 个。②众多的院校中，最具有代表性的是河内国家大学下属外国语大学，它也是越南唯一有中文专业博士点的大学。③

2. 非国民教育体系中的中文教育发展现状

（1）各级普通学校的附属华文中心

越南多数华人子弟就读的普通中小学校并未开设中文课，于是华文中心应运而生，附属于越南普通中小学。华文中心校长由普通学校校长兼任，设立校政主任一职，统一负责华文中心的具体教学工作。华文中心是越南华族子弟接受中文教育最重要的途径。而从性质上来看，华文中心尚未列入越南国民教育体系，属于民办教育，没有教育培训部的财政拨款，学校运营经费来源于学生的学费。这造成了越南华文中心办学经费紧张问题，也在很大程度上影响了越南的中文教育质量。

（2）华校

华校由华人社团及校董创办、管理。学校没有独立校舍，教学活动在会馆或其他租赁场地进行。

（3）越华双语学校

越华双语学校也是由华人社团及校董创办、管理的，也没有独立的校舍。由于是双语制学校，因此既开设华文班也开设越文班。华文班的特色在于，除教授中文及固定时数的越文，还包括中文教授的算术、历史、地理等课程。越文班则以教授越文为主，中文为辅。但是这类学校需要足够的资金成本，因此在越南的华文教育中这类学校占的比重不大。④越华双语学校的文凭不由越南教育部直接颁发。

（4）其他华文培训机构

为了满足成人就业学习中文的需要，社会上的华文培训机构应运而生。华文培训机构秉承商业化运营模式，采用短期培训的方式，以技能培训为目的。由于

① 阮文清，曾小燕. 越南高校汉语师资现状分析[J]. 华文教学与研究，2016（3）：63-73.
② 武清香. 当下越南高校汉语教学现状刍议[J]. 枣庄学院学报，2019，36（3）：52-58.
③ 阮光兴. 越南高校汉语教学现状调查与研究[D]. 苏州：苏州大学，2015.
④ 韦锦海. 越南华人华文教学当前存在的几个问题[J]. 东南亚纵横，2004（8）：63-68.

培训机构的师资情况参差不齐，教学质量也大有差异。但是，华文培训机构仍是越南中文教育的重要形式，且在教学对象上更为广泛，是非华裔学生学习中文的主要场所。

（5）孔子学院

截至 2022 年，越南境内有一所广西师范大学与河内大学共建的孔子学院，尚未有孔子课堂。

（三）推进越南中文教育发展的建议

1. 加强越南政府推动中文教育发展的顶层设计

越南偏颇的中国观是中文教育在越南缺乏政府顶层设计的根本原因。因此，要推动中文在越南的进一步发展，首先，中国应积极采取措施加强同越南政府的沟通联系，有效加强两国的政治互信，引导越南国内树立正确的中国观。其次，中文教学在越南作为外语教学之一，实则未达到相应的发展效果。由于越南的中文教育呈"倒金字塔"结构，故而应该加强越南中小学中文教育规模，即普及基础中文教育，使得越南中文教育由"倒金字塔"型逐渐转变为最理想的"金字塔"型模式。而这就需要越南政府在经济等方面提供足够的后续支持。此外，为了规范越南中文教学，政府还应制定出中文人才培养目标，对中小学、大学及研究生等各层次的学生规定毕业后要达到的标准。①

2. 加强中越教育交流与合作

在"一带一路"倡议影响下，中越两国的教育交流合作也应得到重视，中方应大力推动中文教育在越南的发展。首先，应在越南建立更多的孔子学院，孔子学院开展中文教学和中外教育、文化等方面的交流与合作。事实证明，孔子学院在世界各国中文教育的发展中都起到了示范作用。孔子学院所提供的服务可以最大限度地弥补目前越南中文教师及教学资源短缺的问题，对越南中文教学起着重要的支撑作用。②其次，可以扩大中国与越南高校的校际交流，通过推动校际互访，搭建交流平台，建立合作机制，从而共享有效资源。中国可与越南高校合作办学，联合培养中文专业学生以及中文教师。中国与越南的校际交流自 20 世纪 50 年代就已开始，当时，越南取得了抗法战争的胜利，胡志明主席向中国提出希望派遣一些越南学生干部到中国学校学习。扩大中国与越南高校的校际交流合作也可以促进越南本土中文教材的开发，促进在越教学的中文教学法的发展，为越南中文教育的发展提供一定的教学资源。

① 陈灵芝. 汉语国际传播视角下的越南高校汉语教学发展研究[D]. 北京：中央民族大学，2016.
② 同①。

3. 促进中越文化交流，增强越南对中国文化的认同感

越南属于汉字文化圈国家，以中文为载体的儒家文化塑造了越南文化的核心，因而越南国家深受汉文化的影响。虽然越南在构筑其文化身份时有意弱化汉文化的影响，但儒家文化早已渗透到越南的各个方面，成为越南文化的一部分。在进行中越文化交流时，可从儒家文化着手，加强两国之间的文化认同。除儒家文化之外，中越两国还可以挖掘边境民族同源文化的交流合作。中国的壮族与越南的岱族、侬族等民族有着相同的历史渊源和文化。据悉，壮族和岱族、侬族等民族共有的民族民间节庆仍延续至今。①中国在与越南进行文化交流时也应融合时代性。尤其是在"一带一路"倡议背景之下，让越南民众看到现今中国的发展，感受到中国文化与众不同的新时代魅力，从而加强中越双方的文化交流，提高越南民众对中国文化的认同感，为中文教育在越南的发展建立起文化心理机制，进而促进中文在越南的发展。

第五节　新加坡语言政策与规划对国际中文教育的影响

新加坡是除中国以外华人占比最多的国家。除了经济发达，环境优美之外，最引人注目的就是其多元种族和多元文化特色。新加坡没有采用大多数东南亚国家独立时的语言政策，而是同时承认马来语、英语、华语和泰米尔语四种官方语言，其中，马来语为国语，英语为工作与教育主要媒介语，华语则更多扮演着维持华人的族群认同与传播民族文化的角色。

作为四大官方语言之一，新加坡华人子弟在中小学阶段都必须学习华语，而且如果华文成绩不佳，将可能丧失接受高等教育的机会。单从政策上来看，新加坡无疑是中国之外最为重视华语和华文教育的国家，华语的学习对于新加坡华人来说意义重大。

一、新加坡华文教育的发展历程

（一）英国侵略时期（1819～1942 年）

在华文教育方面，1920 年以前，殖民地政府持放任态度。他们认为本区华人是一批"暂时的外国居民"，政府没有义务承担华人的教育，也不予以压制，因

---

① 韦铀，王跃. 广西壮族与越南同源民族民间节庆跨文化传播策略[J]. 广西教育学院学报，2018（5）：12-15.

此华人主导的华文教育在当时得以自由发展。1854 年，陈金声父子创办了新加坡第一所免费的华人私塾——萃英书院，之后，以中文方言为教学用语的私塾在新加坡不断涌现，甚至还有华人女学。

但是，私塾教学不适合时代发展的要求，甚至出现"侨居星洲者不下二十余万，但其子弟多崇尚英文教育"的情形，[①]方言教学面临困境。

1919 年，受中国五四运动的影响，新加坡第一所以中文为教学媒介语的现代意义上的华校——华侨中学问世，标志着新加坡华语教学历史迈上了一个新台阶。1919 年，应新学校聘请来自北京的韩铁藩为校长，强调纯中文教学，弃用方言。随后，南洋女中、公教中学等陆续开办。这些华校的教学语言均为中文，教师和教科书都来自中国，从某种角度来说，可以视为中国教育在新加坡的翻版。

当时华校吸纳了许多流亡海外的中国进步人士，华校成为中国革命思想传播的重要平台，政治化倾向愈加严重，英国殖民政府开始采取各种措施镇压，并出台一系列法令法规。1920 年 10 月 27 日，英国殖民政府在立法议会提出"学校注册法令"，[②]该法令主要有以下规定：①法令通过之前及之后的所有学校都必须注册，否则被视为违反此法而加以惩罚；②所有教师及学校管理者都必须注册，否则视为违法而加以惩罚；③政府提学司或视学官有权巡视及管制学校，并且视察学校的书籍、文件等，阻止或违碍者被视为违法而加以惩罚；④任何教授革命思想及与殖民政府利益有冲突的学校，政府有权宣布该校非法而加以关闭。该法令一经颁布，引起了华人社会的激烈抗争，但是反抗并未成功，推动反抗运动的中华教育总会也被封闭。自颁布实施之后，该法令于 1925～1938 年做过若干次修改和补充。该法令将华校纳入殖民政府教育的正轨，同时政府也有义务给予津贴，改善华校办学条件。1938 年前后，新加坡的华校已经有 329 所，教师 1300 多名，学生 28 000 多人，华文教育呈现出一派蓬勃发展的气象。[③]

（二）日本占据时期（1942～1945 年）

日本政府在新加坡实行同化教育，强制学习日语，行政语言也从英语改为日语，华文教育一度中断。占领初期，日本军政当局关闭了所有公立和私立的学校。秩序恢复后，公立初等小学逐步重新开办。由于华侨社会领袖的要求，私人赞助的华校也于 1943 年 10 月得以重开，但是课程和教师的资格须先获得市长和州长的批准；同时，华文只能当作一种辅助语言来讲授，学生每周必须上 14 小时的日

① 汤锋旺，李志贤. 20 世纪前期新加坡华人会馆学校社会经济史研究：基于潮州公立端蒙学校经费的分析[J].世界民族，2014（4）：85-93.
② 周聿峨. 东南亚华文教育[M]. 广州：暨南大学出版社，1995：127.
③ 郑通涛，蒋有经，陈荣岚. 东南亚汉语教学年度报告之四[J]. 海外华文教育，2014（4）：339-354.

文课，华文课则由 14 小时改为 7 小时；后期则改为每周 1 小时，到了 1944 年 3 月，所有华文课取消。[①]

1944 年颁布的《有关华侨新教育政策》宣布废除华文私立学校，也禁止在公立学校中教授华文，以便加强日语课程，但准许以华文讲解日文。[②]同时，为了加强公立华校的日语课程，军政当局通令规定所有华文教师必须参加训练班。

（三）二战后初期（1945～1965 年）

二战后整个新加坡华人社会积极重建华校。据相关资料记载，到 1948 年时，新加坡共有 370 间华校，其中 190 间人满为患，且超龄学生甚众。因此，社会各界纷纷捐资办学，具体举措有以下两点：①复建华校。日本投降后，南洋各地侨教有关人士纷纷回到新加坡共商复校大计，并成立复校委员会等相关组织。因此，在二战后的最初几年，会馆复办的学校很多，基本涵盖各个方言或地缘群体。②兴建新校。1945～1954 年新加坡的会馆新建了不少华校。同时，为了让更多的失学儿童得到上学的机会，爱国人士纷纷出资。例如，陈嘉庚组织星洲华侨教育会，统筹全新加坡华侨教育经费；李光前捐资建设南侨女中校舍，并于 1952 年设立"李氏基金"，给予学生经济资助。据统计，截至 1950 年，华校的学生已经达到 7 万多人，占全国学生总数 53%。[③]这是新加坡华校学生人数比例最高的一年，也是新加坡华语教学最鼎盛的时期。

（四）新加坡独立后（1965 年之后）

这个时期，新加坡政府更注重规范华族语言、实行双语政策。建国初期华人多以祖籍中文方言为家庭常用语，当时的新加坡是一个真正的多语言华族社会。但是，由于闽、粤、客三大中文方言群彼此间差距颇大，以致华族内部无法进行日常交际。因此，从社会交际需求和族群团结的目的出发，新加坡政府从 1979 年开始推广"讲华语运动"。

新加坡需要有一个共同语言，扮演维系族群关系、凝聚国民认同的角色。华语使用人口最多，但是政府考虑多种因素，最终以英语作为各民族的族际共同语，实行"英语+母语"的双语教育。这种"双语教育"政策在缓和当时的民族矛盾、促进民族融合，推动国家经济文化建设以及和睦邻国的关系等方面起到重要作用。但是以英语为主的语言政策也导致双语教育实行不到位，华人家长为子女前途考虑，纷纷放弃就读华校，而华校的课程设置也不得不进行改革，逐渐偏重英文教育，

---

① 李国强. 新加坡华人华侨反日斗争研究（1931—1945）[D]. 贵阳：贵州师范大学，2020.
② 何洪霞. 新加坡华文教育政策历时研究[J]. 语言政策与规划研究，2021（1）：86-95，109.
③ 赖铮，霍健明. "一带一路"视野下的东盟十国：文化教育与商业机遇[M]. 厦门：厦门大学出版社，2019：89.

英文源流中小学学生数量逐年增加，华文源流学校的生源则逐年减少。

二、对国际中文教育的影响：有基础但发展受限

20 世纪 50 年代双语教育政策实施之前，新加坡的中文传承主要靠的是华人对民族语言和文化的认同；而双语教育政策实施之后，新加坡人学习中文既有语言文化认同方面的因素，也有因政策制约而不得不学习中文的因素存在。

（一）新加坡的中文传播拥有良好基础

从横向的现实层面来看，新加坡的中文传播拥有良好的基础。一是中文学习群体大。新加坡人口中华人约占 3/4，依据双语教育政策的要求，所有华人的子弟必须在中小学阶段接受华文教育。二是传播平台好。华文教育纳入了国民教育体系，且高等院校有中文系和华文教育研究机构，社会上有大量的华文补习中心，还有孔子学院（课堂）、中国文化中心等。三是政府投入大。政府设立华文特选学校培育华文精英，给予华文教育活动充足的经费支持，不断检讨华文教育政策，组织编写教材和课程标准，等等。

（二）以英语为主及对中文发展空间的挤压

"新加坡的语言政策演变至今，英文已经成为强势的主导语文，它的使用价值大大超越所有其他语文，而各族语文已逐渐失去其主流语文的地位与功能。"[①]英语是学校里的教学媒介语，华文只是单科外语课程，新加坡华人在接受学校教育时，课堂上受到的英文训练远远多于华文。而且，人们使用语言的基本规律是主动选择自己最熟悉的语言进行交际，因而新加坡学生以及年轻人普遍都会优先选择运用英语进行交际。在推动英文成为社会强势的主导语文的同时，政府为减轻年轻人华文学习的压力不断调整政策。虽然政府规定所有华族儿童都必须学习华文，但当发现有些学生学习华文感觉吃力时，就降低了对他们的要求，将华文课程分为高级华文、普通华文和基础华文。基础华文的要求很低，修完基础华文难以获得基本的华文交际能力。2004 年 2 月 28 日，教育部宣布接受大学入学委员会的建议，申请进入大学的华族学生华文仍须及格，但是不再算分，这一政策客观上造成了大多数初级学院的学生放松对华文学习的要求，不再尽最大努力提升自己的华文水平。

---

① 吴元华. 华语文在新加坡的现状与前景[M]. 新加坡：创意圈出版社，2004：65.

（三）对成人中文教育关注不够

新加坡政府在人力、物力上对中小学华文教育的投入都很大，不断检讨华文政策、调整课程标准、编写教材、培养师资等，但新加坡政府对面向成人的中文教育关注不够，而中国在这个领域也没有给予足够的支持。随着中国经济的快速发展，新加坡和中国的经贸合作与往来日益增多，中文的价值正在不断增加。在新加坡，已有越来越多的人认识到了这一点，这些人当中既有新加坡本地华人，也有来新加坡务工的其他种族人士，他们为了方便自己的工作或为了今后能够从事与中国打交道的工作而积极参加中文培训班。但是，目前新加坡面向成人的中文培训做得还不够精细。一是忽视教学对象之间的差异，没有针对不同的教学对象开发不同的课程；二是没有开发专门的教材，多是由培训者自己选择教学材料，教学材料是否科学缺乏足够的论证；三是相关的研究不足，无论是新加坡本国的学者还是中国的学者，对新加坡的这一类中文教学都不曾做过专门的研究，对目前的教学中存在哪些问题，如何改进等都缺乏系统的分析和总结。

总的来说，新加坡的中文传播历史较长、基础良好，又有政策支持，因而绝大多数的新加坡人依然在传承中文。新加坡全面利用了信息传播的各种平台开展中文传播，学校教育的各个阶段都开设了中文课程，大量的社会办学机构、文化机构、报纸、广播、电视等都传播中文和中华文化。但因受政府语言政策的影响，英文已经成为新加坡学校和社会中的强势主导语文，中文实用价值已大大降低，社会交际作用也随之式微，目前新加坡年轻华人因看不到中文的价值，学习和运用中文的积极性降低；成人中文培训需求旺盛但不太受关注；互联网和社交媒体普及率高，但在中文传播过程中未被充分利用。有鉴于此，应采取多渠道提升新加坡人的当代中国认知度，帮助其进行针对性的教材开发、教法创新和中文学习软件研发等策略。

第六节　文莱语言政策与规划对国际中文教育的影响

一、文莱中文教育发展的历史沿革

中国人定居文莱的历史悠久，讨论中文在文莱语言规划中的角色有必要先追溯华人移民历史。1600 年左右，华人社区开始形成，大多数人从事黄金、胡椒和其他香料的种植和贸易。1911 年文莱进行首次人口普查，统计约有 736 名华人。到 1920 年，这一数字增长到原来的两倍，约有 1423 名华人定居者。1929 年由于石油大发现，大量华人向文莱迁移，大多数是来自中国香港、马来西亚砂拉越和新加坡等周边地区的二次移民，他们大多是掌握石油行业技术的工人，到此寻找新的工作机会。1981~1991 年，华人移民速度放缓，人口普查数据表明仅增加了 2%，同时更多的华人选择再次移民至澳大利亚和加拿大。多数华人从事房地产、道路、桥梁等承包业务，年轻一代的华裔则受雇于私人企业，担任银行官员、高管和秘书等职业，同时，也有越来越多的华人受雇于教育部和外交事务部等公共部门。总体而言，华人已经深度融入文莱社会。

文莱华裔方言区主要在四个地区，最主要的社区是位于首都斯里巴加湾市所在的文莱-摩拉区的福建族群,客家话、广东话和海南话社区则主要位于拥有石油、天然气工业所在的文莱西北部石油城诗里亚（Seria）和马来奕（Kuala Belait）。尽管他们会讲不同的方言，但是普通话仍然是他们交流的语言，是华裔父母和孩子以及同胞之间沟通的常用语言。到加拿大、澳大利亚等西方国家接受高等教育的年轻华裔更加不在意自己的方言，而是使用普通话、英语或马来语进行交流。由于英语是工作语言，马来语是国语，很多华裔担心后代无法保持中华传统文化，故而倾向于让孩子进入华校入读。

二、不同历史时期文莱语言政策与规划对华文教育的影响

（一）英国统治阶段文莱语言政策与规划对华文教育的影响

1888 年，文莱沦为英国保护国，在英国统治阶段，政府允许开设华校，并提供部分补助。与此同时，东南亚华人华侨受国内民族主义情绪影响，办学热情高涨，包括文莱在内的东南亚各国华校的数量和规模大幅增长。但是在二战期间，日本对文莱进行破坏性的统治，华校一度停办。日本战败后，英国又重新恢复了对文莱的统治，不仅带动了文莱的经济发展，还吸引了大量资本和劳动力，中国各种方言群移民也纷纷来到文莱谋生。一时间，文莱半岛上出现了各种各样的语言，这也给英国殖民统治带来了日常沟通交流的困难。随后英国的殖民制度和传教士的出现慢慢改变了语言混乱的局面，英语成为文莱半岛的通用语言，成为进入上流社会和获得更多财富的通行证。在华文教育方面，文莱政府加强对华校的管理控制，对满足《伍德海教育调查报告书》中对华文中小学教育修正政策的华校提供津贴[①]。此阶段的华校教学媒介语为中文，除马来语、英语课程外，基本用

---

① 蔡昌卓. 东盟华文教育[M]. 桂林：广西师范大学出版社，2010：5-13.

华文授课，可以说华校在这一时期得到一定的发展。

（二）文莱自治阶段文莱语言政策与规划对华文教育的影响

1959 年文莱获得自治权，并在当年宪法中规定马来语为国语，强制要求文莱公民每个人都必须熟练掌握马来语，必须承认马来语的主导地位。自从马来语的地位确定以后，文莱在各个方面的措施也体现着马来语作为国语的优越性，比如要想加入文莱国籍或者成为文莱永久居民都必须熟练掌握马来语，在教育上也只有马来语学校的学生能享受免费的义务教育。在华文教育方面，文莱政府对华校实施津贴制度，政府与华校董事各承担学校运行经费的一半，许多华校在此阶段扩大规模并得到较快发展；但是津贴制度于 1969 年停止，不少华校运营出现困难。

（三）文莱独立阶段文莱语言政策与规划对华文教育的影响

1984 年文莱独立后，允许三种各自独立的教育形式存在：马来语学校（Malay vernacular school）、华语学校（Chinese medium school）和教会学校（mission school）。文莱教育体系以双语政策为基础，即马来语占统治地位，同时承认并重视英语的重要性。马来语在学前和小学低年级占主导地位，在中学阶段，除了语文和国家哲学两门学科仍以马来语教学外，其余学科均以英语教学[①]。中文虽然没有英语那么重要的地位，但是国家仍允许华校存在。文莱目前共有 8 所华校，全为私立学校，费用需由学生自付，其中 5 所为小学，分别为都东中华学校、双溪岭中岭学校、九汀中华学校、那威中华学校以及淡武廊培育小学，3 所提供从幼儿园至中学的教育，分别是文莱中华中学、诗里亚中正中学、马来奕中华中学。[②]华校提供华语、英语和马来语三种语言教学，华语教学由于双语教育政策的影响，在华校的地位由第一语言教学变为第二语言教学，其中华语虽是所有学生的必修课，但是课时安排、课时总数均有所减少。

近年来，随着中国经济的飞跃发展、中国国际地位的不断提升，中文两国友好往来日趋增多，文莱政府也开始重视中文教学，文莱教育部课程发展中心（Department of Curriculum Development，Ministry of Education）颁布文莱中学阶段学生选修中文的政策，并组织华文教师编订教学大纲。这意味着中文可以进入所有类型的学校，同时也表明文莱正处在一个适合中文教学开展和推广的语言环境中，是中文教学发展的一个极好时期[③]。2007 年 7 月，首批五位中文教师志愿

---

① 引自文莱达鲁萨兰国教育部网站。
② 引自中华人民共和国驻文莱达鲁萨兰国大使馆网站。
③ 郑通涛，蒋有经，陈荣岚. 东南亚汉语教学年度报告之三[J]. 海外华文教育，2014 （3）：242-246.

者受中国国家汉语国际推广领导小组办公室派遣来到文莱教授中文①。自 2007 年至今，文莱中华中学是文莱 HSK 唯一考点②。虽然文莱没有中文报纸，但是马来西亚的中文报刊如《南洋商报》《星洲日报》等都被允许在文莱发行，另外文莱的广播电台每天也会播送 5.5 小时的中文节目③。中文新闻媒体的传播一定程度上也推动了国际中文教育的发展。

新时期"一带一路"倡议下，文莱与中国广西壮族自治区签署合作备忘录，合作搭建"文莱—广西经济走廊"，达成诸多方面的商业合作。大量、频繁、高额的贸易往来必然带来人文交流，语言是交流的基础，这给文莱中文教育的发展带来了新的历史机遇。同时在教育方面，中国政府邀请文莱政府官员及专业技术人员赴华参加多边援助培训班，并向文莱派遣中国青年志愿者，中国政府奖学金也向文莱学生开放申请，政府间合作也拓展了中文人才的就业渠道，国际中文教育的发展迎来良好的发展前景。

综上所述，文莱语言政策与规划对国际中文教育的影响主要表现在以下几个方面。

首先，中文是文莱政府促进民族融合和保护民族多样性的理性工具，具有重要的战略地位，是争取华裔人心、赢得民意的人文交流手段。其次，随着"一带一路"倡议发展，两国商业、教育、文化等方面交流加强，中文功能不断拓展，不仅其工具作用更加强化，而且其资源价值也空前提升，蕴藏着巨大的政治、经济、科技、文化、军事等方面的能量，可产生多方面的效益，中文成为文莱十分重要的基础资源和战略资源。再次，文莱华校的华文教学和其他类型学校的中文选修课为文莱中文习得规划奠定了基础，但是除了中文教学外，中国文化、政治、历史和经济等学科缺乏相关的教育规划，培养"中文+专业"的复合型人才成为大势所趋。最后，语言声望规划的目标是促进语言的发展与普及，即通过政策鼓励使用特定的语言形式，以使该语言的各方面功能在重大而庄严的场合得到充分发挥，并取得更为显赫的地位。语言是交际工具，也是认同基础，翻译是语言对外传播的重要途径，是促进语言的交际与认同的重要方式。在文莱，中文的声望规划和翻译规划做得还不够。虽然目前文莱的语言政策对中文的发展起促进作用，但是在马来语和英语双语教育政策的前提下，中文在文莱的国民教育体系中繁荣发展的机会有限。可喜的是，受中国和文莱两国商业贸易、教育交流以及民间互动的影响，中文在非正式教育中会得到蓬勃发展。

总的来说，文莱语言政策与规划为国际中文教育在文莱的扎根、传播与创新

---

① 引自中华人民共和国驻文莱达鲁萨兰国大使馆网站。
② 同①。
③ 孙德安. 文莱华教之现状[J]. 暨南大学华文学院学报，2003（4）：13-15，38.

发展提供了较为宽松和包容的政策环境，国际中文教育在文莱的未来发展前景也较明朗。

第七节　缅甸语言政策与规划对国际中文教育的影响

在国家独立之初，缅甸主要集中发展缅甸语，语言政策与规划也曾经出现打压英语的倾向；至 20 世纪 60 年代，也出现过削弱华文教育的倾向。随着中国经济发展和中缅贸易往来的加强，学习中文的热潮再次到来。国际中文教育将中文作为学习和发展的第二语言，中文在缅甸的传播也受到缅甸语言政策与规划的影响。

一、缅甸语言政策与规划对国际中文教育的积极影响

（一）国际中文教育获得一定的自由发展空间

随着中国经济的崛起和中国在全球经济政治交往中地位的提高，中文的国际地位变得越来越重要。国际中文教育将中文作为学习和发展的第二语言，有效掌握语言交际工具，有利于有效解决国际交往和交流中的问题，并且对学习者参与涉外工作和从事语言类教学活动具有很大帮助。而对于语言教育教学而言，涉及的问题不仅仅是教学，还更多涉及身份的认同、国家政治经济权利的争取和国家文化等。在当今世界经济格局当中，美国经济增速放缓，甚至出现经济衰退的局面，还伴随着霸权主义与强权政治在国际社会上的死灰复燃的趋势。与此同时，中国的经济和政治地位日益突出，中国经济、政治的发展和公平、公正的形象获得了国际舆论的褒扬和认同。"一带一路"倡议的提出也加快了中缅之间的合作与交流。两国人民平等公平地进行交流合作，语言交流的畅通非常重要。21 世纪缅甸语言政策与规划也体现了这一点，虽然缅甸政府并未明确出台支持国际中文教育发展的相关政策与规划，但也没有限制国际中文教育的发展，这为国际中文教育在缅甸的传播与发展争取到了一定的自由发展空间。

（二）较温和的语言政策使缅甸中文教育有悠久历史

缅甸的中文教育始于 19 世纪末，当时由于华人在缅甸数量增多，华文得以盛行，并形成了有一定规模的华文教育。从缅甸语言政策发展的整个历史脉络来看，从 1903 年第一所华校成立至今，虽然中间也出现过停办的事件，但缅甸华文教育在众多缅甸华人华侨的努力下，没有出现明显的断层。比如二战期间虽然受到不

同程度的波及而停办，但二战后也渐渐复苏。随着中国综合国力的不断提升以及中缅合作的不断深入，缅甸本土的华文教育迎来了新的发展契机。并且在全球掀起的"中文热"也带动了缅甸人学习中文，孔子学院、孔子课堂等中文学习机构相继在缅甸成立。可以看出，缅甸对中文教育施行的是较温和的语言政策，从而使缅甸中文教育形成了较悠久的历史。

二、缅甸语言政策与规划为国际中文教育带来的挑战

（一）中文教育尚未纳入缅甸国民教育体系

从缅甸各个时期的语言政策与规划实施情况来看，英语是唯一被承认的外语，也是缅甸的第一大外语。从幼儿园到小学、中学和大学，英语教学始终贯穿其中。一个国家语言传播的成功程度，主要取决于是否进入主流社会的国民教育体系①。而中文教育虽然在缅甸已有悠久的历史，但尚未获得合法性地位，中文教育也尚未纳入缅甸国民教育体系。这背后有其复杂的社会历史因素，缅甸是一个多民族国家，如何缓解各民族间的矛盾与冲突成为各届政府的治理难题。长期以来，缅甸华校以及中方都致力于推动中文教育的合法化，但承认中文教育的合法地位意味着缅甸其他移民群体也有同样的语言诉求，特别是2010年缅甸进行民主改革后，出现了越来越多反对中文教育的声音。因此，目前来看，缅甸在语言政策上对中文教育的发展采取的是放任不管的态度，中文教育纳入缅甸国民教育体系仍需时间。

（二）缅甸中文学校办学层次普遍不高

在缅甸语言政策影响下，缅甸开设中文的学校主要集中在中小学，且以华校为主，缅甸开展中文教学的高等院校只有仰光外国语大学和曼德勒外国语大学两所，高校的中文教学主要分为"学习班"和"本科班"，学习班又分"业余班"和"专修班"两种类型，业余班毕业授予的是结业证，专修班毕业授予的是大学文凭；2000年本科班开始招生，学制为3年全日制，2012年改为4年制。②在缅北，随着中缅贸易的加强，不少非华裔子女也选择进入华校就读，然而受制于政策，华校最高办学层次仅为高中，亦有少部分学校和中国高校合办有函授性质的本科教学，但华校的学历均得不到缅甸政府的认可。由于缅甸中文学校办学层次不高，学生如果仅学会中文是难以找到理想工作或得到深造机会的。即使学生非常想学

① 吴应辉,何洪霞. 东南亚各国政策对汉语传播影响的历时国别比较研究[J]. 语言文字应用,2016(4):80-92.
② 夏玉清,孔慧. 缅甸华人社团与缅甸汉语教育：现状、问题与对策[J]. 东南亚纵横，2015（11）：52-57.

中文，但迫于求职或升学的压力，他们也不得不把主要精力放在学习缅甸语或英语等其他课程上面。这也是越到高年级学生人数越少的根本原因，对出路的困惑迷茫又进一步动摇了学生学习中文的动力和信心。①

（三）办学经费短缺及师资不足

由于缅甸语言政策尚未承认中文教学的合法地位，因此缅甸当地的中文学校无法获得政府的财政补贴，大多数中文学校只能通过学校董事会支持和社会募捐的形式获得办学资金。以缅甸华校为例，为了吸引更多学生前来就读，华校的学费往往较低，所收的学费也仅仅只够支付教师薪酬，甚至有时还入不敷出。经费的短缺也导致华校教师工资普遍偏低，迫于生活压力，多数年轻教师不得不弃教从商。缅甸华校主要由学校董事会来管理，董事绝大部分都是当地著名的华商或华人企业家，他们有雄厚的经济实力，对传播中华文化满怀热忱。然而，在教育管理方面他们大多是外行，目前，华校存在课程设置不科学、教学目标不明确、教师激励机制缺失、师资流动过于频繁、师资结构严重失衡等种种问题，很大程度上影响了其健康发展。

三、关于缅甸国际中文教育发展的建议

（一）制定适合缅甸国情的中文推广策略

推广国际中文教育需要依据各国实际情况制定科学的国际中文教育指导方针和指导原则，顺应时代发展特点，根据差异性，展开针对性的国际中文教育教学。缅甸由于存在民族、宗教、地域等多种问题的交织，中文不仅仅是在教育领域能否作为一门外语进行学习的问题，还牵涉着种族冲突、缅甸不同政治团体间利益博弈等问题，因此，通过对缅甸语言政策与规划发展历程的梳理，从中找出国际中文教育发展的潜在制约因素和发展机遇，从而制定适合缅甸国情的中文推广策略，有助于确保各项策略的有效性。

（二）正确认识中文在缅甸语言生态中的地位

在封建王朝之后，除了英国殖民统治时期，缅甸的外语政策都体现了发展和完善缅甸语，处理好缅甸语和外语关系的策略。虽然，缅甸的外语政策存在矫枉过正的时期，但是，总体上都是为了处理好缅甸语和外语的关系。国际中文教育

---

① 雷向阳，谢文婷. 三语学校：缅甸汉语传播的新路径[J]. 东南亚纵横，2017（6）：84-87.

在缅甸开展的过程中，应正确认识到缅甸语言政策影响下的语言生态样貌，应在语言政策允许的范围内获取更大的发展空间。近年来，三语学校的发展已成为缅甸中文传播的一种新趋势。三语学校是三种语言并进或以三种语言为教学语言的学校，这种新的教育模式部分实现了缅甸中文传播的合法性。英语是缅甸目前唯一合法的外语，缅甸语是国民学校要求必须学习的语言，英语和缅甸语的教学都是合法的。华校在教授华语的过程中同时教授英语和缅甸语。这样一来，首先中文教学可以不再依靠宗教这把"保护伞"，也为三语学校被纳入国民教育体系增添了一丝希望。其次，这种新型模式适应了当地华人的教育需求。昌华国际学院、新世纪国际学校等三语学校的成功表明这种新型的中文传播模式得到了缅华社会的认可，显然家长们认为将子女送到三语学校就读，有利于学生今后的社会交往和就业需要。最后，这种新型学校采用了自负盈亏的商业模式，成功地解决了办学经费和学生出路等问题，教师收入有了较大提高，教学质量得到有力保障，为学校的后续发展奠定了良好的基础。①

（三）加强与缅甸华校间的交流与合作

随着中国对外开放程度的加深，经济实力和综合国力的进一步增强，中国的发展引起了世界各国人民的注意，全球中文的学习与培训受到极大的重视，中文的热度日益上升。缅甸华校是开展国际中文教育的中坚力量，需要给予指导，加强对外语教育和国际中文教育的方向性引导，提供必要的支持，在合理的范围内，完善推广中文的学校的基础设施，对条件不足的学校提供一定的经济支持和政策支持，鼓励学校突出自身的专业特色和具有中国特色的文化元素，明确办学的思路，对课程设置的合理性进行有效的监督和规范，确保语言教育教学的质量和特色。

第八节　泰国语言政策与规划对国际中文教育的影响

从华人移民到泰国永久定居到现在，我们可以将泰国对华人实施的主要政策归纳为以下几种：第一，协调政策和同化政策；第二，调控华文的民办学校（华校）政策；第三，促进和鼓励中文教育政策；第四，中泰相关领域的教育合作政策。②而泰国政府中文教育的政策也间接反映了泰国语言政策与规划对国际中文教育的影响。

① 雷向阳，谢文婷. 三语学校：缅甸汉语传播的新路径[J]. 东南亚纵横，2017（6）：84-87.
② Worrachaiyut S. 浅析泰国语言政策与汉语教育政策[J]. 海外华文教育，2012（1）：105-110.

一、泰国语言政策与规划对中文的规定或要求

泰国中文教育的政策与规划反映了中文在泰国的发展和演变。从前文梳理的泰国语言政策与规划的历史演进中我们可以看出中文教育的地位在泰国社会发展的不同时期有所差异，见表 13-5～表 13-7。

表 13-5　20 世纪 10～50 年代的中文教育政策与规划

年份	政策与规划	对中文教育的影响
1918	《暹罗民立学校法》，即"民校条例"	强调学校必须有教授泰文的课时，对华校进行管制
1921	《强制教育条例》	规定华校使用泰文上课，不能用中文进行教学
1932	政府命令	规定华文教育禁止使用涉及政治内容的教材
1933	政府命令	华校课程应体现泰国语言文化并且让泰语成为主干课程；限制中文授课学时；强调泰文重要性
1936	《新民校条例》	授课语言必须使用泰文，完全影响了用中文教学

表 13-6　20 世纪 50～80 年代的中文教育政策与规划

年份	政策与规划	对中文教育的影响
1951	《国家教育计划》	中文是承载社会主义思想的工具，排斥中文
1954	《1954 年民校修改条例》	禁止新办华校；规定校长和教师资格
1960	《发展国家教育方案》	限制中文教育，增加泰语教学时间
1978	有关教授外文的政策	不再禁止中文教育的内容
1978	政府文件	批准全国所有的商业院校开设中文课，是放开中文课程管制的信号

20 世纪中文在泰国传播的性质主要体现为华人内部的华文教育，但进入 21 世纪以来已逐渐转变为华人内部的"华文教育"与面向非华人的"中文作为外语或第二语言教学"并存。中文在泰国传播速度明显加快，泰国开设中文课的学校连年大幅度增长。截至 2009 年，泰国开设中文课的大、中、小学从 2003 年的 242 所增加到 1603 所；学习中文的人数由 2003 年的 8.05 万增加到 64 万。[①]

表 13-7　20 世纪 80 年代至今的中文教育政策与规划

年份	政策与规划	对中文教育的影响
1982	教育部规定	对中文教师、华校校址及学生名额放宽管制
1992	关于放宽中文教育政策的提议	中文教育从此在泰国发展起来，并开始渗透到从基础教育到高等教育的各个层面

---

① 江傲霜，吴应辉. 泰国汉语教师志愿者教学适应能力探析[J]. 华文教学与研究，2012（1）：60-66.

续表

年份	政策与规划	对中文教育的影响
1992	《国家教育计划》	再次放宽中文教育管制；中文成为国家社会与经济发展的交际语言
1998	大学司（现为高等教育委员会办公室）文件	将中文列入高等学校外语入学考试选考科目
2001	《国家基础教育课程大纲》	中文被正式确定为国家的第二外语；泰国21世纪中文教育的主要依据
2005	《泰国促进汉语教学，提高国家竞争力战略规划》	使泰国中文教学更加科学化和规范化；成为21世纪初期泰国中文教学的纲领性文件
2010	《泰国语言政策（草案）》	呼吁加强外语的多元发展，中文位列其中
2014	《中文教学改革政策》	"一带一路"倡议下中文教学的指导方针

表13-5～表13-7资料来源：根据赵惠霞、鲁芳《泰国的汉语教育政策变迁与汉语教育的发展》[1]整理。

二、泰国语言政策与规划影响下国际中文教育的发展趋势

在如此庞大的中文学习者背景下，结合新时期下泰国语言政策与规划及"一带一路"倡议，国际中文教育的发展趋势呈现出以下几个方面。

（一）高校合作办学，派留学生到中国学习

在"一带一路"倡议下，中泰合作领域越来越广，中文人才需求显著增加，中外合作办学成了泰国中文人才培养的主要形式。我国与泰国在各方面开展广泛而又深入的交往与合作，在鼓励企业去泰国开拓市场的同时，也应鼓励中国学生到泰国留学、访问。特别是鼓励有地域优势的大学（如福建、广东、广西、海南、云南等地的大学）和泰国高校建立合作关系，加大招收留学生和交换生到中国学习的数量。这样，更有利于培养中文人才，促进两国的交往，加深友谊。

（二）搭建产学研平台，实现"中文+职业"

泰国高校与中国高校联合建立实习基地，比如泰国曼松德昭帕亚皇家师范大学与我国几所学校合作，推行有3+1（泰国学校三年学习+中国学校一年实习）模式和短期学习项目，让学生在实践中提高中文水平。此外，泰国学校与企业建立人才输送体系，学校与目标企业沟通中文人才需求意向，本科期间培养专业对口的中文人才，让学生实现精准就业，比如曼谷大学与一些企业合作，签署工作备忘录，在人才培养上部分与企业达成一致，在中文教学中加入职业知识，既解决了学生的出路，也为企业输送了中文人才。把中文学习和就业联系起来，"中文+

① 赵惠霞，鲁芳. 泰国的汉语教育政策变迁与汉语教育的发展[J]. 河南理工大学学报（社会科学版），2019，20（1）：67-73.

职业"的教学无疑成为了中文教学的重要方面。

（三）加强培训优化师资，保证教学质量

由于生源的急速增加，泰国的中文教师队伍出现了缺口，尤其是泰国本土教师。如何提高本土中文教师的数量和质量成为泰国中文教育良性发展的重要问题。过去几年中，泰国教育部针对基础教育和高等教育阶段的中文教师组织过几次中文教学培训，但是在调研过程中，据参加过大学部培训的教师透露，培训偏重讲解中文本体知识，例如有一次培训讲离合词，对泰国大学教师来说实用性不够强，不够全面。如何优化中文教师培训方案，更有针对性地对本土教师进行培训，使培训更有效，成为泰国相关部门关注的问题之一。

近年来，泰国中文教育的需求持续增长，教师数量也不断增加，但是由于泰国教师群体的不稳定性，师资问题也一直存在，从而影响了教学质量。在师资方面，中国政府给泰国提供了很大的支持。中外语言交流合作中心是发展中文教育走向世界的主力军，每年都会选派中文教师志愿者到泰国任教，在很大程度上解决了教师数量匮乏的问题。但是，中文教师志愿者任教的时间较短，往往是任教一年就离开泰国回中国了，并不能保证教师从教的稳定性。从长远的角度看，培养大量的优秀本土教师才能解决根本性问题。本土教师在任教时长和教学连续性上都比较稳定，有利于发现学生和教学上的问题并且有充足的时间去解决问题，从而保证教学质量。

（四）开设中文专业硕士点，加强学科建设

由于泰国的本土师资队伍亟待建设，对高层次的中文专业人才需求很强烈，加强高等教育的学科建设也就显得尤为重要。开设硕士点一方面可以提高学院乃至整个大学的学术水平，另一方面也可以为中小学教师提供增长专业知识和提升教学能力的机会与平台，因此很多有能力的大学纷纷开设了硕士点。截至 2019年 11 月，曼谷共有四所大学开设了中文硕士点，分别是朱拉隆功大学、泰国农业大学、泰国华侨崇圣大学和泰国国立法政大学，其中泰国华侨崇圣大学还开设了博士点。在泰北地区有两所大学开设了中文硕士点，分别是清莱皇家大学和皇太后大学。

第九节　东帝汶语言政策与规划对国际中文教育的影响

东帝汶是 21 世纪的新生国家，也是亚洲最年轻的国家，但由于过去长期被殖

民，以及独立后国际组织的长期驻扎，东帝汶呈现多元化的语言生态。从文献以及人口普查的数据得知，东帝汶相当一部分的人掌握了至少两种不同语言。[①]从东帝汶独立后的宪法和多项已发布的法令来看，最主要的语言政策法令都是针对两种官方语言（葡萄牙语和德顿语）、两种工作语言（印度尼西亚语和英语），以及土著语言，尤其是在官方语言方面。由于目前东帝汶对于其他语言并没有相关政策的制定，所以在政策上对中文也没有表示排斥或推广。

一、东帝汶中文教育的过去与现在

（一）东帝汶中文教育的过去

中国与东帝汶的交流早在 16～17 世纪就开始了。当时的中国人主要是到东帝汶进行檀香木的交易（东帝汶盛产檀香木），这批中国人主要是来自澳门和广东的客家人，他们交流的语言以客家话为主，也有讲普通话和粤语的华人。到了 20 世纪 70 年代前期（1970～1975 年），全东帝汶 13 个区（独立后改称大区）内的华文学校体系都较为完备。其中，帝力中华中小学发展较为突出，鼎盛时期，在校生人数超过 500 人。但同时在整个 70 年代，随着人口流失愈发严重，这些学校逐渐关闭。1975 年东帝汶遭到印度尼西亚的入侵，印度尼西亚政府在东帝汶实行"印度尼西亚化政策"，强制推行印度尼西亚语教学，将印度尼西亚语作为唯一官方语言以及教学语言，因此，华校以及华文教育被迫取消。1999 年印度尼西亚撤离东帝汶时，东帝汶的基础设施被摧毁殆尽。2000 年以后，包含这所华校在内的学校教育慢慢重新开启。

（二）东帝汶中文教育的现状

现在居住在东帝汶的年轻华人在家继续讲客家话，同时他们也会讲德顿语、英语及印度尼西亚语。为了促进中文在东帝汶的普及，推广中文教育，中国大使馆负责协调东帝汶学生到中国的学校学习，并给予奖学金。2003～2014 年东帝汶有大约 1200 人到中国就学，但相当少人从大学毕业。[②]

在东南亚国家中，现在几乎每个国家都有中文教育，比如柬埔寨、泰国、菲律宾等，但东帝汶被印度尼西亚入侵后已经不再教授中文。[③]根据中外语言交流合作

---

① 蓝博，陈美华."一带一路"背景下中国与沿线国家合作的语言选择思考：以东帝汶为例[M]//许钧. 翻译论坛（2018.2），南京：南京大学出版社，2018.

② Berlie J A. Chinese in East Timor：Identity，society and economy[J]. Huma Netten，2015（35）：37-49.

③ 同②.

中心的官方资料，东帝汶没有一所孔子学院，也没孔子课堂。直到 2016 年底，广西师范大学与东帝汶商学院（East Timor Institute of Business）合作成立汉语文化中心，开设中文课程后（第一批中文班学员于 2017 年 6 月开班），中文教育才重新恢复。[1]2014 年，在中文教育正式启动前，东帝汶马纳图托地区的纳塔波拉农业学校也曾接受中国援助东帝汶农业组工作人员在该校开设中文课程。纳塔波拉农业学校共有 248 名学生，每周学习中文的学生超过 200 人。除了在东帝汶重启中文教育外，中国政府依旧每年向东帝汶提供政府奖学金留学生名额。目前，已有超过 100 名东帝汶留学生在中国取得了多个专业的本科、硕士和博士学位。

二、对国际中文教育的影响：根基薄弱，发展困难

从国内外文献以及各个国际组织、非政府机构的相关数据来看，东帝汶目前对本国语言政策与规划的制定及实施都还在摸索阶段，对中文也没有表现出明显的排斥倾向，这为东帝汶国际中文教育的发展提供了机遇。但是，东帝汶正式独立（2002 年）至今只有 20 多年，身为亚洲最年轻的国家，独立前印度尼西亚的捣毁使东帝汶所有基础建设被全面破坏。目前东帝汶基础设施薄弱，经济体系和结构单一，严重依赖国际市场，经济发展处于百业待兴状态。独立后的东帝汶因不同党派及民众对执政党的不满，时而有冲突事件发生，国内治安不稳定。在此时期，联合国维和部队以及多个国际组织驻扎于东帝汶，维护东帝汶内部的治安，并帮助其进行建设。2009 年东帝汶国内治安逐渐趋于稳定，到了 2012 年 12 月，驻扎 13 年的联合国部队才从东帝汶撤军，由其自行运转。东帝汶语言政策与规划的实施因此也受到国内政治形势的影响，并进而影响到国际中文教育的发展，主要表现在以下几个方面。

（一）国家认同的强化使中文重要性受到限制

东帝汶语言政策与规划以国家认同为核心，一定程度上制约中文教育的推广。独立以后的东帝汶非常迫切以语言来建构国家认同。2015 年第 3 号法令的第 13 条、第 17 条强调，在学前教育阶段，为了教学需要（让孩子理解授课内容），授课教师可采用学龄前儿童的第一语言（母语/本土语言）进行教学，但在学前教育结束时，孩子必须要能听懂和会说德顿语；在第 4 号法令中的第 11 条也规定，学龄孩童在入学后，要循序渐进地从德顿语到葡萄语的学习，并且在小学毕业时，对两种官方语言在读、写方面都要有稳固的基础。从非政府组织 La'o Hamutuk

---

① 王雪芸. 游戏教学法在对外汉语综合课不同教学环节中的应用研究：以东帝汶汉语课堂游戏教学研究为例[D]. 桂林：广西师范大学，2018：2.

官方网站上看，2015 年所提出的第 3 号法令及第 4 号法令普遍被教育者、学者、非政府组织、学生及学生家长等接受，但法令在 2018 年被新上任政府进行修改，后因受到多方组织机构反对而撤销。从这个现象来看，仍然有部分政府官员认为 2015 年的法令有不妥之处，对官方语言及工作语言的选择上抱持不同意见。目前来看，东帝汶语言政策与规划主要还是围绕国家认同展开，在语言政策与规划实施还未有一定成效时，中文教育要在东帝汶推广还有一定难度。

（二）学龄孩童就学情况不佳影响中文教育开展

东帝汶学龄孩童就学情况不佳，影响中文教育的开展。在开展国际中文教育的过程中，中小学生是中文学习的主要群体，东帝汶是联合国开发计划署列出的亚洲最贫困国家和全球 20 个最落后的国家之一，约 41% 的人生活在贫困线以下。[①]由于东帝汶相当贫穷，经济发展落后，很多孩童从小就要帮忙分担家庭经济重担，增加家庭经济收入。因此学龄儿童入学率低，辍学率高。美国国际开发署网站显示，来自东帝汶 2009 年的数据表明，东帝汶男孩和女孩的基础教育阶段净入学率不高，分别为 77% 和 74%。中学净入学率很低，只有约 1/3 的男孩和女孩入学。在这样的情况下，东帝汶学习中文的学生相对较少，并且由于东帝汶中小学生的学习积极性相对较弱，中文教育如果要在东帝汶学校里开展难度也较大。

（三）华人群体对中文教育的支持力度较弱

华人群体基数小，开展中文教育的积极性不高。2019 年 Worldometers 统计数据显示，东帝汶人口约 134.15 万，其中大约 78% 为土著人（巴布亚人与马来族或波利尼西亚人的混血人种），20% 为印度尼西亚人，而华人仅有 2%，是东南亚国家中最小的华人群体，主要聚集在首都帝力。在东帝汶经商的华人主要以德顿语、印度尼西亚语、葡萄牙语、英语交流，中文的使用主要在自己家里或者是华人之间（多讲客家话）。

三、关于东帝汶国际中文教育发展的建议

中国与东帝汶近年来有着良好的互动，这对推广中文教育会有一定的助力。2014 年中东两国发表联合声明，将建立睦邻友好、互信互利的全面合作伙伴关系。中国在东帝汶也有许多援助项目以及合作项目的开展，比如，帮助东帝汶建设基础设施、公路、小学，开展中美东三方的农业合作项目，等等。除此之外，也有

[①] 王雪芸. 游戏教学法在对外汉语综合课不同教学环节中的应用研究：以东帝汶汉语课堂游戏教学研究为例[D]. 桂林：广西师范大学，2018：2.

越来越多的中国企业赴东帝汶投资，双方频繁的合作与交流给中文教育在东帝汶推广带来良好前景。本书对在东帝汶推广中文教育提出以下几点建议。

（一）优先在华人群体中开展中文教育

华人曾在 20 世纪 70 年代成为东帝汶最重要的外裔人口团体之一，当时华侨人数达到 25 000 多人，他们逐渐融入当地社会，创立中华商会、中华学校，修建了关帝庙以及华人公墓等。随着印度尼西亚的入侵，许多华人遇害或逃离，华人人口逐渐下降，"印度尼西亚化政策"也导致华校被迫停办，但是，仍有许多华人留下继续深耕，并且世代传承中文，代表华人宗教文化的关帝庙也保留至今（已有 80 多年历史）。王雪芸的论文中提到"当地华人的孩子在中文口语表达方面不存在任何问题，家长将孩子送到中文课堂的目的是想要学习汉字的书写以及认读能力"。根据以上的情况，可以推断华人对于更进一步学习中文的意愿是较强烈的。因此，在华人群体中开展中文教育将是重要的切入点。

（二）推进华人学校的建设

随着东帝汶华人以及近年来中国去东帝汶投资的企业越来越多，可以寻找重建华人学校的适当机会，以供东帝汶华人或者到东帝汶投资的中资企业员工子女就读。资料显示，目前东帝汶首都帝力有 3～6 所国际学校，但这些学校都以英文教学为主，因此在东帝汶建设中国国际学校是可行的。

（三）培养东帝汶本土华人中文教师

东帝汶是一个多语言国家，除了宪法所规定的官方语言及工作语言外，还有多种土著语言。东帝汶人生活中最普遍使用的语言是德顿语，其次是印度尼西亚语，这两种语言对于中国的中文教师都比较陌生，所以在实施中文教育的过程中，无法做到师生间的有效沟通，大大降低了学生的学习效果和学习兴趣。因此，如果能培养东帝汶华人作为中文教师来推广中文教育，效果会更加明显。培养教师的过程中，中国教师与东帝汶华人可减少语言沟通上的障碍，未来中文教育实践中，由于东帝汶华人能流畅地使用德顿语或印度尼西亚语与当地人沟通，对当地文化又有较深的了解，因此，实践中文教育的过程会相对更顺畅。

（四）实施中文教育需关注教育群体的分类

从王雪芸的实践经验来看，许多当地的儿童和家长本来就对国内的义务教育不够重视，更何况是要付费的中文课。儿童中文班每月收取 25～30 美元，而当地居民一天人均收入约为 5.5 美元（非官方资料），对生育率高但收入低的普通居民来讲，经济压力较大，故放弃学习中文课程。反之，华人在东帝汶一般经济状况较好，所受的教育也较好[①]，学习中文意愿相对较高，故先在华人团体中推行儿童中文教育，状态会比较理想。

另外，要加强在高校中推广中文，尤其是与中国有产业合作关系的高校，让该校师生所学习的中文能够实际运用到其专业及工作当中。王雪芸在东帝汶商学院教授中文期间，成人中文教育之所以能持续，很大原因是学习中文者为该校的语言教师，学习中文与他们的专业对口，与他们的工作相关联。目前，中国与东帝汶有许多的合作项目，比如，2018 年湖南生物机电职业技术学院与东帝汶农业部签订了"加强农业教育培训合作备忘录"，主要搭建东帝汶农业部主管的高校纳塔波拉农业学校与湖南生物机电职业技术学院在农业技术、农业教育和农业资源上的交流平台。中文教育如果在这类合作院校当中推广，师生由于学习中文后有实践的平台，学习意愿也会提高。

（五）扩展中文使用领域，使中文与职业相结合

在贝利（Berlie）的论文中提到，2003～2014 年估计有 1200 名东帝汶人在中国学习，但很少有人在大学注册并毕业。相比之下，800 名东帝汶学生到古巴医学院学习，超过 500 人毕业，并回到本国的医院和诊所积极工作。此外，美国与东帝汶有着军事外交，美国大使馆出资聘请美国讲师到东帝汶开展国防语言学院美国语言课程，成效显著。比较中国的中文推广与古巴的西班牙语推广、美国的英语推广，会发现古巴、美国与东帝汶的外交项目重要程度相当高，并且语言的推广直接和专业对接，在需求层次上也较高。因此，中文教育在东帝汶推广时，应结合多方面考虑。

（六）加强对外中文国际教师的师资队伍建设

王雪芸在论文中提到，"由于本次在东帝汶实习阶段只有本人一位中文教师，在实际操作中受到人力物力等因素的限制，在使用本人采集的第一手数据时难免会出现误差"。时隔四十多年才在东帝汶重新启动的中文教育并没有配置专业经验丰富的健全师资队伍。单靠一位教师同时进行授课、观察、记录、研究等大量工作，中文教育推广成效不佳。因此，建议在东帝汶推广国际中文教育初期，选派去东帝汶任教的师资团队要健全，才能达到更好的教学效果，让学生有意愿继续学习，也才能更好地促进国际中文教育在东帝汶的推广。

---

① Berlie J A. Chinese in East Timor：Identity，society and economy[J]. Huma Netten，2015（35）：37-49.

第十节　马来西亚语言政策与规划对国际中文教育的影响

马来西亚的语言政策与规划强调国家层面的单元化取向，联邦政府所追寻的依然是"建设民族国家"和单一国语的目标，但受全球化的挑战及国内外环境变迁的影响，其语言政策与规划也出现了一些新变化，在实施过程中也出现了一些问题，对国际中文教育的推广工作产生了影响。

一、马来西亚语言政策与规划对国际中文教育的积极影响

马来西亚语言政策与规划总体上呈现出"变与不变"的特点，即在维护马来语官方语言地位的同时允许更多样的媒介语的存在与发展。与此同时，由于马来西亚采用了多语言源流的教育体系，华文教育在马来西亚有着特殊的地位。虽然对于本土华人而言，在以马来人为主导的政策下，华文教育依然是夹缝中求生存的状态，但不可否认的是，马来西亚较为完善的华文教育体系为国际中文教育的推广奠定了良好的基础，营造了优越的语言环境，对国际中文教育的发展确实有较大的助益。近年来，随着中国的经济发展和全球影响力的提升，马来西亚也在转变对于中文和中文教育的看法，态度趋向于积极和支持。

（一）促进了双语和三语学校的正规化

从马来西亚语言教育政策的历史演进来看，马来西亚一直强调并且维持马来语的国语地位，其间也曾出现对华校的种种打压，但总体来看，由于马来西亚是个多民族国家，为了维持民族间的稳定和协调发展，马来西亚并没有特意针对某一民族的语言、文化进行严厉打击。马来西亚在维持马来语在课程教学与考试中"官方"地位的同时，也允许其他多种语言在不同学校中作为教学媒介语而存在；中文在国民型学校中也在一定程度上被允许作为某些课程及教学活动的媒介语而加以使用。此外，马来西亚也积极加入国际化舞台，国语英语并重政策的颁布和实施为马来西亚双语学校的发展提供了法律保障。再加上马来西亚华人坚持不懈地努力奋斗，使得马来西亚的语言政策与规划在实施的过程中对中文在学校或课程教学活动中的使用表现出一定的灵活性，这为中文在马来西亚学校中的推广使用提供了政策空间，由此促进了三语学校的发展。

（二）马来西亚已建立起相对完备的中文教学体系

中文在马来西亚语言政策与规划的实施中具有举足轻重的地位，得益于此，马来西亚中文教育已建立起从基础教育到高等教育的完备教学体系。马来西亚的中文教育系统完善，主要分为两套系统，一套由政府主导，另一套则为华人团体主导。中文教育同时存在和生长于马来西亚不同类型的学校教育中。在马来西亚语言政策与规划制定与实施的过程中，华校虽然遭遇改制危机及一系列并校风波，但总体上来看，华校的发展在马来西亚华人群体的努力下形成了良好的发展态势。进入 21 世纪，随着中国综合国力和国际地位的提高，中文的价值日益凸显，马来西亚语言政策与规划对中文的态度也逐渐走向包容，在马来西亚许多高校内都有开设专门的中文专业，比如新纪元大学学院。这为国际中文教育在马来西亚的发展提供了良好的条件。

二、马来西亚语言政策与规划对国际中文教育的挑战

（一）如何平衡不同种族之间的利益冲突

在"相对单元化"的背景下，应如何平衡不同种族之间的政治利益、经济利益和文化认同等因素，对语言政策与规划的实施至关重要。长期以来以马来人为主导的社会建构导致马来人和华人间的间隙始终存在，敏感的种族关系也导致华文教育受到一定程度的压制。华人及相关社团、学校在争取华语利益的过程中也曾多次与政府及马来人发生冲突，如何更好地平衡华语的发展与种族间的关系，是马来西亚华人始终面临的难题，更是国际中文教育推广过程中要极为关注的问题。过于高调的宣传推广及资助等都容易引起他族的警惕与排斥心理，也可能会给在马华人带来不必要的麻烦。

（二）如何平衡国际中文教育与华文教育的关系

近年来随着中国的崛起，马来西亚学习华语的人数确实不断增加，马来西亚现行语言政策与规划正在逐步开放对外语和外语教育发展的限制，但是华人应当如何去看待这一变化，是需要审慎思考的问题。在推广国际中文教育的过程中，能够与马来西亚华文教育体系接轨或合作自然是理想的情况，但是正如前文所言，敏感的种族关系使华人时时处于不利地位，再加上部分土著民族对"一带一路"倡议以及中国抱有排斥心理，若华文教育与中国或国际中文教育捆绑过多，也会引起当地土著民族的反感与怀疑。而且，在部分本土华人看来，中国政府与马来西亚政府间的交流合作难以直接惠及社会中下层的华人，只停留在政府高层的合

作，利益都为马来人所把持。华人本身对中国及相关合作项目也抱持观望或冷漠的心理，在此背景下，如何有效地动员华人协助推动两国之间的交流合作已经是一个棘手的问题，更遑论建构与基层土著之间的良好关系了。

总的来说，国际中文教育推广的过程中要审慎构思与本土华文教育的合作方式，也要依据现实情况有节奏地逐步推进；本土华人也要客观看待国际中文教育推广所带来的机遇与挑战，切勿为求发展作出不恰当的行动引起内部矛盾。华人社团在这个过程中可以扮演重要的角色，一方面从组织角度推动国际中文教育与华文教育的交流合作，另一方面也利用与本土政府与人民之间的良好关系牵线搭桥，特别是用土著居民喜闻乐见的方式推广华文教育与中华文化，奠定良好的语言学习环境。马来西亚语言政策与规划对国际中文教育的影响可以说是机遇与挑战并存。本土华文教育的发展过程也非一帆风顺，中文的国际传播自然会面临更多的问题。但是，不管对于世界还是华人，中文传播都是重要的事业，是促进世界文化交流的行为，我们应该秉承开放包容的理念去进行国际中文教育的推广工作，促进世界各地各种语言在社会上共赢共存。

第十一节　老挝语言政策与规划对国际中文教育的影响

老挝正规形式或学校形式的中文教育可溯源到 1929 年开设的百细华侨公学的华文教育，这所学校是老挝境内的第一所华校。斯波斯基指出，语言政策由语言实践、语言信念或语言意识形态、语言规划或语言管理三个部分组成。[①]随着老挝国内政局跌宕起伏，国家语言政策与规划直接或间接影响着中文教育在老挝的生存及发展，可谓是中文教育发展的晴雨指示表。

20 世纪 30～60 年代，华文教学在老挝发展迅速，70 年代遭受"冰封期"，80 年代末，随着老挝政府"革新开放" 政策的实施，老挝国内迎来语言多元化发展新时期，相对宽松的语言政策为老挝外语发展提供了一线生机。中老两国于 1989 年恢复正常外交关系后，华校陆续恢复开设中文课程。从 2000 年的《教育法》到 2015 年《教育法》（修订版），外语政策进一步放松，中文在老挝的发展也逐渐展现新气象。近 20 年来，中文在老挝的受欢迎程度不断增强，开设中文课程的学校也逐渐增多，形成了覆盖幼儿园、小学、初中、高中、大学和孔子学院等各层级教学单位于一体的中文教育体系，这也是中老关系紧密发展和各领域交流合作深化的映射。

---

① 博纳德·斯波斯基. 语言政策——社会语言学中的重要论题[M]. 张治国，译. 北京：商务印书馆，2018.

一、部分纳入国民教育体系：未形成全学段和整系统纳入格局

衡量中文国际影响力的重要指标包括中文纳入他国国民教育体系的具体情况和他国中文教育政策落地实施成效，这也是提升我国文化软实力、国际话语权及综合影响力的有效途径。而老挝包括中文教育在内的外语教育政策是老挝将中文纳入其国民教育体系的依据和遵循原则。2016 年，经老挝国会批准，中文教育已被纳入老挝国民教育体系，但只是部分纳入，暂未形成全学段和整系统纳入格局。主要体现在两个方面：一是中文教育未纳入初等教育体系，只纳入中等和高等教育体系；二是中文教育未纳入考试体系，只纳入了课程体系。

（一）对初等教育体系的影响：呈宽容和默许态度

老挝中文教育政策未将中文教育纳入老挝初等教育体系，但对老挝初等学校开设中文相关课程呈现出宽容和默许态度。2015 年《教育法》（修订版）第 41 条新增规定提出：教育机构可以组织外语教学活动，其中，英语为必修科目，从小学三年级起开设英语课程。至于其他语言，由教育机构根据实际情况及条件采取选择性教学。①老挝的中文教育始于初等教育中的华校，华文小学开展华文教育的历史悠久，最开始只有当地华侨华人子女进校学习，后来逐步发展为一些当地老挝人也来学校学习。目前，老挝开设中文教育的初等教育机构或涵盖初等教育的学校多达几十所，主体为华校。

（二）对中等教育体系的影响：华校施行中老双语教学模式

目前，老挝开设中文教育的中等学校已有几十所，其中规模最大、最具代表性的是寮都公学。百细华侨公学、崇德学校、琅勃拉邦新华学校都是老挝国内具有较高知名度的老牌华校。华校除了为学生开设中文课程之外，还必须遵循老挝相关教育规定，将老挝中小学全部必修课程纳入教学体系，实行老挝语和中文并行的双语教学模式。

除了传统老牌华校，21 世纪后，民办华校如雨后春笋般建设发展起来，规模较大的有寮北学校、寮龚学校、中华学校和中老友谊学校等。老挝的华校从最开始只有华侨华人子女入学的状态发展到今天，老挝籍学生已成为华校主体生源。除学制教育之外，华校还为老挝当地有中文学习需求的各行各业人士开设了中文培训班，以培养学习者中文语言技能和使其通过各级别 HSK 为主要目标。另外，

---

① 张德祥，李枭鹰. 越南、老挝、泰国、柬埔寨、缅甸教育政策法规[M]. 大连：大连理工大学出版社，2019.

老挝国立大学孔子学院在各中等教育机构设立孔子课堂和中文教学点，并向其派遣中文教师，发送中文教材、教具等教学资源。建设得比较成功的孔子课堂有万象中学孔子课堂、老挝国立大学附属中学孔子课堂和万荣民族中学孔子课堂等。

（三）对高等教育体系的影响：中老合作办学与共建中文专业

纳入老挝高等教育体系的中文教育承担着老挝高端中文人才的培养任务，包括中文教学及"中文+专业"复合型人才的培养。截至2021年，老挝开设了中文及相关专业的高校共有6所，与老挝全国人口比为1∶141万，在东南亚各国"开设中文及相关专业"高校分布密度排行第二名。[①]可见老挝政府对培养中文及"中文+专业"复合型人才十分重视。开设中文及相关专业的高等学府分别为老挝国立大学、苏发努冯大学、老挝国防学院、老挝苏州大学、老挝人民警察学院和巴巴萨技术学院。老挝国立大学和苏发努冯大学各自拥有孔子学院，其中，老挝国立大学孔子学院创全球孔子学院开设中文相关专业学历教育之先河，于2021年7月经老挝教育和体育部批准，正式开设了中文师范本科专业。

当前，老挝中文教育仅有本科阶段的学历教育，缺乏硕士和博士人才培养体系，培养重点在于使学生掌握相应的中文语言技能。高校中文教师的学历水平主要集中在学士层次，硕士层次较少，博士层次几乎为零。这对中文及其相关专业的建设和发展、学术研究都产生了一定的制约影响。

二、中文教育资源严重短缺：于被动调试中寻求发展

相对于新加坡、马来西亚、泰国等已将中文纳入国民教育体系的其他东南亚国家，老挝中文教育基础较为薄弱，主要体现在资金不足、本土中文师资力量不足、中文教育软硬件资源不足、中文教学大纲和课程标准体系不够完善等。由于老挝中文教育资源短缺，甚至导致了老挝教育和体育部语言政策中"准许公立中学开设中文选修课"的条目落地成效缓慢，这严重影响了中文及中国文化在老挝的推广发展进程。

（一）教学大纲及教材：缺少大纲与教材不适用

老挝国家教育系统未颁布明确的中文教学大纲，包括老挝国立大学在内的老挝各级各类学校的中文教育教学大纲和课程目标不明确，甚至有很多学校缺少中文教学大纲。现有的均由各学校单独规划实施，没有统一标准。每门中文课程也

---

① 吴应辉，王睿昕. 东南亚高校中文及相关专业发展状况比较[J]. 华文教学与研究，2021（2）：52-60.

没有统一的教学目标，导致各校整体的中文教学不成系统不成规范，未能达到理想的教学效果。

与此同时，老挝缺乏适应当地中文教学情况的本土中文教材，现有教材的适用性不足。首先，除了少部分版本较为陈旧的老挝语注释版中文教材，各高校、孔子学院和下设的孔子课堂教学点所使用的教材绝大部分为我国教育部中外语言交流合作中心、国务院侨务办公室或高校所提供的中文教材。这些教材里的内容要么为全中文无其他语言注释，要么为英文注释，而大部分老挝学生，尤其是相对偏远地区的学生英语水平较低，难以理解教材里的英文注释。其次，老挝中小学华校使用中国国内中小学教材的现象极为普遍，但这些教材的内容对老挝中小学生来说十分深奥，因此，中文教学效果甚微。最后，在数量上，老挝现有的中文教材难以满足学生"人手一本"的应然需求，而实然现状是只能基本满足教师用书需求。学生所用的学习资料大多是根据每堂课的学习任务而复印出来的，且在清晰度和内容、知识系统性上没有保障。因此，急需在统一中文教学大纲和制定中文课程目标的基础上，结合老挝国内中文教学实际情况，开发包括教材、课件、音频、视频等在内的老挝语注释版本土化中文教学资源。

（二）课程设置：选修课与分技能课程为主

以老挝语言政策与规划为遵循原则，中方政府相关部门及合作高校在老挝中文专业设立和建设、课程设置、教学培养计划等方面给予了全面的支持和帮助。在华校，中文为必修课，并且作为教学语言之一。在纳入国民教育体系的中等教育中，中文作为各学校的选修课程进行开设，开设的班级数量、水平等级和学期总课时量因地区和学校不同而有所差异。在高等教育中，中文课一方面是作为中文相关专业的必修课程，另一方面是作为非中文专业学生的外语选修课程进行开设的。

老挝大部分学校对中文教育的定位是把中文课程作为学生掌握中文语言技能的途径，即重点突出中文的语言工具性。因此，在具体的课型设置上，除了中文综合课，大多为以中文听、说、读、写、译为基础的分技能课程。除了华校和部分开有中文相关专业的高校，老挝各级别学校几乎没有开设专门的中国文化课程。中国文化教学仅限于少量的文化活动和在中文技能课上涉及的相关必须解释的文化内容，呈零星状分布、不成系统。这也在一定程度上导致了中文和中国文化在老挝的推广进程中出现严重失衡现象。

（三）师资来源及培养：促进师资本土化是关键

师资问题在老挝中文教育资源短缺中较为突出，也是"三教"问题中的核心所在，关系到教学方法改进和适用本土教材编写的主生力量。尽管我国教育部中外语言交流合作中心每年会向老挝各孔子学院和各级别学校派遣中文教师志愿者，但由于这一师资群体存在较大的流动性，任期一般为 1～2 年，因此很难形成既有丰富中文教学经验又对老挝当地中文教学情况、整体教育情况以及老挝学生特点十分了解的充足师资局面。老挝初等教育和中等教育阶段的本土中文教师大多为当地的华人，缺少专业的中文师范教育背景，甚至很多未受过专门的中文教学培训，因此在中文教学上很难达到理想效果。

解决师资问题的关键点是扎根本土，大力培养老挝本土中文教师，提高老挝中文教育本土化水平。破解这一难题可从三个方面入手：一是建立在职教师职业素质和技能终身提升学习机制。通过孔子学院和中国相关国际中文本土师资培训基地进行老挝中文教师培训个性化方案设置，实施专门化技能培训，以加强专业能力、优化师资结构、提升师资水平。二是加强中老高校合作，深化中文多层次学历教育，夯实本土中文师资后备力量。老挝各高校与中国高校加强中文及相关专业，尤其是中文师范专业人才培养合作，结成对子，联合培养，共同为老挝本土中文教师力量提供有力保障。三是开展学术交流，深化中文教学及中文相关研究在老挝的发展，形成一定的理论基础，更好地指导老挝中文教育实践。同时，通过学术交流，带动本土中文教师提升专业素养和专业研究能力，促进老挝国内整体的中文教育发展生态。

（四）办学力量：中老政府、学校合作与华侨华人支持

老挝各高校中文专业的设置和建设、中文班和中文课程的开设均得到中国政府、孔子学院或高校的帮助。例如，老挝国立大学中文系是中国驻老挝大使馆于2013 年提供大量支持和帮助下开设的本科层次学历教育；老挝国立大学孔子学院中文师范专业本科层次学历教育是在广西民族大学提供师资支持和硬件建设支撑而建立起来的；苏发努冯大学孔子学院和中文课程的建设得到了昆明理工大学的帮助；老挝国防学院先后在中国人民解放军战略支援部队信息工程大学、中国人民解放军昆明陆军学院和中国人民解放军陆军边海防学院昆明校区等学校的帮扶下开设和发展中文教育；老挝苏州大学的成立及其在中文国际推广中发挥的积极作用更是离不开中老两国政府的支持和合作。2017 年，中国与老挝教育和体育部签署《2017—2019 年教育合作计划》，中国将为老挝提供中文教学支持，帮助老挝开展中文教学。①2022 年两国签署了《中华人民共和国教育部与老挝人民民主共和国教育和体育部教育合作谅解备忘录（2022—2024）》，进一步加强了中文教

---

① 李宝贵，吴晓文. 东南亚各国中文教育政策对中文纳入国民教育体系的影响[J]. 天津师范大学学报（社会科学版），2022（1）：21-28.

育合作并在一定程度上细化了具体措施。

除了高等学校，初中等学校的中文教育也得到中国政府的大力支持。例如，教育部中外语言交流合作中心予以派遣师资、赠送教材及其他教学资源等。华校的创办和发展主要得益于中国驻老挝大使馆、国务院侨务办公室、老挝华侨华人的倾力相助以及中方"结对子"兄弟学校的实际帮扶。例如，中老友谊学校就是一所由老挝教育和体育部批准、我国出资创办的中文教育学校，学生大多为老挝当地人。

（五）建设经费：中老政府投入、学费与社会筹集

目前，老挝中文教育属于老挝教育体系中的薄弱环节，经费是直接影响老挝中文教育软硬件教学条件的关键因素，尚处于较为匮乏的状态。老挝教育经费中专门用于中文教学的经费占比很低。中小学华校的经费主要来自学校收集的学生学费、社会筹集资金和中老政府资助。大部分高校中文相关专业的建设经费投入来自孔子学院、国务院侨务办公室以及孔子学院中方合作高校支持。例如，老挝国立大学孔子学院的建设发展经费由广西民族大学提供支持和帮助。十多年来，老挝国立大学孔子学院的建成、发展和壮大，都离不开广西民族大学的大力支持。[①]

老挝本土高校校方对中文专业建设的重视程度远低于英语、法语、泰语、韩语、越南语等外语，在一定程度上导致中文教学的软件和硬件条件比较落后，满足不了当地日益增长的中文学习需求。因此，增加经费投入，加大力度整合老挝中文教育教学资源、建设以多媒体设备为主的现代教学技术手段设施，改善中文教育硬件条件、加强中文教育软件支撑，是老挝中文教育高质量发展的硬核保障。

三、从"基础教育外语"到"重要外语"：促进性中文教育政策展望

目前，中文还只属于老挝"基础教育外语"范围，想要实现从"基础教育外语"到"重要外语"的跨越，需达到三个条件：一是使中文位列基础教育中外语教育前三名；二是使中文成为老挝政府从事外事工作的重要语言；三是使中文成为老挝民众生活领域中的常用外语。

那么，在当前老挝促进性中文教育政策取向下，需要创造哪些条件才能使中文实现从"基础教育外语"到"重要外语"的跨越，是值得我们思考的课题。

---

① 毛梓林，莫仁力，潘奕琳. 东南亚孔院 绽放创新魅力[N]. 广西日报，2022-07-22（008）.

（一）提升中文价值

张治国提出三类语言价值，即语言的经济价值、情感价值和文化价值。[①]我们的论述中主要涉及中文的经济价值和情感价值。中文教育在老挝的发展与以政治为导向、经济合作为核心的中老关系同频共振。近年来，中国国际地位不断提升，国际影响力辐射范围不断扩大，老挝加大了与中国在政治、经济、科技、教育、文化等方面的交流合作，这在一定程度上提升了中文在老挝的价值，尤其是中文的经济价值。"两国互通，语言先行"，以中文的经济价值为根本原因，老挝政府在顶层设计和语言规划上出台了有利于中文教育发展的政策。

情感价值可以分为绝对情感价值和相对情感价值来分析。在老挝中文的绝对情感价值主要体现在老挝当地华人华侨身上，其民族认同感是中文和中国文化在老挝推广、传播及中文教育深化发展的助推器。而中文的相对情感价值则建立在老挝当地人对中国的发展能否给老挝和老挝民众带来利益的认知上。如果学习中文能为老挝民众带来经济利益和实实在在的好处，如提高自身语言能力、综合能力或就业、技能优势，那么选择学习中文的人数就会增多，老挝民众对中文的相对情感价值也就会随之升高。

归根结底，中国综合国力和世界影响力的提升是中文经济价值增长的核心，中文经济价值也在很大程度上决定着中文的情感价值和文化价值。因此，积极推动深化中老双方各领域交流合作，努力提高中国在老挝的国际形象和威望，有助于促进中文价值的彰显，使中文更大程度上为主流社会所接纳。

（二）优化"中文+专业/职业/技能"人才培养模式

自老挝成为中国"一带一路"倡议重要合作国以来，中老两国不断增强政治互信，在经济、科技、基建、教育、文化等方面的合作得以不断深化，现已上升为全面战略合作伙伴关系，两国对既具有过硬专业知识或技能，又精通对方国语言的综合性人才需求呈急剧上升之态势。加之，老挝国内的中国独资企业和中老合资企业在数量和规模上不断扩大，其高薪酬和良好的工作环境对老挝民众具有巨大吸引力。加大"中文+专业/职业/技能"人才培养模式的建设，增加"中文+医学""中文+经济贸易""中文+土木工程""中文+旅游管理""中文+护理""中文+机械维修"等专门领域的中文人才培养专业，为老挝适应经济全球化发展及中老两国构建高标准、高质量和高水平的中老命运共同体提供人才保障，是中文在老挝争取更好发展环境的有力抓手。

---

① 张治国. 语言价值、语言选择和语言政策[J]. 云南师范大学学报（哲学社会科学版），2019，51（5）：48-56.

（三）扩大中文使用场域

目前中文在老挝的使用场域，多见于初中等学校和高等学校的中文教学场合、部分华裔家庭和中文相关工作场合。若要扩大中文在老挝民众生活中的使用场域和频率，就要想方设法打破中文的神秘感，解除或降低老挝民众学习中文的畏难心理。老挝中文媒体的作用不容小觑。从报纸、网站到电视节目、广播电台，再到当下的新媒体，无一不与民众生活息息相关。中文可借助媒体以老挝民众喜闻乐见的方式出现在其生活的方方面面，融入民众社区和社交圈。

第十二节　总结与展望：国际中文教育在东南亚的未来发展之路

东南亚国家因为政治、经济、历史、文化、中国观等层面的不同，针对中文的语言政策与规划也各有不同。总体而言，目前中文在东南亚地区的发展可分为三种情况：一是语言政策与规划层面和物质层面同时给予支持；二是语言政策与规划层面支持，但是物质层面的支持没有跟进；三是语言政策与规划没有给予明确支持，更加没有物质层面支持。虽然各东南亚国家都意识到中文会随着中国崛起而越来越重要，但是机遇与挑战并存，国际中文教育在东南亚的未来发展仍属任重道远。本节在分析总结东南亚国家语言政策与规划所带来的机遇与挑战的基础上，对国际中文教育在东南亚地区的未来发展路径提出建议。

一、东南亚国家语言政策与规划为国际中文教育带来的机遇

随着中国经济的高速发展，东南亚各国与中国之间的合作与互动也大为增加，各国民众从事与中国相关工作的机会越来越多，这也直接提高了国家层面与民众层面对中文学习的需求与热情。作为一门经济价值不断提升的外语，中文得到了东南亚各国的重视，这在其语言政策中有最明显的体现。比如，2008年，菲律宾颁布的"外语特别项目"即将中文纳入菲律宾国民教育体系，使中文教育不再仅限于华人华校，而是成为一门面对所有菲律宾人教学的外语；印度尼西亚政府自20世纪末便开始放宽对中文教育的限制，2006年正式将中文纳入国民教育体系，并于2007年在雅加达成立印度尼西亚首家孔子学院，至今印度尼西亚境内已有8所孔子学院，29所高等教育机构开设与中文相关的专业，中文教育呈现良好的发

展态势。在越南，中文同样被纳入国民教育体系中，小学、中学、大学和研究生四个层次都有中文教学的参与。在新加坡，在"英语+母语"的双语教育政策下，因华人占比为70%以上，中文在各层次学校里也得到相应的重视。进入21世纪以来，泰国的中文教育也已逐渐转变为华人内部的"华文教育"与面向非华人的"中文作为外语或第二语言教学"并存的局面，中文在泰国快速传播，学习人数也大量增加。马来西亚语言政策主要是围绕建构以马来人为主导的民族国家，但是近年来，东南亚各国对外语的态度也逐渐发生转变，对英语教育持开放态度，对中文作为外语的态度也趋向正面，虽然对国内的华文教育仍持谨慎态度，但也允许其在一定范围内存在，推进了教学媒介语在不同类型学校中的多样化存在，政府也通过调整政策鼓励国民学校提供中文学习资源与条件。

缅甸、文莱、东帝汶这三个国家目前还没有将中文纳入国民教育体系。自20世纪90年代以来，缅甸逐渐对华文教育采取放宽政策，HSK、孔子课堂相继在缅甸落户，中国还向缅甸派遣中文老师。虽然缅甸政府并未明确出台支持国际中文教育发展的相关政策，但也没有限制国际中文教育的发展，这为国际中文教育在缅甸的传播与发展争取到了一定的空间。目前文莱的语言政策中马来语为官方语言，而英语为最重要且普遍的日常语言，除英语和马来语之外，使用人数较多的便是中文。中文虽然还没被纳入国民教育体系，政府也没有在资金方面给予支持，但是对于华校的课程安排、学分学制都给予了高度重视，在华校的一些重大活动中，也随处可见政府官员的参与，并且还在文莱中华中学设置了HSK的考点。独立时间较短的东帝汶目前对本国语言政策与规划的制定及实施还在摸索阶段，对中文也没有表现出明显的排斥倾向，这为东帝汶国际中文教育的发展提供了机遇。

总体而言，在中国经济快速发展与国际影响力日渐提高的大环境下，东南亚各国的语言政策都开始关注中文并提升中文的位置。不管是作为少数民族的语言，还是作为面向全体国民的外语，中文的重要性都毋庸置疑，这为国际中文教育的传播与推广创造了开放友好的大环境，给国际中文教育的发展带来新契机。

二、国际中文教育在东南亚地区面临的挑战

虽然华文教育的总体趋势向好，但是由于东南亚国家的经济水平、政治局势、历史文化等因素的不同，以及由于美国、日本、欧洲等国家和地区在该处的殖民影响及势力渗透，不同国家的中国观仍然存在较大偏差，因此也影响了国际中文教育的发展，目前，国际中文教育在东南亚地区还面临不少挑战。

（一）政府态度暧昧，影响华文的传播

东南亚不少国家在历史上都曾出现过华人与本土民族的种族冲突事件，华人经济地位的突出给本土民族带来思想上的不平衡和情感上的不安。教育能改造思想，对于华人不友好的言论与政策首先被投射到中文教育上，华文教育被打压。比如，20世纪30年代泰国披汶政府试图建构大泰族主义国家的时候，曾一度严禁华文教育；印度尼西亚1965年"9·30"事件发生后华文教育被全面禁止。直至今日仍某种程度上存在着这种情况，比如，菲律宾虽然从来没有禁止过华文教育，但是民间仍存在排华情绪，影响了他们学习中文的热情。

越南政府对中文保持比较谨慎的态度。虽然越南已将中文作为外语纳入国民教育体系，但是政府没有作出强有力的措施来推动学校开设中文课程，基础教育阶段的中文教育没有得到实质性的发展，而且，越南华人学习中文主要是通过附属于普通中小学的华文中心，而这一机构不属于国民教育体系，不能得到资金支持。

马来西亚虽然已有较为完整的华文教学体系，但是政府对中文教育严加管控。对于本土华人而言，华文教育始终有夹缝生存的危机感，国际中文教育的推广与传播自然也面临较敏感、严苛的环境。

总体来说，"发展+限制"的矛盾心理是东南亚诸多国家对待中文教育的普遍态度，这种态度的形成既有历史遗留的种族问题，也有周边国家面对中国崛起的危机感等因素的作用。

（二）缺少政府资金支持

菲律宾虽颁布了对外语较为有利的语言政策"基于母语的多语教育""外语特别项目"，但是并没有特别强调中文，中文作为外语，在公立学校是与西班牙语、法语、日语、韩语等被共同列为选修课，并没有享受特殊地位。另外，虽然政府将中文纳入国民教育体系，在法律上予以限定与保护，但是作为中文教育主体的华校却没有享受到国民教育成员所有的待遇，因华校属于私立学校，办学经费全部自筹，政府没有给予任何政策优惠或财政补贴。作为印度尼西亚教育的顶层设计者兼管理者，印度尼西亚政府在21世纪对中文教育的政策从禁止转为支持，但却缺乏实质的、明确的政策与法律保障，政府为各级各类学校的中文教育发展提供的资金支持非常少，对中文教师也没有定期的常规在职培训，只是偶尔委托华文教育协调机构进行师资培训。越南虽已有较为完善的中文学习体系，但是华人学习中文最主要的途径是通过附属于普通中小学的华文中心，这一机构不属于国民教育体系，因此不能获得政府的财政支持。可见，政府对中文教育的支持仅限

于政策上的放松限制，实质上并没有给予帮助。

这些将中文纳入国民教育体系的国家尚且如此，更别说缅甸、文莱、东帝汶这些尚未将中文纳入国民教育体系的国家，中文教育的发展基本上都依赖于华人社团。

（三）对中文的实用性认知不够，学习者热情不高

对于东南亚而言，目前中文的教学还存在诸多问题。虽然东南亚许多国家都有悠久的华文教育历史，有较好的华文学习与推广环境，但是本土人学习中文的积极性不高，中文的普及程度及传播效果还没达到理想效果，主要存在以下几个问题。

第一，学习者还没有完全意识到中文的实用性与重要性，学习积极性不高，这种情况在英语普及程度较高的国家更为棘手，比如新加坡以英语为主的语言政策导致双语教育实行不到位，而且职场对英语的接受度及需求量更高，华人学生学习中文的热情不高，接受中文教育的效果也不够好，政府为了减小学生压力，将课程调整为基础华文、中级华文、高级华文，基础华文对学生要求很低，修完课程也难以获得基本的华文交际能力，再加上华文学科也形成应试教育倾向，部分修读高级华文的学生实际中文水平并不理想。实施"马来语+英语"双语教育的文莱情况更糟糕，马来语在学前和小学低年级占主导地位，在中学阶段，除了语文和国家哲学两门学科仍以马来语教学外，其余学科均以英语教学。国家虽然允许华校存在，但是华校同时提供华语、英语和马来语三种语言教学，而且由于双语教育政策的影响，华语在华校的地位由第一教学语言变为第二教学语言，虽是所有学生的必修课，但是课时总数均有所减少。

第二，出路受限影响学习热情。在缅甸北部地区，由于中缅贸易大幅增加，不少非华裔子女也开始选择入读华校，但是受制于政策，华校最高办学层次仅为高中；虽然有少部分学校和中国高校合办有函授性质的本科教学，但学历得不到缅甸政府的认可。即使学生乐于学习中文，迫于求职或升学的压力，他们也不得不把主要精力放在学习缅甸语或英语等其他课程上面。这也是越到高年级学生人数越少的根本原因，对出路的困惑迷茫动摇了学生学习中文的动力和信心。

第三，重视学历教育，忽视成人教育。目前东南亚国家的中文教育主要是针对学历教育，对于根据工作需要而有实际需求的成人中文教育或职业中文教育却不够重视。比如，新加坡虽然重视中小学阶段的中文教育，但是成人中文教育的发展却不尽如人意。新加坡本地华人，或来新务工的其他种族人士，为了方便工作或为了今后能够从事与中国打交道的工作而积极参加中文培训班。但是，目前

新加坡面向成人的中文培训做得还不够精细，一是忽视教学对象之间的差异，没有针对不同的教学对象开发不同的课程；二是没有开发专门的教材，多是由培训者自己选择教学材料，教学材料是否科学缺乏足够的论证；三是相关的研究不足，没有形成强有力的理论支撑。因此，成人中文教育的教学成果不甚理想。中文程度较高的新加坡尚且如此，更别说其他国家。

总之，由于当地政府对中文的重要性缺少充分的认知，没有给予完善的、高水平的、实用的教育与出路引导，这在很大程度上影响了民众学习中文的积极性和成效。

（四）教师队伍建设问题

总体来看，师资力量薄弱构成当前东南亚中文教育发展的最主要制约因素之一。东南亚教师队伍建设目前仍面临三大突出难题：

第一，教师学历偏低、年龄结构不合理。目前大多数国家的中文师资力量主要来自中国派遣教师志愿者，许多国家的本土中文教师培养还比较薄弱。虽然近年来孔子学院奖学金、中文教师进修等方式吸引了一大批外国留学生前往中国留学，但这些学生回国后留在本国发达城市及地区任中文教师的概率比较大。一些条件不那么好的地区和学校由于办学经费、地区发展差异等因素的影响，对年轻教师的吸引力不强，教师队伍老龄化问题突出。

第二，缺乏资金支持，东南亚国家的中文教师工资普遍不高。比如，柬埔寨中文教师的薪资主要来源于学生学费，而学费一个学期只有 60～85 美元，教师月薪一般为 100～300 美元；缅甸同样存在这个问题，由于政府尚未将中文纳入国民教育体系，中文学校无法获得政府的财政补贴，只能通过学校董事会支持和社会募捐的形式获得办学资金。经费短缺影响教师从业的积极性，迫于生活压力，多数年轻教师不得不弃教从商，进而也影响教师队伍的高水平建设。

第三，缺少学科理论培训。由于教师学历偏低，许多本土中文教师没有经过专业的语言学理论与教学理论的培训，教学以知识与经验分享为主。

相比之下，有部分东南亚国家的中文教师工资较为理想，比如新加坡，各层级学校的中文教师都属于政府公务员，工资水平较高，而且稳定有保障，国际学校等营业组织的中文教师工资则可能更高，这与国家的经济发展水平、对中文教育的重视程度有关。但是，总体而言，东南亚国家的本土教师队伍建设还有诸多问题亟待解决。

三、推进东南亚国家中文教育高质量发展的对策建议

上文根据东南亚国家的政府、学习者、教学者所存在的主要问题进行分析，那么在这种情况下，如何应对这些问题，实现国际中文教育的高质量可持续发展呢？具体对策建议如下。

（一）制定国别化的国际中文教育推广方案

东南亚国家因经济发展水平、华人与本土人的关系、殖民历史遗留等因素的不同，对国际中文教育抱持不同的态度，这种不同在其语言政策中得到明显的体现，上文已有详细论述。针对这种情况，国际中文教育的推广不可一概而论，要根据每个国家的具体情况以不同的节奏与方式加以应对，制定国别化的国际中文教育推广方案。

比如，东帝汶 2002 年独立，语言政策的重点仍集中关注对国家建构有助力的官方语言，中文作为外语没有得到足够的重视，也还未被纳入国民教育体系。位于首都的帝力中华中小学在 1975 年印度尼西亚入侵并实行"印度尼西亚化政策"时被迫关闭，学校基础设施被摧毁殆尽。1999 年印度尼西亚撤离东帝汶后，学校才开始慢慢重启，直到 2021 年才得到政府同意，开始恢复中文课程教学，这个好的开始必将带动华校的全面复兴。在这种情况下，缺乏师资储备基础的东帝汶对中文教师有较大的需求，也是进行国际中文教育推广的良好时机。在具体实践上，其一，与当地华人社团联合，为华校的发展提供支持与助力；其二，可以协商外派中文教师志愿者进入华校教学；其三，定期开设培训班，招收有一定基础的或者有意愿从事中文教师职业的本土人士，体系化地培养一批储备骨干教师。对于东帝汶等中文教育尚未进入国民教育体系的国家，中文教育尚处于起步阶段或空白阶段，加强与当地华人社团合作是开展工作的重要着力点。至于对中文接受度较高，并且已将中文纳入国民教育体系的国家，如果国际中文教育推广工作仅停留在与华人社团合作的层面就不够全面深入，需要进一步加强与当地政府的合作，使中文的地位得到更大程度的肯定，形成更深入的合作方式，并扩大中文受众群体。

纵观国际上语言推广成功的案例，都是整合了政府力量与民间力量的，政府扮演着宏观协助的角色，民间机构则走在政府的前列，起着决定性作用。目前，中国的国际中文教育推广主要是由官方主导的，一些国家对中国官方主导的方式感到有威胁性，故而采取排斥的态度。比如，文莱当地至今还没有一所孔子学院，因为政府认为当地华校办得很好，如果华校与孔子学院强强联合会

打破稳定的语言生态。孔子学院最初的官方性质使越南当局害怕孔子学院在语言推广中带有政治宣传作用而谨慎对待。

　　因此，根据不同国家华文教育的发展程度、政府与中国的关系、语言政策对中文的态度等不同因素，制定具有针对性的国别化国际中文教育推广方案，才能更有效地实现国际中文教育的高质量、可持续发展。实现这一目标，首先，必须对东南亚每个国家的基本国情、政治、经济、文化等方面都有深刻了解，相应的国别区域研究将为这项工作奠定良好的基础。其次，在组织机构上，要转变完全以政府为主导的推广形式，转化为以政府推动与市场运作相协调的组织机制，除了直接外派中文教师志愿者以及与当地学校建立联系外，也可通过高校联系当地的民间组织，包括教师公会、华人社团等，以民间文化交流的形式进行中文培训活动及中华文化活动；而且，由于东南亚华侨华人多数来自广东福建地区，可依托这些地区的地域优势，特别是以有着较集中的高校资源与经济资源的粤港澳大湾区为枢纽，联动华南和西南辐射区省份，形成国际中文教育的联盟，对内形成具有统一评估标准与质量保障体系的课程体系与培养框架，对外形成具有特色的国际中文教育品牌，以便更好地与东南亚地区政府与民间达成合作。最后，要从本质上提高对中文实用价值的认识及信任度。依托崛起的中国经济所带来的游客增长、中资企业在东南亚地区的开发建设项目，以及具有中国优势的数字经济等方式，提供更多的与中文相关的本土工作机会，切实提高东南亚民众的收入，以经济为切入点可以减少其对中文教育可能携带意识形态与文化侵略的担忧，建立对中文实用价值的深刻认知与高度信任。

（二）从文化入手，讲好中国故事

　　中国与东南亚地区的经贸合作密切，但是从地缘政治角度来看，双方关系的发展仍面临许多不确定因素。一方面，多数东南亚国家认为"一带一路"将加速东南亚地区的基建发展和民生经济改善；另一方面，许多国家也担心"一带一路"会影响到自身同美国及其他盟友间的合作关系。这种信任不足与担忧也折射到对中文的政策与态度上。因此，在推广国际中文教育的过程中，首先要了解当地人民与政府的敏感、过激心理，寻找其心理根源，积极采取措施与当地政府沟通联系，加强两国的政治互信；其次，用温和、体贴的方式传播中文。从文化入手，寻找中国与当地政府之间的文化相通之处，用当地人的语言与思维习惯去讲好中国故事，让他们理解中国、理解中国文化，进而再提升对中文的兴趣。

　　近年来，中国电视剧因制作精良、故事精彩在海外颇受欢迎，比如《还珠格格》《花千骨》等都在越南翻拍，《下一站是幸福》《亲爱的热爱的》等热门电视剧也在泰国流行。电视剧可作为传播中国文化、中国价值观的重要途径，应通过国外观众常用的视频平台多加宣传，并打造具有正确价值观与引领作用的明星偶像，作为沟通东南亚国家观众与中国文化的传播使者。近两年，抖音（TikTok）等视频直播平台也受到了海外年轻人的关注与喜爱，这种兼具形象展示与即时通信功能的新方式是不同国家与地区使用者进行跨越时间与空间互动的良好平台。中国动画片近年来也发展得越来越好，比如《哪吒之魔童降世》《白蛇：缘起》《白蛇 2：青蛇劫起》等运用最先进的动画技术及特效，融合中国传说，不仅深受中国观众喜爱，也在世界闻名的电影节上多次获奖，这是向世界传播中国文化的良好契机；随着网络科技等高新技术领域的崛起，运用人工智能与元宇宙技术将中文学习场景与流行的真人明星或卡通偶像结合起来，创建虚拟互动学习平台，提高学习者的兴趣与乐趣，同时也传播中国文化，这是值得挖掘的方向。总之，只有先通过东南亚各国民众喜闻乐见的传播方式传播中国文化，讲好中国故事，才能逐步提高民众对中文的了解与兴趣，进而使他们在学习的过程中增进对中国的了解。

（三）推进国际中文教育的本土化建设

东南亚地区因华人移民兴办华校而使中文教育有较好的基础，但是不同国家因政治、经济情况不同，华校的发展水平及华文教师的能力也参差不齐。华人占比数量高且重视华文教育的新加坡、马来西亚等国家已经培养了一批成熟、高水平的本土华文教师，但是，像文莱、东帝汶、缅甸等国家，因中文尚未被纳入国民教育体系，华校没有得到政府补贴，教师工资低且不稳定，这直接导致从事华文教师工作的人数少、缺乏专业培养而水平较低，哪怕是印度尼西亚、越南、泰国等已经将中文纳入国民教育体系的国家，华文教师的水平也是良莠不齐，高水平的华文教师是稀缺资源，而编写高水平的本土化教材更是困难，教师所使用的教材存在程式化、不实用等问题，而本土学者对于此问题缺乏相关研究，并没有有效的改善措施。因此，推进国际中文教育的重要任务之一，就是从以下三个层面推进本土化建设。

第一，师资本土化。中国外派中文教师志愿者是推进国际中文教育的重要途径，也是必不可少的途径，因为中文教师志愿者不仅可为当地中文教师及学生带去高水平的教学及经验，而且还能带去中文发展鲜活的一手信息，同时也能了解当地中文教育发展的最新情况，是加强沟通、推动发展的文化使者。然而，中文教师志愿者的服务年限通常仅为 1～2 年，无法长期扎根并跟进学生在不同年级的全部学习进程，无法在思维、方法、教材等多个层面形成有益于当地中文教育的提升方案。培养本土化师资队伍成为解决该问题的有效方法。本土教师在任教时长和教学连续性上都比较稳定，有利于发现学生和教学上的问题，并且有充足的时间去解决问题，从而保证教学质量。培养高水平的本土中文教师，除了提供更多的奖学金名额供东南亚国家学生来华学习国际中文教育外，更应提供持续的、体系化的培训课程，供不同层级的本土中文教师持续进修。

第二，教材本土化。不管是赴外的中文教师志愿者，抑或本土中文教师，都在实践中反馈教材内容过于程式化、不够贴合实际情境与需求等问题，本土化教材的开发势在必行，但是，本土中文教师普遍存在水平有限，无法完成本土化教材的编写与出版工作的问题，中国专业团队的协助显得尤为重要。首先，由于东南亚各国的历史、文化、政治、经济、自然地理等情况都各有不同，为了更好地贴合当地学生的需求、提高学生的学习兴趣，根据各国情况编写国别化教材是最好的选择。其次，为了更好地完成国别化教材的编写，建议由具有教材编写经验及高水平师资的高校或研究团队组建教材编写团队，团队成员最好包括中国的教材研究与编写专家、国际中文教育研究专家、有实践经验的国际中文教师，以及各个国家的本土中文教师、本土中文教育研究者等不同方面的专业人士，共同围绕课程开发与教材编写进行讨论并设计，以完成生动有趣、符合实际需求、贴合本土生活的高质量中文教材。

第三，研究本土化。调研中发现不少东南亚国家缺少高水平的中文与中国研究专家。近些年来，中国高校的国际中文教育学科招收较多海外留学生，但是目前的培养体系注重于教学实践，以培养应用型人才为主，对研究型人才的培养尚未成气候。中国学者虽然有较好的理论基础，但是缺乏长期在海外进行实践教学的经验，进行海外中文教育研究时终究存在局限；只有培养一批本土研究学者，真正从本土情境与本土需求出发，发现问题、研究问题、解决问题，才能从本质上提高本土中文教育的教学质量。第一步可从本土中文教师与中国相关学者组成联合研究团队开始，本土中文教师反馈问题，中国专业学者从理论层面带领其共同完成研究；在合作的过程中，一方面，为本土中文教师提供来华进行学历提升教育的机会，或者由中国高校与本土高校合作，向东南亚各国派遣高水平的国际中文教育研究学者进行短期或长期教学，为本土学者提供理论水平提升的机会；另一方面，一步步引导本土中文教师在教学的过程中独立运用理论知识进行思考与研究的能力，并进一步提高教学水平与效果。培养一批高水平的国际中文教育本土研究者，这些研究者因掌握本土中文教学的现状与发展，在实践中便能够更好地根据学生情况进行高效教学，更有可能培养出一批具有高水平中文能力的学生，这些学生能够更好地从事与中文相关的行业以获得更高报酬，同时教师也能够从中挑选培养有潜力的研究者，使其不仅从事国际中文教育研究，也从事中国历史、文化、政治、经济等方面的研究，成为东南亚国家的汉学家。这是一个长期过程，而本土化中文教育研究是基础，亟须得到重视。

（四）促进合作办学，培养"中文+职业"高端人才

目前中国与东南亚国家的合作办学主要集中在中国高校与东南亚高校之间，办学形式有所不同，有的是中国高校在海外设置分校，比如厦门大学马来西亚分校、老挝苏州大学等，也有的是中国大学与东南亚高校或教育机构合作开设特定专业院系。为了实现国际中文教育的高质量发展，除了继续深化高校合作办学之外，还应该加强中外不同层次的合作办学，比如，目前中小学层面的合作办学几乎为零，职业教育也是备受关注的重点合作领域。通过对东南亚国家语言政策的研究，本书认为目前中国与东南亚国家合作办学的重点应集中于以下两点。

第一，深入了解东南亚的政治制度与语言政策，抓住其政策优势与重点，打造双赢的合作模式。比如，印度尼西亚教育虽然实行中央集权制，但是各省市教育厅仍有很大的自主权，这为国际区域教育合作提供了有利条件。印度尼西亚不同地区的优势产业与发展水平，以及与中国之间的合作项目等情况均有所不同，中国各省市可发挥地区优势，由各省市合适的高校与印度尼西亚各地区的高校进行合作，一方面将中国的优势教育资源与印度尼西亚共享，同时也依托两地合作与产业优势等因素提供就业机会，更让从事与中国相关工作的本土人士认识到中文的重要性、实用性，从而提高中文学习兴趣。还有，越南近年来也越来越重视高等教育领域，但是国内经费有限，政府积极寻求国外教育资源注入本国高等教育领域，提供各种优惠政策放宽外资在越南办学的限制。我国可抓住越南教育政策的契机，以高等教育为重点，与越南政府寻求双方可接受范围内的教育合作，为增强政治互信、传播双方文化共建平台。

第二，加强职业教育合作，培养"中文+职业"的高端人才。近年来，天津充分发挥职业教育方面优势，在泰国、印度尼西亚、柬埔寨成立了"鲁班工坊"，进行高质量的中外职业教育合作，为配合"一带一路"倡议在东南亚国家的推进提供人才培养与支撑，这种模式也成为未来的大势所趋。正如前文所述，近年来东南亚国家语言政策中开始对作为外语的中文持更为开放的态度，正是因为中国经济的快速发展以及所提供的机会，让中文的经济价值也越来越高。相比于以文化输出为目标的国际中文教育推广路径，依托于职业教育的中文教育更符合东南亚国家多数人士，特别是本土民族人士的需求。解决就业问题，提高收入是民生大事，东南亚各国政府对此问题也极为关注。在原来的中文教育的基础上加入职业知识，或者在涉及中国业务层面的职业教育中增加中文教学，培养"中文+职业"的高端人才，是解决该问题的重要途径。比如，泰国曼谷大学与一些企业合作，

签署工作备忘录，在人才培养上与企业需求达成一致，在中文教学中加入职业知识，既解决了学生的出路，也为企业输送了中文人才；新加坡成人中文教育的需求日渐增长，正是因为越来越多的人在工作中需要处理与中国相关业务或希望拓展与中国相关业务。可以说，"中文+职业"的教学无疑会成为未来中文教学的重要方面。

后　记

　　语言政策与规划是一个国家或地区在语言文字方面的重要工作，是为实现一定历史时期语言领域的发展目标和任务，依据国家有关法律和一定历史时期语言工作的基本任务、基本方针而制定的语言行为准则。了解一个国家或地区的语言政策与规划可以说是一条研究和把握这一国家或地区语言文字事业改革发展全貌与进程的捷径。本书按国别考察了东南亚地区语言政策与规划的发展轨迹、演化特征及对国际中文教育开展推进的影响，并在此基础上进一步探讨了新形势下如何把握机遇推进东南亚中文教育的跨越式发展，以期通过对东南亚国家语言政策与规划样貌、现状及走向的整体把握，更好服务于中国与东南亚国家的语言政策沟通和教育战略对接，推进中国与东南亚国家人文交流走深走实，助力建设更为紧密的中国-东盟命运共同体。

　　本书是 2018 年国家社会科学基金一般课题 "'一带一路'倡议下东南亚国家语言政策与规划研究"和 2019 年度国家语委重大科研项目"'一带一路'建设中语言服务的现状、评价及对策研究"的相关研究成果。同时，也是作者结合自身多年的教学、实践和科研经历进行的反思成果。在撰写过程中，借鉴和吸收了大量专家、学者们的研究成果，以及网络新闻报道和研究报告等，参考资料已附于陋著之中，但仍恐未能尽囊，敬谢之余当盼理谅。鉴于作者学识水平有限，书中难免有所不足，敬请各位专家、学者不吝指正。

　　在本书即将出版之际，特别要感谢李宇明教授为本书作序，这是对我的鼓励和鞭策，还要感谢高皇伟副教授以及课题组所有成员。

吴　坚

2024 年 2 月 16 日于花城